永远的高峰

纪念叶永烈先生

 本书编委会　编

四川人民出版社

图书在版编目（CIP）数据

永远的高峰:纪念叶永烈先生（珍藏版）/ 本书编委会编.
--成都：四川人民出版社, 2022.8
ISBN 978-7-220-12766-3

Ⅰ.①永… Ⅱ.①本… Ⅲ.①叶永烈（1940-2020）
-纪念文集 Ⅳ.①K825.6-53

中国版本图书馆CIP数据核字(2022)第140806号

永远的高峰——纪念叶永烈先生（珍藏版）

YONGYUAN DE GAOFENG:JINIAN YEYONGLIE XIANSHENG

本书编委会 编

责任编辑	段瑞清
版式设计	成都天海印务部
封面设计	张　科
责任印制	李　剑
特约校对	北京悦文文化
出版发行	四川人民出版社（成都三色路238号）
网　　址	http://www.scpph.com
E-mail	scrmcbs@sina.com
发行部业务电话	(028)86361653　86361656
防盗版举报电话	(028)86361661
印　　刷	四川机投印务有限公司
成品尺寸	170mm×240mm
印　　张	17.5
字　　数	266千
版　　次	2023年1月第1版
印　　次	2023年1月第1次印刷
书　　号	ISBN 978-7-220-12766-3
定　　价	89.00元

本书编委会

特 别 顾 问：王麦林　卞毓麟

编 委 会 主 任：王　挺

编委会副主任：江世亮　陈　玲

编　　　　委：颜　实　吴　岩　韩　松　尹传红

　　　　　　　洪星范　丁子承

编　　　　辑：姚利芬　齐　钰

初夏五月，溪涨风清。

2020 年 5 月 15 日，著名科普科幻作家叶永烈先生带着对未来的忧患与遥思，飞向了星辰大海，永远离开了他所钟爱的创作事业。

为表达对叶永烈先生的景仰与怀念，传承、弘扬其科普科幻创作精髓，同时展现新时代科普科幻创作新思考、新风貌、新作为，2020 年 6 月，中国科普作家协会、上海市科普作家协会、长三角科普创作联盟、四川人民出版社、少年儿童出版社联合举办了纪念叶永烈先生征文活动。

征文活动得到了科普科幻界热烈响应，半年内共收到来稿近百篇，涉及散文、诗歌、小说、评论等文类。编写组从来稿和已发表的纪念文章中遴选了 59 篇稿件，结集为《永远的高峰——纪念叶永烈先生》公开出版。

文集设有"追忆""评弹""致敬""存档·创作思想与实践"等栏目。"追忆"所收文章通过回忆与叶永烈先生的接触，表达对先生的敬重与追思；"评弹"栏目带我们重温叶永烈先生的科普科幻作品，评价作品特色，总结创作成就；"致敬"栏目，作者们或为叶永烈先生的"粉丝"，模仿其科普科幻创作风格进行各种文

《永远的高峰——纪念叶永烈先生》出版前言

体的创作，或以诗寄返思，表达对先生的缅怀；"存档·创作思想与实践"栏目收录了 2020 年 6 月 10 日 "叶永烈科普科幻创作思想与实践座谈会"的发言摘要。

本书的编写得到了王麦林、卞毓麟、王挺、江世亮、陈玲、颜实、吴岩、韩松、尹传红、洪星范、丁子承等专家的特别支持，同时感谢积极参与纪念征文活动的广大作者朋友。叶先生已经走远，但他又从未离去。文集的出版与其说是总结，不如说是一个开端。先生的挚诚、奋进、思索和坚持值得后人不断阅习研摩。

本书编写组
2022 年 5 月

目 录 CONTENTS

追 忆

评 弹

致 敬

存档·创作思想与实践

追忆
ZHUIYI

"码字匠"走了，字都留下了

卞毓麟

2020年5月15日9时30分，叶永烈先生在上海长海医院病逝，享年80岁。他给人们留下了满满的文字回忆。

差不多正好一年前，2019年5月24日《中国科学报》刊出拙文《"码字匠"说》，是记叶永烈先生的。现重新发表，但题目应该改为"'码字匠'走了，字都留下了"，以悼念老友，并与大家分享。

犹忆2017年盛夏，上海书展读者如织。书展期间，举办了千余万字、厚厚28大卷的《叶永烈科普全集》（四川人民出版社、四川科学技术出版社）新书发布活动。整套书虽说定价不菲（2880元），但各卷却是分别标价、可以单独选购的，这为读者带来不少便利。瞧着这大块大块的"书砖"，人们纷纷议论："叶永烈可真是多产啊！"然而我想，此言虽则不差，却并不是关键。毕竟，产量只是结果，而更应看重的乃是作者的付出，是那难以言状的勤奋和创作中的甘苦。一分耕耘，一分收获。日复一日，夜复一夜，春秋代序，寒来暑往，大半辈子哪，叶永烈努力学习，用心思索，勇于创新，不停地写啊，写啊，写……

转眼间又是一年，到了2018年8月，中国科普研究所、上海市科学技术协会、中国科普作家协会主办的

2018年8月22日在"加强作品评论繁荣科普原创——叶永烈科普作品研讨会"上，叶永烈（左）与本文作者（右）合影

"加强作品评论 繁荣科普原创——叶永烈科普作品研讨会",在上海市科学会堂思南楼举行。我在发言中说道,元旦前后,偶尔读到一篇老舍评价张恨水的文章(作者王张应),提及张恨水一生"创作了逾三千五百万字的文学作品,堪称中国文学史迄今为止作品数量最多的作家之一"。趁着给叶永烈先生微信贺年,顺手附上该文照片,并唐突一问:"您作品的实际字数,是否超过了张恨水?"

叶先生回复了 11 个字,风轻云淡:"一辈子只做个码字匠而已。"

"一辈子做个码字匠"是何含义呢?《叶永烈科普全集》"后记"有言,这 1000 万字的科普全集,乃是其本人作品方阵中的一个"方面军";另外还有三个"方面军",即纪实文学作品 1500 万字,全球旅行见闻 500 万字,以及散文与长篇小说 200 万字。"后记"的结尾是两句话:"我的作品总字数为 3000 万字(这还不包括我的 500 万字日记以及大量的书信)。我曾说,我的生命凝固在作品之中。生命不止,创作不已。"

评论叶永烈科普作品的文章不绝如缕,2018 年第 1 期《科普创作》就有三篇。依我之见,能够"一辈子只做个码字匠",必不可少者有三:一是一辈子勤奋劳作,叶永烈作品的体量本身已足以说明问题。二是一辈子勤于思考,君不见叶永烈书斋的名号就叫"沉思斋"?一辈子勤于思考,方能年年岁岁思如泉涌,永不枯竭。三是一辈子锤炼的表达能力,没有如此过硬的语言文字功底,根本不可能写得又快又好。这里还有一个令人信服的佐证,那就是多年来叶永烈竟有多达 35 篇文章被选入各种版本的中小学语文课本。能够兼备这三者的"码字匠",自当是一个热爱生活的人,一个珍爱读者的人,一个有着极高追求和强烈责任感的人,也是一个值得敬重的人。

记得曾读到一篇聊百年科幻的文章,断言科学主义信念一定会向读者许诺一个美好的未来。文中说道,凡尔纳的那些科学颂歌是如此,"凡尔纳科幻中国版本的标志性作品《小灵通漫游未来》也是如此"。我对此说颇有疑惑,遂问《小灵通漫游未来》的作者叶永烈有何见教,他只回了 12 个字,依然云淡风轻:"我早已经不关注科幻小说了。"

《小灵通漫游未来》这部作品的社会价值有目共睹。《叶永烈科普全集》第 8 卷即以"小灵通漫游未来"冠名。在"本卷序"中作者告诉读者,《小灵通漫游未来》创下了三项纪录：第一是首版发行量300万册，至今雄踞中国科幻小说前列；第二是连获大奖，1980年荣获全国少年儿童文艺创作一等奖——这是中国儿童文学创作的最高奖，2002年荣获第十三届中国图书奖；第三是取名于此书的小灵通手机曾经拥有一亿用户。"小灵通"手机竟同这书有不浅的"姻缘"，倒是我先前从未想到过的。

其实，"早已经不关注科幻小说"的叶永烈，这些年来对科学的关注，对社会的关切，都堪称有增无已。遥想30多年前，法国《解放》杂志曾出了一部名为《您为什么写作》的专集，收有各国名作家400人的笔答。答者有巴金、丁玲、白先勇，有比利时著名侦探小说家乔治·西默农，有《百年孤独》的作者马尔克斯……而今有百余部作品已出了中文版的美国科普巨擘兼科幻大师艾萨克·阿西莫夫的答复是："我写作的原因，如同呼吸一样；因为如果不这样做，我就会死去。"我向叶永烈提了同样的问题，他给我一篇早先在《新民晚报》上发表的文章《我为什么写作》，文中写道："不要问我为什么写作。我只是说，我没有闲暇'玩'文学，也不是为了向'孔方兄'膜拜。我只是说，在键盘上飞舞的手指，是历史老人赋予的一种看不见、摸不着的力量驱使着。"他写道，"时光如黄鹤，一去不复返。我把作品看成凝固了的时间，凝固了的生命。我的一生，将凝固在那密密麻麻的方块汉字长蛇阵之中。"啊，历史老人赋予的是一种责任感，叶永烈用方块汉字为载体，将一生凝固于其中。原来，这就是"一个码字匠"的全部含义！

当今的科学发展日新月异，具体的科学知识随时都有可能更新。但是，光辉的科学思想永世长存，崇高的科学精神永放光芒。《叶永烈科普全集》是一种可贵的文化积淀，他那科普写作的激情、功力、态度、手法，也将通过《叶永烈科普全集》长久地流传下去。

作者简介

卞毓麟，中国科学院国家天文台客座研究员，中国科普作家协会前副理事长，上海科技教育出版社编审，上海市科普作家协会终身名誉理事长。

勤奋的科普园丁把科学交给人民

——怀念永烈

李宗浩

2020 年 5 月 15 日，从上海传来了我国当代科普作家、纪实文学作家叶永烈先生离世的消息，在悲痛中我情不自禁地翻读了当年我纪念高士其文章开头的一段话。1988 年 12 月 19 日高老在北京逝世后，我于 1989 年 1 月 26 日在《人民日报》上发表了《自强不息的"生命进行曲"——高士其》，其中写道："在中国现代科学史上，半个多世纪来闪烁着一颗特殊光亮的明星，终于坠落在 1988 年 12 月 19 日黎明的星空。他就是我们敬重的科普作家，我的良师益友高士其同志。高士其，这位创作出大量优秀科普作品的伟大作家，与法国的儒勒·凡尔纳、苏联的伊林和美国的阿西莫夫一样，

1978 年 5 月于全国科普创作座谈会（前排中间：高士其。后排由左到右：高志其、刘后一、周国兴、童恩正、叶永烈、郑文光、李宗浩）

为人类普及科学知识作出了巨大的贡献。"我认为，叶永烈作为共和国成立后崛起的优秀科普作家，他勤奋创作所取得的成就，加入这些前辈大家的行列是不为过的。

一、叶永烈是深受高士其影响的优秀科普作家

叶永烈年轻时就有志于科普创作。1962 年 4 月 20 日，当时还是北京大学化学系学生的叶永烈，第一次拜访了高士其就受到了极大的震动。他说："我请他介绍他的创作经历以及对一些科普创作问题的看法。他详细地逐一回答了我的问题，谈了一下午。当时，我曾作了笔记，写引此文，作为创作资料保存。此文从未发表过。现应《高士其及其作品选介》一书编者李宗浩同志之约，把此文原文照抄序上……当时，我只是个二十刚出头的大学生，高士其如此答复了我事先在信中提出的一系列问题，从中也看出他对年轻一代的关心和鼓励。"

1980 年，叶永烈把这篇文章（即他第一次拜访高老后写的第一篇关于高士其的文章）发给了我，足见他对高老的人和文的敬重。叶永烈深受高老对科学的严谨态度、对创作的严肃认真和对事业的执着追求所影响，他与高老保持了一生的师生情谊。

叶永烈科普创作高产丰收，影响很大，意义深远。《十万个为什么》《小灵通漫游未来》等为人们耳熟能详，此外还有不少的科学文艺作品。20 世纪 80 年代后，他又转入纪实文学的创作。由于他起步于科学作品严谨思维的基础，又有文学家的丰富情怀，新闻工作者的敏感求真，再加上他本人率真善良的性格，所以对当代重大事件和人物的创作中，客观真实、言之确凿，在浮躁的风气、学术不端的氛围下，是难能可贵的。更令我们钦佩和难以超越的是他的勤奋。他的足迹踏遍大江南北、长城内外，他的身影时在异国他乡风云人物之中闪现，为我们呈现了当代社会的多个层面，各个角落，林林总总，让我们置身于现实，回顾了昨天，遥望了明天。

他娴熟地运用了传统和现代的手段，建立了个人创作档案。文稿、书信、照片、录音、笔记、简报、评论、样书等均分类保存。由于他的纪实内容涉及到当代重大历史事件人物，他的科学认真态度和工作方式，使自己积累了大量宝贵的不可多得的真实历史资料，所形成的相当规模的"叶永烈创作档案"成为研究当代中国一批珍贵文献。据悉，他生前已嘱将此赠送给上海图

书馆，此举令人敬重。

我比永烈早几年（那时候我还是医学生）去拜访高老，受高老影响终生，这样，我和永烈也成为好朋友。

永烈北大毕业后到上海，在科教电影制片厂工作。他说："宗浩，你在北京，又是医生，要多辛苦，多多关心照顾他（高老）了。"后来，永烈如到北京出差，高老也常让高仰之秘书给我打电话，只要彼此有空就在高老家中见面，客厅里响着高士其由喉管里发出的咯咯的特殊笑声。我比永烈大一岁，当然我算是兄长了。所以，高老去世后在八宝山追悼会上，我和永烈送的花圈是："继承你的遗志，把科学交给人民"。

二、高老去世后，我与叶永烈一直保持着很好的关系

永烈创作热情一直很高，后来转向纪实文学的创作，采访任务更是繁重。我对他说，你来北京，我很少能陪陪你，心中过意不去。但因为我们都是做实事的人，都是忙人，所以彼此也不在意。有一次，他告诉我，这次我到北京要来看你了，要到你新建的北京急救中心。我当然很高兴，原来，他要写一篇关于中共第一次代表大会的历史事件中的一位人物包惠僧。包的最小的女儿在我们单位工作，他需要采访。我当然是很高兴能为他帮一点小忙的，我连忙给他们做了安排，提供了方便，同时把小包以前送我的包杰僧传记转赠给了永烈，供他创作参考。

1997年我出了一本科普小书《第一目击者——一个急救医生的手记》，赵朴初亲自题写书名，书的内容也可以，反响不错。我寄给了永烈，并且告诉他不久我要到上海出差。那天晚上，他到我住处，一见面就说："你的书，我看完了，写得挺好，但有点可惜。"我就问他怎么可惜了，他说，你是一个很有经验的急救医生，经历丰富，这本十万字的书内容真是大呀，国内外，各个方面，生动真实，又介绍了不少基本的急救知识、技术等，但都没有很好地展开来说。接着他直言："宗浩，你把一块好料，做了一条小裤衩。"我连连点头说："我的医疗业务、行政管理，实在太忙，这本小书还是柯岩大姐逼着写出来的。"我告诉永烈，柯岩为我这本小书写了序言，在《人民日报》

上发表了。柯岩还建议我再版时，不仅应该扩展内容，还要设法编成电视剧来普及心肺复苏急救知识。永烈连连点头。

永烈不仅对我的科普创作关心，而且由于他对现代社会急救事业的看法，认为这是一项必然要发展起来的大事业，他不止一次对我说过："宗浩，你对急救事业的热爱，你几十年来的工作，我是很了解的，尤其与意大利的谈判，在德国的空中急救，很有故事性，我来给你写一本传记吧！"我连忙说你那么忙，那么多的重大事件大人物要写，千万别把宝贵时间花在我这个小人物身上了。

要说忙，永烈确实比我更忙。我们两人几乎没有聊过一次闲天，没有一起吃过几次饭。

三、从《高士其爷爷》到《中国的霍金：高士其传》

2012年10月9日，中国科普作家协会第六次代表大会开幕。那天早晨，我刚到科技会堂会议室的走廊，突然看见永烈迎面走来，我们俩几乎同时惊叫起来，又有几年没见面了。我说："你这位极少参加会议的大忙人，今天怎么来了？"他握着我的手说："科普作协的会我很少来，正好北京也有事，我们也有多年不见了。"说到这时，他的夫人杨老师不失时机地给我们俩照了相。我们俩边说边走，到会议厅时他说道："我以前写的那本《高士其爷爷》，出版社现在要重新印刷出版了。"我说："那是好事，现在的年轻人都不知道高士其是何许人呢。"他说是呀，编辑也是这样说的，所以新的书名也要改。我听了不觉一愣，我说那改成什么书名呢？永烈像个孩子似的要我猜。我想了半天也猜不出来，但他还要我猜。我说："把爷爷两个字去掉，干脆改成高士其，简单明了！"他说，是呀，但编辑还不行。永烈说，那就改成"钢铁是怎么样炼成的"。我马上说好好，高老身残志坚，历尽艰险，矢志科学，热爱祖国，用这作书名也挺好。但永烈说，编辑还是不同意，这样一改，人家以为是一本炼钢铁的书，还是不行。我说，那么最后定的书名是什么呢？但他像孩子般地还是要我猜。这时，会议开始的铃响了，大家要各就各位了。我连忙催他："你是上主席台的，快上去吧！"他说真想和我坐在一起。我一边催他快上台，一边问他这本书到底叫什么。永烈说："编辑说，现在年轻人都知道外国有一位大科学家霍金，所以书名就叫'中国的霍金：高士其转。'"他话音刚落，第二遍会议铃响，他连忙走上了主席台。上台时还补了一句，我们两人很少照相，今天照的相做个纪念，回上海后寄给你。

他坐在主席台上，台上台下我们两人目光对视着，在交流着，而我心中却因介绍"堪称为中华民族英雄"（高士其追悼会悼词）的高士其的书在中国出版，居然还要借外国大科学家的名字作旗帜心里一阵难过，眼睛发酸……后来我写了一篇《永远的高士其》，又以同样的名字写了一本书，2015年由湖南科技出版社出版，因为霍金的《时间简史》《果壳中的宇宙》两部名著的中译本在该社出版，所以我这本书也由该社出版。该书于2015年12月中国科协举办纪念高士其诞辰110周年会上，向大家赠送了这本书。此举与永烈亦是一种冥冥中的应和了。

作者简介●

李宗浩，主任医师、教授，中国医学救援协会会长，中国科协首席科学传播专家。

我眼中的叶永烈

楼乘震

2020 年 5 月 15 日，叶永烈先生因病溘然长逝。噩耗传开，人们极为震惊。不是前不久还是好好的，怎么说走就走，是什么病啊？朋友们知道我和他关系很好，纷纷来电询问，直到深夜。因为许多人，哪怕是作家协会的朋友也不知道，他其实是个癌症病人，他是在拼着老命写作，在与时间赛跑。

一、他只有一只眼睛一个肾

叶永烈作品的数量多、质量高，这也是他用生命换来的，因此说他是"残疾人"，是"在拼命地工作"，一点也不过分。

他的左眼早在 1990 年就因视网膜手术失误而失明了。我也是在他家中发现他的几台电脑的文字页面全部是深蓝色，问他为什么这样设置才知道的。当他摘去蒙在眼上的纱布，明白现状已是如此，无可逆转时，曾试着用口述等多种输入法，但统统跟不上他文思如泉涌的速度，只好把文字放大到大号，页面背景设置为深蓝，果然省力不少。2009 年，我的眼睛也出了问题，他和杨老师再三提醒我慎动手术，到 2015 年，我的左眼也失明，右眼的视力也很衰弱，十分痛苦，他就教我如何在电脑上设置，我记不住，回家又忘了，他就把设置过程一步步拍下来用微信传给我。

更严重的是他的右肾因恶性肿瘤在 2008 年就摘除了。当时是在常规体检时发现了问题，经六个医院的检查确诊后，他毅然决定摘除右肾。上海肿瘤医院成立了以副院长为首的专家团队为他进行手术，经病体化验，果然是恶性肿瘤。想到童恩正、陆星儿等作家朋友与癌症抗争的经历，他决定不做放化疗，也不吃中药，只是每年去体检一次，要开足马力拼命工作，把每分钟都掰成几分钟花，把要写的作品全部写出来。

就在动了大手术的第 11 天出院时，他就坚持要步行回家，以尽快恢复体力。第 22 天，他就应邀去广州为贫困孩子捐书并作讲座。不久，又应钱学森之子钱永刚所约（他不知叶永烈刚动大手术），赶写出《走近钱学森》一书，在钱老去世不到一个月就出版，受到各界好评。接着，他又去北京半个多月，遍访与钱老相关人物数十位，每天清晨出门，深夜才回来，还要整理采访笔记。在采访李锐时，原计划谈半小时，谁知谈了 4 小时还意犹未尽。回到上海后，他又夜以继日写出了 70 万字的《钱学森》一书，作为钱老逝世一周年的纪念。

这十年里，他还满世界地跑，写了 22 卷游记。在 2018 年 5 月到他家那次，当我把稿件见报的消息通知他时，他说他已看到，因为他正在深圳，随上海文史馆考察改革开放 40 年来的成就，他还传来了和夫人在深圳城标邓小平画像前的留影，当晚又把我的文章转上他个人博客；没几天，他回来了，又出现在上海图书馆的演讲台上，考察来的新鲜内容充实在他对十一届三中全会伟大意义的讲解中，那天，我见他很疲惫，但他还坚持为数百位听众签完名，杨老师默默地坐在旁边为他钤印；又过了几天，他又传来在央视录制《开讲啦》的现场照片；接着又去温州老家的图书馆捐赠；他虽还没回到上海，但上海作协早已在正等着他担任《石库门里的红色秘密》的主笔之一……

最了解他的莫过于他的夫人杨惠芬老师，她说："手术后，他知道生命的重要、时间的宝贵，更是拼命地工作着。他说，必须把有限的时间用在写作上。书本就是凝固的时间，就是生命的延续。多工作一分钟，也就多对得起自己的生命。"

二、他最得意的短篇小说是《巴金的梦》

我的视角有限，但在叶永烈去世后的各种报道中，只提他在科普创作上的累累硕果，很少提及他在中国纪实文学创作上无可替代的卓越贡献，及他在小说上的成就。

其实，他在从科幻向纪实的转型中间，也就是在十一届三中全会之后，曾发表过一些很有影响的小说。如发表于《收获》杂志的《青黄之间》，发表于《人民文学》杂志的《腐蚀》《正负之间》，发表于《上海文学》杂志的《同行》，发表于《小说界》杂志的《并蒂莲》等。那时他还为报纸写长篇连载小说，在《文汇报》连载《暗斗》，在《羊城晚报》连载《黑影》。1981年发表于《人民文学》第11期头题的《腐蚀》，与当年的全国优秀短篇小说奖只差几票擦肩而过，使他深感遗憾。

《黑影》发表后，经受了时间的考验，在20世纪90年代以后，已经三度出版，被称为精品。

叶永烈最得意的短篇小说是《巴金的梦》。这篇小说发表在1988年《科幻世界》上，马上就被《解放日报》所主办的《报刊文摘》转载，接着又被《新华文摘》1988年第11期全文转发，并收入当年《全国优秀短篇小说集》中。2005年10月巴老离世时，叶永烈又把此文分七大段在博客上连载。每次，他都收到大量读者来信或附言。

当年，叶永烈多次与我谈起过这篇作品的创作缘由。

叶永烈说，那时看了巴老《随想录》中的《“文革”博物馆》一文，产生了强烈的共鸣。感到非常有必要探究那既不是“无产阶级”的，又不是“文化”的，更不是“革命”的“十年”，目的就如巴老在文章的末尾所说的“惟有不忘了‘过去’，才能做‘未来’的主人”。而当时叶永烈又在写关于“四人帮”的长卷，他对于这场苦难有着深切的感叹。

叶永烈左右矛盾时忽发“奇想”，何不用荒诞的手法，以“巴金的梦”来写篇小说，先在纸上建一座“博物馆”？作为对巴老倡议的呼应。于是，就行云流水，一气呵成，写出了这篇“黑色幽默派”的小说。

这篇小说，结构巧妙、人物虽只有两三人却个个惟妙惟肖，语言富有人物个性。叶永烈和他的第一位读者——夫人杨老师都很满意。他原想投给《收获》，但又考虑到《收获》的名誉主编便是巴老，发表此文可能不便。于是，就投向别刊，没想到该文在外“旅行”了近两年，又回到了他的手里。此时，四川《科幻世界》杂志向他约稿，他就把该文寄给了他们，刊发了。

叶永烈明白，幸亏党的十一届三中全会以后，政治气氛逐渐宽松，使他这篇小说能够面世。其实那些不让发表的编辑也如同小说中那个盖大印的老头一样，是心有余悸，怕"第二次"再来。

许多人至今对这篇小说念念不忘，就在5月15日叶永烈逝世的噩耗传出后，著名科幻作家、新华社对外新闻编辑部副主任兼中央新闻采访中心副主任韩松在接受记者采访时说："我觉得他写的最了不起的科幻小说，至今也无法超越的，还是那篇《巴金的梦》，发表在八十年代的《科幻世界》上。"

三、他是一个捕捉细节的作家

叶永烈的纪实作品在中国首屈一指，我曾多次向他请教成功的秘窍，他坦率地告诉我是受《第三帝国的兴亡》的影响。他说，写历史的作家，是一个捕捉细节的职业。因为你的作品要充满细节，这些细节对于历史学家、党史专家来说，也许并不重要，而我却非常注意，正是这些历史的细节，造就了它的不可复制性。

他曾给我讲过，在寻找彭加木的过程中，他在茫茫沙漠的一个岔路口发现一张金丝猴奶糖的糖纸，他把它捡起来夹在笔记本中，那是不是彭加木留下的呢？有人说不对，因为上海人喜爱吃大白兔奶糖，金丝猴奶糖是天津的。回到营地在翻查彭加木的日记时恰恰发现他买的是金丝猴奶糖。于是，这个细节使搜寻队判断出彭加木所走的方向，也被叶永烈写在报告文学中。

四、他的著作出版并不容易

许多人都以为叶永烈的作品发表、出版太容易了，其实不然。

记得还是在20世纪80年代，深圳首次举行文稿竞价拍卖时，他的《毛泽东与蒋介石》被认为是一部弘扬主旋律的作品，底价50万元，作家出版社已获通过审查的口头通知，但是就在竞拍的前一天，上海《文汇报》抢发了一条新闻，有关部门见到后立即给作家出版社打电话，问你还没拿到书面文件，怎么能发消息？第二天要开槌，主办方半夜2点打电话给叶永烈，要把

叶永烈在 2018 年 5 月 18 日接受本文作者采访后合影

另一部文稿《毛泽东之初》换上去，连夜写委托书，到上午开槌前一小时才办完全部手续。当然，这部《毛泽东与蒋介石》最后是顺利地通过中央文献研究室、统战部的审查，在香港以原书名，在内地以《国共风云》的书名出版，反响都很好，一再重印。现在恢复了原名，与《红色的起点》《历史选择了毛泽东》一起，成了他的"红色三部曲"。

他的《"四人帮"兴亡》更是如此。他在1988年由漓江出版社出版了四个人单独的传记后，1993 年又由作家出版社出版了《"四人帮"全传》，但叶永烈并不因此而满足，因为他的原计划是要写一个"帮"的形成、消亡的历史。这时，他已采访到了很多重要人物，他把许多史料充实进去，又精简了不少重复的内容，一部《"四人帮"兴亡》终于完成。

五、他家的钟特别多

如果你去过叶永烈的"沉思斋"，无论在田林新村时，还是后来搬到的天钥桥路，稍稍留意，就会发现他家的钟特别多，不仅是外形，还有各种计时方式，有一台的红色数字灯管不停地跳跃着，如同十字路口的倒计时灯，特别引人注目，这反映了主人对分秒的珍惜，尤其是知道自己的生命已进入了"倒计时"以后。

他在"几乎眼睛都要看出血"的情况下，校审完 28 卷 1300 多万字的《叶永烈科普全集》。

他完成了"红色三部曲"——《红色的起点》《历史选择了毛泽东》《毛泽东与蒋介石》，完成了《"四人帮"兴亡》《邓小平改变了中国》等主要纪实作品最新版本的审校。

他把自己所有的手稿、著作、采访记录、录音磁带捐赠给上海图书馆，他把8 000 多封名人信札逐一放进上海图书馆为他专制的文件夹，并以主要信件的故事为素材，写作了 75 万字的《历史的绝笔》。

他以每年 45 万字一本的速度，出版了长篇小说"上海三部曲"——《东方华尔街》《海峡柔情》《邂逅美丽》，那天他把刚出的第三本《邂逅美丽》送给我。

"您早就功成名就，为什么还要费那么大的精力去写长篇小说？"我不禁问。他说："长篇小说是作家的'航空母舰'，一辈子如不写出一部，于心不甘。2015 年 3 月完成《历史的绝笔》之后，我终于下决心，重回小说创作阵营。对于这次转轨，在我看来是很自然的：一是人生阅历日渐丰富；二是写作历练日渐成熟。"

"那为什么要写'上海三部曲呢'？"我又问。他说，在中国，两千年历史看西安，一千年历史看北京，一百年历史看上海。上海曾经是"冒险家的乐园"，上海也是中国共产党的诞生地，如今上海是中国改革开放的排头兵，所以上海是"一百年中国"的缩影。从我个人来说，小时候，上海在我的心中是"高大上"的"十里洋场"。自北京大学毕业后，我被分配到上海工作，从此生活、工作、成家，扎根在上海，融入了这座东方大都市。我当然要以自己最熟悉的城市上海为背景。其实第一部《东方华尔街》酝酿甚久，在 1993 年就被列入作家出版社的出版计划，只是因忙于纪实文学的创作而搁了下来……

那天，他们再三邀我吃饭，我以没带饭前要服的药为由而婉谢了，其实我是急着赶回家，尽快把当天所见到的一切写出来，与读者分享，现在想想是多么后悔，要是留下来吃饭，又能在饭桌上听到多少叶老师的故事啊！他们知道我视力不佳，夫妇俩把我送下楼，送出小区，送到路口，还帮我拦了出租车。我在回家的路上一直在想，叶老师还在如此拼命地工作，完成常人难以想象的工作量，他为的是什么？

就在 2019 年他旧病复发，再次手术后的 10 月 12 日，还为上海图书馆录制了两条谈纪实作品《红色的起点》《"四人帮"兴亡》创作过程的音频。当我听到他的声音变得已如此苍老、疲惫时，不禁潸然泪下：叶老师，您太辛苦了！

叶老师还是走了！

生命如有长度的话，叶老师的 80 岁不算长，也不够长，但如果有厚度的话，那叶老师的厚度无法测量。有人说，在与病魔的搏斗中，人往往是失败者；可我要说，叶老师是一个完胜者！

作者简介 ●

楼乘震，退休记者，中国作家协会、中国摄影家协会、中国新闻摄影学会、上海市作家协会、上海市摄影家协会、巴金研究会会员。

纪念叶永烈

金 涛

一颗充满智慧和非凡想象力的大脑突然休息了，一生辛勤劳作、笔耕不辍的手突然不再写作了，一颗拥抱世界、对众生无比关爱的心脏突然停止跳动了……

永烈兄，虽然这个非常时期我们听到地球上此起彼伏不绝入耳的哭声，然而您的骤然离去，使我格外悲痛、分外痛惜。

您是中国科普和科幻界一面鲜艳夺目的旗帜！

当中国从十年浩劫的噩梦中醒来，您率先以《小灵通漫游未来》引领中国的年青一代大胆地拥抱世界，迎接科学的春天。继而，您以旺盛的创造力创作了大量脍炙人口的科幻小说，掀起一股前所未有的科幻旋风，冲击中国文坛，也惊动了科普界，于是您也理所当然交上厄运。

我们的相识，正是这个特殊时期结成的友谊。正如您在《相约名人——金涛与月光岛》一书中所写：

在 20 世纪 80 年代初，他约我为《光明日报》"东风"副刊写了许多文章。最可贵的是，在中国科幻小说蒙受不公正的批判时，他旗帜鲜明地给予支持。在我的科幻小说屡遭批判、处境十分困难的时候，《光明日报》"东风"副刊不断发表我的文章，对来自"极左"的批判进行还击。金涛还写了评论《叶永烈和他的作品小议》，对于我的作品给予充分的肯定（科学普及出版社 2012 年出版）。

我那时供职于《光明日报》，因为有这点便利条件，做了一点力所能及的工作，为遭到不公正待遇的科幻小说摇旗呐喊！

多少年过去了，直到 2011 年 12 月 11 日，我从永烈的来信中才收到他在 1980 年 2 月 18 日发表在《光明日报》的文章《迎接科学文艺的新春》的影印件。这一版，除了刊登永烈的文章，还有郑文光、童恩正、肖建亨三位的文章，是由我经手组稿编发，鼓励中国科幻小说的一组文章。

2011 年 11 月下旬参加中国作家协会第八次全国代表大会，2016 年 11 月下旬参加中国作家协会第九次全国代表大会，会议期间我们有机会多次见面。这以后，我和永烈见面机会不多了。

他后来以全部精力专注于中国现代史人物传记的浩大工程，著作等身，影响海内外。我前半生从事新闻记者这行，深知这项工作的艰巨和风险，对于永烈兄在这个领域所作的开拓性工作，我是从心底钦佩不已。

如今，斯人已逝，科幻永生！

永烈兄，一路走好！！

作者简介 ●

金涛，高级编辑、科普科幻作家、新闻记者，曾任《光明日报》记者部主任、科学普及出版社（现中国科学技术出版社有限公司）社长兼总编辑，中国科学技术协会第四届、第五届全国委员会委员，中国作家协会会员，中国科普作家协会常务理事兼科学文艺专业委员会主任委员。

缅怀上海市科普创作协会副理事长叶永烈

李正兴

2020 年 5 月 15 日下午，传来了上海市科普创作协会（现上海市科普作家协会）副理事长叶永烈驾鹤西去的噩耗，我十分伤感，也难以接受这一事实！我和叶永烈交往几十年，彼此相知。他的风采，他的音容笑貌，一幕幕映现在我的眼前；他与同人切磋科普技艺时的爽朗谈笑声时时回响在我的耳边。这两天，我躺在床上翻来覆去、思绪绵绵，彻夜难眠。几十年来与他相处的往事，在我的脑海中波澜起伏……

叶永烈这位大名鼎鼎的作家，是中国科普创作和科幻小说的领军人物。他在进入上海市作家协会之前曾经是上海市科协的专业科普创作员。那段时间我与他同室话语，亲密无间。20 世纪年代末，他曾向上海市科普作家协会募捐人民币 7000 元（当时数量应是可观的），由我经办。

一、副总理方毅的关心

叶永烈 19 岁出版科学小品集《碳的一家》，20 岁就是《十万个为什么》的主要作者（第一版总共编写化学、天文、气象、农业等题材 300 多条，占第一版的三分之一。另外他是唯一一位一至六版都参与撰写的作者）。《十万个为什么》一次次修订再版，累计发行量超过 1 亿册。这套书的出版改变了他的人生道路。后来他有了"野心"，不满足于千字文的科学小品，想写一部长篇虚构的故事，21 岁写出《小灵通漫游未来》（1984 年写出《小灵通再游未来》、2000 年写出《小灵通三游未来》）。几十年来从科学小品、科幻小说、科学童话到科学散文、科学游记、科学相声……这些科学文艺中的"十八般武艺"，他几乎全用了。

在 1979 年前，他的作品都是他的业余创作，诞生地竟然是自家旧式的小阁楼。他的创作困境引起时任国务院副总理方毅的关心，做了两次批示。第一次是 1979 年 1 月 6 日："调查一下，如属实，应同上海市商量如何改善叶永烈同志的工作条件。"此后，中国科协特派当时的普及部副部长王麦林（现为中国科普作家协会名誉理事长）专门来沪了解叶永烈的工作和生活情况。当时，上海市科协指派我全程陪同王麦林。趁此机会，我把叶永烈的工作和生活上的困境一五一十地第一个向这位特派员诉说……第二次是当年 3 月 4 日，副总理方毅在王麦林的汇报上批示："我看要鼓励科普创作，这项工作在世界各国都很重视。"接着，3 月 12 日文化部和中国科协联合举办隆重授奖仪式，授予叶永烈"全国先进科普工作者"称号和奖金 1000 元。不久叶永烈就迎来了乔迁之喜，并被调进上海市科协专门从事科普创作。从此，我与叶永烈同室相处，仿佛成了自家兄弟（我比他大 3 岁）。叶永烈谈吐亲切，着装朴素，待人亲和，没有一丁点儿大作家的架子。

二、学习叶永烈"两馆一主"创作原则

叶永烈作品成功之道在于精心勤奋的采访和娴熟地运用文学创作技法，其科普题材的报告文学作品深受读者喜爱。他的这些作品我看在眼里、记在心里，获益匪浅。我也效仿他的报告文学形式撰写了一篇少儿科普作品——《来自幼儿国的报告——记市科协离休干部姚志成同志》①。

叶永烈对重大题材的创作原则是"两馆一主"。"两馆"——图书馆与档案馆；"一主"——以采访为主。另一种叫法称"一躯两臂"，"一躯"即采访；"两臂"即图书馆和档案馆。记得他在上海市科协某届代表大会上宣传科学家丰功伟绩的发言，引起苏步青的震撼："这些素材我怎么没听说过！他收集材料的功夫真神秘。"这种神秘来自"两馆"。

---

① 本文收录于上海市科学技术委员会老干部处的《桑榆辉映添春色》一书，可惜的是标题中的"幼儿国"被改成"幼儿园"。

卢于道是复旦大学教授、系主任，上海市科普作家协会首届理事长。1995 年是卢老逝世 10 周年，我要写一篇纪念性的文章。那时，我不懂得操作电脑，要查询卢老的史料谈何容易。我想到了叶永烈对重大题材创作的原则"两馆一主"。

为了写好"中国科普先躯——卢于道"，我按照叶永烈的创作原则，多次采访卢老的夫人邵静容和女儿卢欧琳；三进"徐家汇藏书楼"，三进"上海档案馆"，二进《科学画报》杂志资料室。大量的历史资料和趣闻逸事使我大饱眼福，了解了卢老是在政治、科研、科普都有重大贡献的杰出人物，我撰写完成了一系列相关文章，得到卢老家人和业内外读者的认可。

三、叶永烈为大学生科普创作培训班授课

科普创作是科学普及和科技传播的源头。没有创作的作品，科学普及和科技传播就成了"无米之炊"。科普创作人才的培养也得从源头做起，这个源头在哪里？上海的实践证明：这个源头，就在大学校园里，就在莘莘学子中。它告诉我们：科普创作不仅是科技工作者应尽的社会义务，也是高等学府的学子们理当开拓担当的重任。大学时代也正是一个人精力和想象力最旺盛的时期，也最适合科普创作人才的诞生。上海市科普作家协会会同上海市科技传播学会自 2007 年起每年在大学校园举办的"上海大学生科普创作培训班"，验证了"大学生是科普创作的生力军"的观点。

叶永烈是科普创作培训班最受欢迎的讲师。从对授课老师满意度反馈表来看他是占领榜首的。他在培训班上回顾了自己科普写作的历程，就"科学文艺"这一专题，讲述了科幻小说、科学小品等科学文艺的发展历史，结合自己的创作经验介绍了一些写作技巧，鼓励同学们进行科普创作。提起科学文艺，叶永烈是当今时代成就卓著的科学文艺作家，在科幻小说、科学童话、科学小品、科学家人物传记、科学教育电影剧本等多个领域著述达千万字，其作品数量之多、类别之广、影响之大，同时代鲜有人能及。叶永烈同时也是一位科学文艺理论研究者，在他数十载的科学文艺创作生涯中，始终贯穿着对科学文艺理论的研究与思考。2016 年，中国科普作协"第二届王麦林科

学文艺创作奖"颁给叶永烈，高度认可他在科学文艺领域的贡献。一位同学在心得中说："我在听叶永烈先生的那节课时，想到了许多，他向我们展示了自己从对科普创作懵懂无知到成为一位著名的科普作家的坎坷路途。我从他身上学到的不止是有关科普创作的知识，还有他的人生态度，他的至理名言，给80后一个明鉴，让我们找到前进的方向。"在首届培训班他授课后接受学员采访，形成的报道《科普写作需"文理兼优"——访著名作家叶永烈》在华东师范大学校报上发表；第二届科普创作培训班在上海理工大学举办，在叶永烈授课那天，学校教室前张贴了欢迎世界科幻小说协会理事叶永烈的布告；第五届科普创作培训班在上海大学举办，叶永烈授课后与全体学员合影留念。每次叶永烈在为上海大学生科普创作培训班授课的投影幕布上，都会展示自己小学一年级的一份成绩单，"读书""作文"印上了"不及格"字样。他风趣地告诉同学们："有人说很多作家曾是神童，我不是。我是从一个

2007年，时任上海市科普作家协会副理事长李乔（左）和本文作者（右）一起拜访叶永烈先生（中）

语文和作文都不及格的孩子成长为作家的。"接着幕布上又显示了他小学五年级在《浙南日报》上发表的第一篇作品《短歌》。就是这块小小的"豆腐干"作品，使他在学校里从少先队员连升三级，臂戴"三道杠"成为大队宣传员；就是这块70个字的小小的"豆腐干"，点燃了他心中的火花，决定了他一生的方向。他的文学道路就是从这一块"豆腐干"开始的。我在《科普大咖是怎样炼成的（诗与画）》一书中就以《小小"豆腐干"起家》为题配诗：

一

一块小小"豆腐干"，文学火花被点燃。

《碳的一家》小品集，北大学生心狂欢。

二

科普名著佼佼者，初版潜心挑大梁。

六版披挂再上阵，妙笔生花科普旺。

三

造就科幻《小灵通》，耀眼"明星"云霄冲。

未来世界去漫游，激发少年科学梦。

四、叶永烈：科普兴，科学兴

20世纪80年代初，为了宣传各专业范围的代表人物，根据上级要求，我以上海市科普作家协会（当时为上海市科普创作协会）的名义，向上海市科协上报叶永烈为顶尖人物和科普创作的领路人。在上海召开的叶永烈科普作品研讨会上，吴岩认为，在中国，很长一段时间，讲到科普，很多人马上就会想到叶永烈，在很多人脑子里这两个词是可以互换的。我赞同吴岩的说法，也就是叶永烈的名字是与科普、科幻画等号的，他的科普作品影响了中国几代人，这不但反映了当时一段时间中国社会的现实，而且是叶永烈科普的价值所在。中国科普研究所原副所长颜实讲得对："叶永烈的作品是今天科普创作实践和理论研究的一座富矿，值得后来者不断深挖与研习。"叶永烈创作出那么多优秀科普作品，树起了中国科普的一座丰碑。他不仅是广大少儿的科学导师，时代的文化精英，同时也是上海这座城市的荣耀。叶永烈在研讨会上的主题发言，最后用了这样一段话："科普兴，科学兴。科学兴，中国兴。中国的发展，需要千千万万科普作家。期望新一代年轻科普作家后来居上。"

叶永烈虽然驾鹤西行，但是他的名字永留人间。他的著作长存，其创作成果和创作档案早已捐赠上海图书馆。上海市科普作家协会一直没有忘记这位科普创作的领路人，每逢春节前夕，受理事长的委托，都会登门拜访协会老领导。这张照片便是2007年我这个秘书长与时任副理事长李乔前往叶永烈家拜访时拍摄的，以作永久的纪念。

作者简介

李正兴，曾任中国科普作家协会理事，上海市科普作家协会秘书长、顾问，上海市科协普及部党支部书记，上海市科协学会服务中心副主任、党支部书记。现为中国纪实文学研究会会员，中国科普作家协会荣誉理事，上海市百老德育讲师团团员，上海市科普作家协会荣誉理事。

永远的引擎

——深切缅怀著名作家叶永烈先生

杨达寿

我再也等不到叶永烈先生的电话和短信，因为天堂没有手机的信号；我很想再与他通一次话，但他的衣装已没有口袋盛放手机。于是，我写下这些文字，缅怀牵引我几十年前行的"引擎"似的挚友，以寄托我绵绵的久久的哀思。

叶永烈于 1940 年出生于温州，1963 年夏毕业于北京大学化学系。

1959 年我进入浙江大学求学不久，化学课老师在课堂上讲化学是一门实用又有趣的课时，举了北大化学系学生叶永烈写了《碳的一家》科学小品集一个例子，从此，叶永烈的名字印进我的脑海里。后来又听说以他为主写了《十万个为什么》一本分册，因当时功课压力太重，未看过这两本书，于工作后才买了《十万个为什么》一些分册让自己孩子去阅读，受益良多，此不多赘。

对于我们这一代人来说，神州大地十年"冰封"的解冻，意味着春天的回归，十年蹉跎的岁月终于可以画上句号，我像冬眠复苏的土拨鼠一样又可松绑爪子，迫不及待地东拨土西拨泥了。那时，报刊复苏加创新快而多，但许多老作者不敢轻易出手，而我是多年在黑板报和笔记本内操练文字的老兵，很快找回写诗的兴趣，就用笔名木易、莫叶等在全国大小报刊发了一些诗歌、散文。1977 年 9 月《浙江教育》杂志发了我的《含泪思念毛主席》新古体诗，同年 10 月起，《杭州日报》又发了我的《备课》《窗口》等自由体诗，引起副刊主编严麟书的关注，他请我去他编辑部小坐交谈。他听我说在浙大机械系工作，就建议我多向前辈高士其先生学习，多写科学诗，最后还介绍了本省几位写科学诗的高手，其中就有叶永烈、王一义等，说叶永烈 11 岁就正式发表诗歌，但他远在上海，不便求教。因为王一义的父亲是浙大老师，我很快联系上他，自此与他结下切磋诗艺的情缘。

科学大会的春风吹醒了神州万物，也吹活了我喜爱科普和文学的那支秃笔。在全国人民意气风发、争分夺秒抢时间为本职工作拼博行进时，我亦加入奋发行进的洪流，同时千方百计利用"时间的零头布"学习科学诗创作。为了更多学习科普创作的技法，在王一义、严光鉴作家介绍下，我于 1980 年较早参加了浙江省科普创作协会（后于 1990 年秋更名为浙江省科普作家协会）这所大学校，我的科普创作热情有了大幅提升，科普作品大步走向全国。

1980 年的一天，我从王一义那里得到叶永烈的通信地址后，便以求教的心情给叶永烈写信，从此便架起一座神交的桥梁。1984 年，湖南长沙孟天雄等创办了《科学诗刊》，叶永烈担任编委。在创刊号上，我一人发表了《你骄傲，你是信息》和《材料王国里的风波》两首科学诗，而同在创刊号上，叶永烈为郭曰方、王一义合著的科学诗集《科学的旋律》作的序——《隔墙成连理》同时面世。此后，叶永烈还在信里说我的科学诗很有特色，希望日后看到更多更好的科学诗。1985 年第二期《科学诗刊》上，发表了叶永烈的科学诗创作礼记、《我爱科学我爱诗》两文。这两篇随笔对我影响很大，于是决心寻找机会向他当面求教。

1986 年夏，吉林市召开全国科学诗人代表大会，我猜叶永烈会去参会。我收到大会筹备组的邀请信后，决心克服困难参加会议。当会上听到贺敬之、高士其和叶永烈的贺信后，我的心情无比激动。叶永烈在贺信上说："我爱诗，我平生的第一篇作品便是诗，但是我的科学诗写不好。我愿为科学诗人们敲边鼓助威！"他还托上海科学诗人胡永槐带来一篇《论"一句诗"》论文，后刊在 1987 年第三期和第四期《科学诗刊》上。

大会后，我就与同室的江西抚州市文联主席吴林抒商议合编《中国科学诗人作品选》一事。吴林抒认为这个选题很好，只是他太忙，无时间参与，但大力支持我的工作。我决心包下征稿和编辑等一切杂务，并特地去抚州与吴林抒讨论诗稿，最后以"杨达寿、吴林抒编"署名并于 1988 年由北京科技出版社出版这本诗集，内收全国 51 位著名科学诗人的作品，其中高士其、叶

叶永烈赠予本文作者的部分书籍

永烈和王一义等的科学诗都在列。当时，叶永烈寄来十首《写在稻叶上的诗》，这是他1969年起到上海奉贤海滨的电影"五七"干校种水稻当农民时，从一大堆诗稿中挑出的一组科学诗，为本集添彩！

吉林会后，我经北京第二次登门拜访诗翁艾青先生，因为他写了好多科学诗。这次与吴林抒同行，不仅留下与艾老的几帧合影，还为我著的第一部科学诗集《美走向心灵深处》题了书名。因艾老年高体衰，其妻高瑛叫我不要提科学诗稿入集事了，有些可惜。

在上海中转候车间隙，我又去徐家汇叶永烈寓所拜访他。神交多年的我们一见如故，他久拉我的手不放，初见的陌生拘束感当即飞到九霄云外。他一定要让我坐在沙发上，他搬来板凳在我对面坐下，两人一边吃西瓜一边聊了起来。听他讲了几十年创作的经历，他归结为一句话："我是十八般武艺样样学，作品也是五花八门。"同时听他讲了一些应对约稿、日夜兼程、勤奋创作及新书迭出的事例，最后勉励我继续在科学诗山道上勇走自己的路，把科学诗这朵奇葩培育得更灿烂！

临别前，他领我在简朴的两间房内转了一圈。他一家三代五口，两孩子海拔都超过他，叶舟在念大学，叶丹在念高中。在这48平方米的居室中，首先保证孩子做作业的座位，他只好避进2平方米的阳台间日夜笔耕。在卧室兼书房中，凡有空间都占满书，计达万余册。这就是当年一位著名中青年作家的家居状况，令人心疼与震憾！

叶永烈先生知道我爱书，离他家前送我三本书，即他主编的《科学家诗词选》和他著的《奇人奇事》《奇怪的问号》。后来他又送我一些书（部分书见照片），恐有十多本。如他主编《中国科学小品选集》（三册），《叶永烈海外游记》等。睹物思人，一种崇敬的心情油然而生，久久地难以消逝！

在他送我的这些书中，给我影响最大的是他主编的《科学家诗词选》。这本诗集一打开，除了苏步青、华罗庚等著名科学家的诗词外，首先映入眼帘的是苏步青院士的"愿你文理兼优"六个大字。这六个大字亦是叶永烈先生一辈子身体力行的目标！叶永烈早在 1979 年加入中国作家协会，一直未离开科普阵地。他告诉我，不久前才转到中国作家协会上海分会任专职作家。他曾几次提醒我说："我们学理工的人，要以苏老倡导的至理名言为座右铭，应多向文学家学习，要多汲取文史知识，才能写出优美的作品来。"至今想来，这些中肯的话，实际上是他多年实践的心得，亦是他倡导与弘扬"文理兼优"的精髓。此后，我就把"文理兼优"当作一面镜子，也作为自己前行的明灯，照亮科学文艺创作前行的路。在多次给中小学生讲创作课，或改文稿活动中，我亦以"文理双优"的要求启迪学生，还专门给义乌第三中学北斗文学社社刊《北斗》写过《文理兼优也要走长征路》一文，受到老师和同学们的喜爱与好评。这是我学习叶永烈先生成功创作经验的一点体会。

彼此畅谈回杭后，我写了《访科普作家叶永烈》一文，发表在 1987 年 11 月号《科普文艺》上。几次面晤聆教后，我又于 2003 年写了《变电站和发电厂——记著名作家叶永烈》一文，和前文一起都收入本人著《书友缘》一书内。

1987 年 5 月，我收到叶永烈先生一封信，说他二儿子叶丹将考大学，需要一套《高考复习丛书》，我及时寄给他后不久，就收到叶永烈及他儿子叶丹的致谢信。叶丹亲切地称我杨伯伯，并表示要以此事为动力，决心考上名牌大学深造。后来，叶永烈来信传达了两个孩子都留学美国的好消息，令人兴奋不已。

叶永烈先生平易近人，每次交谈中都很自谦。因为我长他一岁半，他便像对待长兄一样对我。我们虽没有同窗求学，但都出身理工，都因爱好科普和文学而走到一起。他乐于助人。当我提出给我的第一本科学诗集《美走向心灵深处》写序言时，他毫不犹豫地答应了，还幽默地说："这件事已走进我心灵深处了。"1987 年春，我整理好诗稿寄他写序，万想不到十来天就收到他写的序言，我喜出望外，一直把他手迹珍藏至今。

在这篇手写的序言中，他勉励我说："有一必有二。有二必有三。祝愿你不断创作，写出第二本、第三本科学诗集来！"我一直把他这句勉励的话当作经典，并暗暗地镌刻在自己的胸壁上。事实亦是这样，几十年来，我无能力学他的智能，但我月月岁岁在学他的勤奋，至今已著和主编 54 部书，其中诗集就有 7 部，诗文集 3 部，为他的勉勉话作了一个自认满意的注释。

叶永烈为《美走向心灵深处》撰写的序言手稿（组图）

其实，这句话也适用于叶永烈先生为我书著写序的好事上。有了第一本诗集的序后，我的第二本诗集《星星草》于 1992 年春整理好了，本来想请苏步青院士写，经过一番斟酌，最后决定请苏老为我主编的教材《大学科技写作》写序言，请他多注入"文理兼优"的思想；而请叶永烈先生给我著的《星星草》作序。这序的开篇就引了他在《美走向心灵深处》序言中最后一段话："有一必有二。有二必有三。祝愿他不断创作，写出第二本、第三本科学诗集——步入中年的他，正有着旺盛的创作力。"紧接着这样写："果真，时隔四个春秋，我收到他寄来的新作清样——他的第二本科学诗集。承他看重又嘱我为之作序。"这些常话，反映了他极强的记忆力，印证了他极强的预见性。最后在序里勉励说："开中国科学诗先河的高士其，已经离开了这个世界。中国气派的、闪耀着九十年代璀璨光辉的新一代科学诗，正有待于像杨达寿这样孜孜不倦的中青年科学诗人去创作，去开垦那片肥沃的土地。愿杨达寿兼跨科学和诗两匹骏马，继续向前飞奔，拉着金犁创造人间奇迹！"

在他的序言中，多次引用我小诗的段落和诗句，十分亲和与贴切，给我无比的鼓舞力量！

1994 年，为了迎接科普春天的回归，作为浙江省科普作家协会科学文艺创作委员会主任的我，提议自筹资金编辑出版"浙江省科普作家作品选"并定名《推波集》。1996 年春，我编好书稿请叶永烈先生作序。他在序言开头说："在祖国九百六十万平方公里土地上，我梦牵魂绕的是浙江——因为她是我的故乡。也正因为这样，尽管我在上海工作，而且再三说过不敢'好为人序'，但是当这本浙江省科普作家作品选——《推波集》的主编杨达寿先生约我写序言，我仍答应下来。"从中可见他的爱家乡故土、爱同行乡友之情。

1999 年，我编好《助澜集》又请叶永烈先生作序。他引经据典诠释了"推波助澜"两个作品集名的深刻含义，点赞倡导科学小说、科学小品的先贤及作家，点赞《科学 24 小时》杂志后，说两部作品集的出版是"浙江省过去 20 年科普创作的回顾，也是对新世纪浙江省科普创作的推波助澜"。这些勉励的话给浙江省科普作家极大的鼓舞。

浙江省科普作家迎来 2005 年的曙光后，又开始为《海纳集》奋笔创作，如前两集一样，仍由我主编并筹资出版，由叶永烈先生作序。本委员会的举动再次受到叶永烈先生的赞扬，并在序言里对科普作家的定位与功能作了十分形象的阐析。他说："在我看来，科普作家是一座'变电站'。从科学家那里输出来的是'高压电'，只有经过科普作家这个变电站，变成普通百姓能够接受的'低压电'，才能进入千家万户。就这意义上说，科普作家是不可或缺的。科普作家的'变电'过程，也就是把科学通俗化的过程。"听了这番比喻贴切的话，科普作家更感到肩上担子的沉重与创作的荣光。

在 2012 年冬出版的浙江省科普作品选《百川集》的序言中，叶永烈先生把浙江省科普作家协会比作飞机最早一批"起飞"外，还说有强大的"续航力"，从而使自己飞得更高更远。同时还不惜笔墨写到远在加拿大省亲的我，说我"隔着太平洋用电子邮件及电话联络浙江省科普作家协会诸多会员，力克艰辛，终于编成这本《百川集》。可以说，浙江省科普作家协会正是有着杨达寿教授这样的旗手，才大旗不倒，充满活力。"他又说，"我连续为《推波集》《助澜集》《海纳集》《百川集》四书作序，全然是受浙江省科普作家协会会员们精神所感动。谨以上面的文字继续'推波助澜'，为'海纳百川'助一通鼓，叫一声好。"他爱故乡浙江，爱浙江同行作家之心可见一斑！

叶永烈为《浙江科学文艺》刊物题词

此外，他又给本委于 2001 年创刊、由我主编的《浙江科学文艺》刊物题词，以示关爱与支持。2004 年 3 月 25 日晚上 10 时，他到杭州采访结束后，不忘老友，给我打来电话问好，并告知他家搬到天玥桥路的具体地址和电话，请我有便时去作客，令人感动。所有这些友谊的结晶，都如我行进在科普路上的"引擎"，都给我科普与文学创作路上以莫大牵引与鼓励，没齿难忘！

叶永烈先生永远离开了我们，他那"亚里士多德式"（百科全书式）全能作家的高大形象，他用勤奋与智慧的3500万字筑起的丰碑，永远高耸在我们心中！

本文作者（右）与叶永烈先生（左）的合影（摄于2010年10月）

您去了智能灵魂城市旅行，
还是去了人马座天堂观光？
只见一粒粒沉痛的词语走过，
把我存储一生的爱心拭亮。
我会像草木爱金乌那样爱您，
我会像山河爱婵娟那样爱您，
我会像贝氏爱乐曲那样爱您，
我会像李杜爱诗歌那样爱您，
我会像学生爱班主任老师那样爱您，
我会像自己爱今天和明天那样爱您！

作者简介

　　杨达寿，浙江大学教授。中国作家协会、中国诗歌学会会员，中国科普作家协会第五届理事。

叶永烈先生最后的电视访谈

赵致真

大疫之年，太多的"应激"让人情感麻木。但叶永烈先生去世的消息仍然使我如遭电击，陷入持久的悲恸。打开微信，朋友圈里哀思如潮，和上海几位好友通电话，更相与喟然长叹，感慨万端。叶永烈先生活着的时候很有名，但突然去世了，才更加感到巨大的缺失和塌陷。

叶永烈先生无疑是我们时代绝伦超群的科普作家，他所达到的高度，不仅同辈难以企及，很长一段时间内，后人恐怕也无法超越。《十万个为什么》，半个世纪以来在中国家喻户晓。我们今天有多少栋梁之材，是当年读了《十万个为什么》而加入科学大军的？人类文明进步的最大奥秘，是知识的传承和积累，叶永烈先生在自己生命的存续期间，为这个世界留下了如此丰富的遗产，随着时间的流逝，他将越来越成为人类文化苍穹中能见度极高的一颗亮星。

人杰盖棺，楷模长存。我们今天说学习叶永烈先生，其实许多东西是学不来的。叶先生说自己"一辈子只做个码字工"，但能用 3500 万字"码"出一座座高堂广厦，这需要怎样超凡的才赋、勤奋和坚毅？何况根本没有现成的字可"码"，他的每个字都是学习、思考和创造的结晶。就算连续 50 年笔不停挥，也要每年"码" 60 多万字。须知其中的大多数字，是在酷热难耐的陋室中"码"出来的，是白色稿纸垫在蓝色复写纸上"码"出来的，是左眼视网膜脱落、右眼 800 度近视的困境下"码"出来的。80 岁高龄住进医院，还在规划着出院后两部长篇的宏图。我们学习叶永烈先生，只能学习他的精神和他的境界。甚至这也很难学到，对于叶永烈先生，写作已经是他的生存方式。成为和心跳、呼吸、新陈代谢一样的生命迹象和生命体征了。

1998 年 4 月叶永烈在武汉电视台和赵致贞交谈

我和叶永烈先生不在一个城市。1998 年《科技之光》播出三周年，记不清叶永烈先生因为什么来到武汉，我闻讯后邀请他参观武汉电视台，并放映了我们相当粗糙的几部科普电视片。由于叶永烈先生曾长期在上海科影厂工作，我们自然有很多共同的兴趣和话题，乃至"交浅言深"，说到许多生活与工作中的无奈和秘辛。几天后，叶永烈先生如约寄来了他为《科技之光》播出三周年写的文章《荧屏上的"变电所"》，发表在武汉《长江日报》上。叶永烈先生在文中对电视科普的许多见解，今天看来非但不过时，反而更能振聋发聩。他为人善良谦逊、质朴厚道、践诺守信，从这件小事上可见一斑。

此后和叶永烈先生音问少通，但不妨碍我对他的仰视和关注。转眼 20 年过去了。2018 年，《科技之光》为庆祝中国科协成立 60 周年，应邀拍摄 5 集大型纪录片《中国科普》，采访计划中自然少不了叶永烈先生。和 20 年前一样，听说《科技之光》要来，叶永烈先生欣然应允。2018 年 7 月 12 日下午 3 时，《科技之光》编辑刘颖和朱红卫来到叶永烈先生在徐家汇的家中做了电视采访。出于种种原因，节目至今未能播出。

叶永烈先生去世的噩耗传来，伤痛之余，不由立即请刘颖把之前的采访素材找来，从头至尾细细看了两遍。电脑屏幕上，我敬仰的叶永烈先生音容犹在，却已人笔两亡。我的眼睛不禁湿润了。一个最迫切的念头是，把这段采访尽快发出去。我想，这大约是叶永烈先生在世时最后一次接受的电视采访，最后一次系统完整概括地讲述自己的科普生涯。这段视频，无

1998 年 5 月叶永烈为祝贺《科技之光》播出三周年撰写的文章，发表于《长江日报》

2018 年 7 月 12 日叶永烈先生在家中接受《科技之光》采访

疑是叶永烈先生留下的最珍贵、最权威、最新近、不可再生的第一手资料。研究叶永烈，不仅能够成为博士生课题，也应该是我们科学文化界应尽的历史责任。因为叶永烈是我们这个时代，在我们这片土地上，茁壮成长的一棵参天大树。

作者简介 ●

赵致真，武汉电视台原台长，科普作家、制片人。

悼念挚友叶永烈[①]

董仁威

叶永烈逝世的消息，让我悲痛莫名。我与叶永烈是在中国科普作家协会第二次会员大会上认识的，40 年来，彼此的交往从来没有中断，那些我和他促膝谈心的场景，依然历历在目，难以忘怀。

我因写作《叶永烈评传》而多次采访他，对他的生平与创作情况比较了解。1940 年 8 月 30 日，叶永烈出生于浙江省温州市，出生后不久，温州就沦落于日军之手，父母带着三个孩子逃难，童年磨难让他将"国家兴亡，匹夫有责"的家国情怀贯穿于一生。1957 年叶永烈考入北京大学化学系进行学习，次年叶永烈到湖南邵阳帮助举办普及化验铁矿石的训练班，工作之余，叶永烈写了科普文章《两种矿物肥料介绍》发表在《邵阳报》上，这是叶永烈一生从事科普创作的起点。从此他开始转向科学小品的写作，文学色彩浓厚的《夺目的夜明珠》（1959 年）是他公开发表的第一篇科学小品。

写作《小灵通漫游未来》时的叶永烈

《碳的一家》（1960 年）是叶永烈的第一个"小集子"，收录了 20 多篇用

---

① 本文刊登于《文艺报》2020 年 5 月 27 日第 6 版。

文学笔调写的化学小品，当时他还是大二学生。后来，他的科普作品越写越多、越写越好，发在各种科普期刊上，并汇集成书出版，《叶永烈科普全集》有皇皇 28 卷之多。现在看来，叶永烈从事科学小品创作有其必然性。一是叶永烈在北京大学化学系接受了正统的化学教育，傅鹰、张锡瑜、邢其毅等诸多名师为他们开课，奠定了扎实的科学基础知识；二是叶永烈本来就具备一定的文学基础，因此把文学与科学结合起来，创作科学小品和科学文艺作品，是自然而然的事。

叶永烈一生笔耕不辍，写出了 3500 万字的作品，在科普、科幻和文学三方面都有所成就。首先，他是对新中国科普创作事业发挥重要作用的科普作家。《碳的一家》的责编曹燕芳当时也正在编《十万个为什么》，她喜欢叶永烈活泼的文笔，把科学的道理说得这么有趣、明白，就要求他参加编写《十万个为什么》化学分册，之后又写气象分册、天文分册、农业分册、生理卫生分册等，叶永烈就一口气写了下去，还累病倒了。但他也成为《十万个为什么》第一版中，最年轻的同时也是写得最多的作者（其中化学分册 163 篇，天文分册 27 篇，农业分册 93 篇，生理卫生分册 43 篇，总共 326 篇，占了全书条目总数的三分之一）。《十万个为什么》出版后，在全国产生很大的影响。第一版印了 500 万册，此后一次次修订再版，叶永烈又为新版《十万个为什么》增写了许多新的条目，总共写了 599 个"为什么"。以后，叶永烈又写了一套化学史方面的书《燃烧以后》《化学海洋的灯塔》《看不见的世界》《在有机化学密林中》，以及《金属的时代》《化学与农业》等，对新中国的科普启蒙与科学教育贡献巨大。

年轻时的成功，对叶永烈来说，并非偶然。他除了喜爱文学外，也对科普读物十分爱好。读中学时他便读了苏联的科普作家伊林的《十万个为什么》和《在你周围的事物》等科学文艺作品，为有趣的科学故事所吸引，才知道连小摺刀、衣服、镜子、铅笔之类的日常物品都有不平凡的历史奥秘。叶永烈还读了苏联科普作家别莱利曼写的《趣味几何学》《趣味物理学》等科普读物。进入大学后，中国科普事业奠基人高士其的创作，以活泼的文笔、巧妙的政治讽刺、渊博的知识让叶永烈为之惊叹，他视高士其为创作上的导师。

1976 年，叶永烈发表了科幻小说《石油蛋白》，这是他首次尝试科幻文学的创作，很快表现出一种强烈兴趣。这一年，他还写了一篇在珠穆朗玛峰发现"柔软的恐龙蛋"的科幻小说，题为"世界最高峰上的奇迹"，小说情节曲折，语言凝练，是一篇优秀科幻文学作品。1978 年，叶永烈把在"文革"前创作而遭退稿的《小灵通漫游未来》重新投稿，在"科学的春天"的环境氛围中，人人都非常关心未来，这部作品很快出版，发行量巨大，以"全景式地展现了未来世界的图景，适合当时人们对 2000 年的向往之心"，影响了几代人。科幻小说的发展、"小灵通"的走红，可以说是时势使然。1979年 3 月 12 日，文化部和中国科学技术协会隆重举行大会，授予叶永烈"全国先进科学普及工作者"的光荣称号，一时间，叶永烈成为家喻户晓的人物，国家隆重地表彰一个科普作家也给了全国科普创作界很大的鼓舞。

当时，同许多科幻作家一样，叶永烈也以科普为目的，小说为工具，写儿童科幻小说，在这方面，以《小灵通漫游未来》和金明惊险科幻系列成就最高。20 世纪 80 年代，继"小灵通"之后，叶永烈推出新的科幻明星——金明和戈亮，两位主人公在他笔下侦破了许多疑案，成为中国科幻小说中"福尔摩斯—华生"式的搭档。当时，中国科幻界以童恩正为代表，郑文光、叶永烈积极支持，提出了科幻小说首先是小说、没有科普任务的主张。

作为一个多产作家，叶永烈的创作取材范围极其广泛。如《海马》和《旧友重逢》都是海洋开发和畜牧的题材；《伤疤的秘密》写的是利用生物采集，提炼稀有金属。而《丢了鼻子以后》《龙宫探宝》《蚊子的启示》《演出没有推迟》《飞檐走壁的秘密》《奇妙的胶》《生死未卜》《怪事连篇》等一批作品，取材自医学、仿生学、海洋开发、核物理、机器人、宇航等多门学科。在叶永烈笔下，也有意识流科幻小说《小黑人的梦》、哲理中篇科幻小说《君子国的秘密》等，《自食其果》《腐蚀》《黑影》也是这方面的名作。

叶永烈也是研究科普科幻的学者。在寻找中国科幻小说源头过程中，发现荒江钓叟发表在《绣像小说》上的《月球殖民地小说》，使中国科幻元年定格在 1904 年。他在科幻文学理论上也有很多建树，特别是对科幻小品的研究。1983 年，叶永烈的科幻小说受到批判。但他继续奋斗，转入写作纪实作品，发表了千万字的作品。科普科幻界的朋友和科普迷永远不会忘记这位给他们带来快乐童年并引领他们走进中国科普科幻事业的功臣。

作者简介

董仁威，中国科普作家协会五届理事会常务理事、科学文艺委员会副主任委会，六届理事会荣誉理事，世界华人科普作家协会二届理事会名誉会长。

我所结识的叶永烈

——谨以此篇祭奠好友的离去

王德风

惊闻著名作家叶永烈去世，甚为悲痛！

约略算来，叶永烈小我两岁，其著作等身，一生创作出版约 3500 万字著作。然而，与好友作家叶永烈的今生际会，在 2020 年的初夏，5 月 15 日，戛然而止。

忘不了他对中国科普事业的贡献，忘不了他为《少年科普报》写的"发刊词"，忘不了他那些"红色作品"和传记文学……而今最可忆的则是 20 世纪 80 年代与他的一段交往，在这个追念的日子，奉献于读者，以此缅怀故友。

20 世纪 80 年代初，我应辽宁人民出版社之邀，编辑叶永烈同志的著作，有机会接触到他的作品，并与这位高知作家结下一段友情。

记得那日，辽宁人民出版社编辑将一摞摞原稿交代于我，我迫不及待地翻阅开来，那娟秀的小字，整洁的书面，少有涂抹改动，扎实的文字功底和敏捷清晰的创作思维，跃然纸上，一股清风扑面的感觉，让人心生愉悦。我判断这些手稿每篇都是一气呵成的。

随着编辑工作的深入，为了研究作品分册编选和最终确定每一个集子的书名，那一年我来到上海叶永烈的家。因为事前彼此由出版社介绍过，所以一见如故。对他的纯朴形象、书生气质，我早从作者照片和简介中见过，并不陌生，而交谈后更感话题不断，谈资甚兴。

我将书名的设想说给了叶永烈，他很谦虚，很尊重编辑的构思，欣然接受将科学幻想小说集定名为《国宝奇案》，将科学童话作品集定名为《蹦蹦跳先生》，将科学小品集定名为《未来的早晨》。初次见面，我们谈得海阔天空，从他早年在温州给报社投的第一篇稿件，到编写《十万个为什么》"化学分册"的有趣经历，从考入北京大学化学系到毕业分配至上海科教电影制片厂当编剧，等等，无所不谈，相聊甚欢。当我问到他目前在写什么，他说有四部作品正在几家报纸、杂志上连载，其中有我看到的《文汇报》上正在连载的《科学福尔摩斯》和《辽宁科技报》连载的《彭加木传》。我惊讶于他的创作产量，问及："这些文稿都写完了吧?"他从容地说："边登边写，可以说是四头并进吧，大部分还是腹稿。这不，我刚从新疆罗布泊回来!"此时，我得知，为了搞清彭加木的真实死因和了解其失踪的现场，他自费专程去做了考察。面对我眼前的这位同龄人及作家，不禁折服于其责任感和严肃的创作态度，内心升腾起无限的敬意。

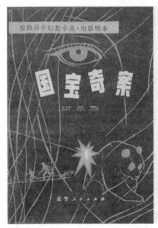

叶永烈作品《国宝奇案》《蹦蹦跳先生》《未来的早晨》书封

叶永烈的聪明、博学、高产，我早有所闻。他 1940 年生于浙江温州，1963 年毕业于北京大学。11 岁起开始发表作品，19 岁写作第一本书，20 岁成为《十万个为什么》的主要作者，21 岁写出《小灵通漫游未来》，他是新中国科普科幻创作实践的佼佼者。仅 1978 年，他就出了 6 本书，其中《小灵通漫游未来》第一版就印发了 300 万册，1979 年一年间他竟有 11 本书问世。人们称他是中国的伊林、凡尔纳、阿西莫夫是不过誉的。

晚上，叶永烈的夫人杨老师特为我做了具有浓厚南方风味的晚餐。饭前，一名华东师大中文系的讲师来访，研究邀请他作报告的事情，这一空档我有幸浏览了他的书房，不太大的两居室既是寝室又是书房，不过他巧妙地利用空间，布局设计独具匠心，窄窄的竹架书橱，顶棚立地，形成了书的围城。除他自己的著作外，还有文友的赠书，更多的是一本本分类手记与资料。难怪他那么高产，写书那么快，我发现除了他聪慧超常的头脑外，每本资料、手记就是半成型的书的胚胎。这些方法对我后来的创作，有很深的影响。

回抚顺后，我很快完成了书稿编辑出版任务。据出版社同志说，他的稿酬，除了买样书外，全部捐献给了出版社。那时写书的作家不太多，社会上传闻叶永烈为了稿费如何如何，传言似有狐狸吃不着葡萄的味道。1981年，文化部、中国科协为表彰叶永烈科普创作的成就，奖给他1000元奖金，有些尖酸刻薄的人就出来说些怪话。叶永烈看透了这些妒才忌能之人的偏见，坚持"走自己的路"。

走近他的人都知道他绝不是功利主义者，在稿费上从不计较。当年，我们用他的资料出版了一本《能源知识》小册子，稿费寄去，他便邮来同等价值的书，捐献给抚顺科普作家协会。在那个知识产权并不被重视、稿酬廉价的年代，出版社常常接到他退回稿费的邮单。有时出版社又寄给他，他就买书送给编者、读者或某些会议。仅《小灵通漫游未来》《电影的秘密》《知识之花》就赠送了八百多本。为了支持当地科普创作事业，当年他为上海科普创作协会①捐赠四千多元作为活动经费，这些是人们所知的，还有许多不为人知的，如前面提到他去彭加木失踪的地方罗布泊采访，全是自费。他捧着一颗赤诚之心而来，只为求真知、探索世界。

因书结缘，后来我们成了老朋友，每次去信必复，每出一本书必赠。他的诚心交友之情，实在令我感动和钦佩。所以，1981年5月，当我们决定创办全国第一张为青少年进行科学知识普及的报纸——《少年科普报》时，我就请他为报纸撰写发刊词，他欣然接受，写完立即邮寄来了，这白纸黑字的记忆永远定格在《少年科普报》的创刊号上。

当时，已是知名作家的叶永烈非常谦虚，凡是作者给他写信，他都一一回信；凡是朋友到他家中访问，他都躬身送到郊外汽车站；凡是报纸杂志编

---

①　现上海市科普作家协会。

辑约他的稿件，他都写在"记事板"上，按时"交卷"，绝不欠债。他行事做人的风格，恰恰应了那句话：越是有知识，越有礼貌；越是有名声，越谦虚。他是一位身处高位却能放低自己的人。

叶永烈为《少年科普报》撰写发刊词

有一年，他到沈阳，在诗人王守勋陪同下专程来到抚顺。他没有游山水，没有逛街市，而是让我陪他下了龙凤矿矿井，参观了抚顺市煤精琥珀雕刻厂。他饶有兴致地说"这是最有意义的采风"，回去后便写了煤精与琥珀一类文章在《人民日报》副刊上发表。

另外，他是第一位加入世界科幻小说协会的中国年轻作家，当时在国外已经受到关注。这使我想起了 20 世纪 80 年代初，著名英籍华裔作家韩素音女士来上海访问时，特约与他会面的事，在颇有盛名的锦江饭店，韩素音用流利的汉语对叶永烈说："虽然我是小说作家，但我也是个科幻迷，在国外报道中曾看到你的名字，这次来中国，又读到了《人民文学》上你的科幻小说《腐蚀》，很想见到你。"他们是知音相逢，谈得十分投机。

后来，我在《八小时以外》杂志上看到了叶永烈的一篇文章《条条大路通罗马》，我看出他萌生了一种新的创作欲望，这就是后来他的纪实、传记文学创作。由此，有了为人熟知的系列长篇 150 万字的"红色三部曲"——《红色的起点》《历史选择了毛泽东》《毛泽东与蒋介石》，展现了从中国共产党诞生到新中国诞生的红色历程；《反右派始末》全方位、多角度反映了1957 年"反右派运动"的全过程；182 万字的长卷《"四人帮"兴亡》等著作是中国十年"文革"的真实记录。《邓小平改变中国》是关于党的十一届三中全会的全景式纪实长篇。长期从事中国当代重大政治题材纪实文学的创作，叶永烈也积累了大量的档案和口述历史资料，形成了相当规模的"叶永烈创作档案"，成为中国当代历史研究的一批原始文献，无不珍贵。

正如他接受《中华读书报》的采访时说："从科普到纪实，又是很大的反差，行当完全是陌生的。但是我能适应种种非常大的变化，从小养成的习惯，就是无论做什么事情，要么不做，要么做好。"

这让我想起了他在北大化学系学习时，常到中文系听文学讲座的"身在曹营心在汉"的学生时代；想到他在未名湖畔绿茵塔影下既写科普作品《碳的一家》，又写诗歌、散文、小说的情景；想到他漫步在科学王国的同时，又在文艺百花园中采花酿蜜的勤奋劳作。

他是一位高知高产作家，他一直是在文学、科学、影视三重轨道上运行的耀眼"明星"，他将永远闪耀着不灭的光辉！

斯人已逝，其名永在！

作者简介

王德风，笔名海蓝，中国科普作家协会会员，辽宁省作家协会会员，散文学会、儿童文学学会会员。曾任辽宁省科学文艺研究会副会长。曾任《五月》《文学舟》编辑，《少年科普报》创始人之一，科普作家。

惜别于春天

陈子耕

无论如何也不敢相信，较我年少的师友叶永烈，真的走了。

相逢在春天。

1982 年年底，浙江省科普作协召开年会，他坐在主席台上，我作为初涉科普的新成员，对于会上每个人的讲话，都觉得新鲜，听得也很认真，还尽力记下笔记。有一天，大会安排"叶永烈讲话"，我们聆听着他的讲话，深感受益匪浅。

他说，要搞好科普创作，写好科普作品，"要喝一口水，就得挑满一担水"。从此，我记着这句至理名言，在科普创作的路上走了几十年。

会后，他同我们部分会员摄影留念，我保存着珍贵的瞬间。后来，又收到他寄给我的合影照片，我也始终珍藏着。

叶永烈（右）与本文作者（左）合影（1982 年 12 月 3 日）

叶永烈与浙江省科普作协部分会员合影（1982 年 12 月 3 日）

从《碳的一家》到《化学元素漫话》，在20世纪七八十年代，这类化学题材的科普书籍，备受当时青少年甚至广大化学工作者的欢迎。我也是学化工的，因此，永烈的书籍，也成了我"专业对口"的"不见面的老师"，特别是在科普创作理念方面，我深受教益。

20世纪80年代，浙江教育出版社组稿《中国少儿百科全书》，让我试写几篇"化学世界"栏目稿件，受到编辑认可后，才编写了近十万字的"化学世界"部分。后来，我又编写了《化学的故事》《化学与未来》《电池在你家中》，都有永烈老师"写作风格"的影子。

前些年，浙江省科协征稿《我与科协情》，拙作《科普路上逢师友》中，特别提到永烈老师的教诲。尔后，听说永烈老师正在编纂《叶永烈科普作品全集》（28卷）。感到高兴的是：著作等身，留存于世，对后人也是一种精神财富；但是，"全集"两字，隐隐间感到不适……

惜别在春天。当今，"科普的第二个春天来到了"。

往回首，看到自己在科普路上歪斜高低的足迹，印证了科普之路的曲折坎坷；驻足观察眼前，科普的道路越来越宽畅；向前看，我们这一代老人在享受幸福的日子里，紧跟新时代，共创中国梦的路还长，为党为国家多作贡献的机会和时间还是有的。

然而，我们的永烈老师走了！我们相逢在"春天"，如今惜别在"春天"。有诗为悼：永烈，一路走好！

> 普及科技显超优，学海无涯任你游。
> 宇宙生医数理化，问答十万浅知由。
> 灵通小幻话虚拟，老少咸集欢乐悠。
> 时代又逢春季到，惜君驾鹤上天留。

作者简介

陈子耕，嘉兴市经信局退休干部。

在告别叶永烈的日子里

江世亮　吴　岩

一、时间定格在 2020 年 5 月 15 日

2020 年 5 月 15 日，照理是个平常的周五，但这一天中午时分传来的一则噩耗却令所有人一下子怔住了，这天的上午 9 点 30 分，在上海长海医院，我们尊敬的叶永烈先生在与复发的癌症抗争了一年多后终告不治，离开了他深爱的家人，离开了他深爱的这个世界，驾鹤西去。

上海澎湃新闻、新民网等官方媒体的消息都确认了这一消息。后据最后一段时间一直守候在旁的叶先生的大儿子叶舟在上海公司的助理周先生告知，叶先生这次从春节前住进医院后就没有出来过，起因还是多年前罹患的前列腺癌复发，加上十多年前的肾癌等旧疾，长期治疗用药终致多个内脏器官衰竭，最终也是因多器官衰竭而告不治。

弥留之际，医院动用了各种抢救措施，但终无回天之力。叶先生在中国台湾和在美国的儿子叶舟和叶丹都在第一时间接到消息，但只有彼时在台湾的大儿子叶舟在父亲去世前赶回上海，因为要遵守防疫隔离 14 天的规定，所以只能强忍悲痛在宾馆通过视频等不断与医护人员、与自己几位一直守候在病房的助手联络，协调善后事宜。小儿子叶丹因为身在美国，疫情告急情况下完全无法赶回上海。

二、叶永烈与中国科幻

倒退 40 年，在神州大地上，叶永烈的名字如雷贯耳。他是中国最成功的科普和科幻作家，还是唯一获得中国科学技术协会与文化部联合颁发的"先进科学普及工作者"荣誉的著名科普作家。叶永烈的科普事业开始于 1958 年"大炼钢铁"的时代。正在读大学的叶永烈感受到人们缺乏矿石检验的知识，不但主动为湖南邵阳地区举办了培训班，还给《邵阳报》《湖南科技报》撰写起系列科学小品。1959 年，他把 50 篇科学小品编成《碳的一家》交给上海少年儿童出版社，被编辑曹艳芳发现。第二年，他的第一本科普读物出版。曹艳芳看重叶永烈的才华，很快把他引入《十万个为什么》的编写。叶永烈的稿子又快又好，后来统计了一下，第一版《十万个为什么》中，叶永烈总共发表 326 篇，一举成为《十万个为什么》词条写作最多的作家。此时，叶永烈有幸见到身残志坚、创作了大量科学小品和科学诗的老作家高士其，高士其的鼓励让他立志终身从事科普创作。为了能将科普当成一生的事业，叶永烈进入上海科教电影制片厂，成为一位科教片的编导。但业余时间，顶住被说成是妄想成名、成家的压力，写作了许多科普作品。也恰恰是在这个时期，他尝试撰写了一本科幻小说——《小灵通的奇遇》。遗憾的是，或许其中有些内容过于超前，这本书被出版社拒绝。后来，这部书稿被叶永烈的岳母保存下来。此后，随着邓小平主持工作，科普逐渐恢复，叶永烈重新开始科普写作。早在 50 年代，他就对科学文艺中的多种形式进行过尝试。而运用最为纯熟的当数科学小品和科学童话。1976 年，上海少年儿童出版社创刊《少年科学》，创刊号就邀请叶永烈撰写文章。他马上上交了一篇科幻小说《石油蛋白》。遗憾的是，在当时的时代背景下，编者对科幻小说这个名字还有顾忌，很怕读者认为幻想是对人的误导。小说发表的时候编者将其归入科学小说。这应该是此间发表的唯一一篇科幻小说。小说受到了读者的广泛欢迎。第二年，叶永烈开始在《少年科学》发表讲述恐龙复活的《世界最高峰上的奇迹》，一下子引发了人们对科幻小说的狂热喜爱。1978 年，为了庆祝即将到来的中华人民共和国成立 20 周年，他把《小灵通的奇遇》修改成小说《小灵通漫游未来》，交给上海少年儿童出版社编辑沙孝惠。小说获得巨大成功。初版 160 万册，两周被疯抢一空。

在 20 世纪 70—80 年代，叶永烈的科幻创作跟科普创作齐头并进。由于作品深受读者喜爱及其影响力，叶永烈的名字在此后很长一段时间里成了中国科幻小说的代名词。他的科幻作品还包括《飞向冥王星的人》《腐蚀》《碧岛谍影》等。他在不断撰写新的科学童话、科学小品之余，还尝试撰写科学家传记《高士其爷爷》。他于 1978 年编导的电影《红绿灯下》获得 1980 年中国电影百花奖最佳科教片。据不完全统计，从 1958 年到 1984 年，叶永烈的科普科幻作品多达 1400 万字，他几乎获得过国内所有的科普和儿童文学奖项。这样一位以创作为第一要务的作家和电影人，对科幻和科普事业的责任感也远超他人。1979 年，中国科普作家协会成立之后，他一直在科学文艺领域起着积极的引导作用。他发表了第一本科普和科幻理论著作《论科学文艺》，还主编了大量科学文艺选集和供作家学习用的《科幻小说内部资料》。为了追寻中国科幻的起源，他跟日本学者武田亚哉共同回到故纸堆，将晚清和民国的文学与文化期刊全部翻了一遍，终于将中国科幻小说的起点推前到 1904 年。

从 20 世纪 80 年代后期开始，叶永烈找到了新的文学路径和人生舞台，这就是报告文学和长篇小说。自那时候起，他先后撰写了《四人帮全传》《红色的起点》等报告文学和"上海三部曲"等长篇小说，总计 1600 万字。

即便在被放逐出科幻和科普领地的悠长岁月里，叶永烈仍然与中国科普科幻领域保持着千丝万缕的联系，一个例子是从 20 世纪 60 年代的《十万个为什么》第一版到 2011 年的《十万个为什么》第六版，叶永烈一直在为《十万个为什么》的每一版修订供稿。他始终深情关注着中国科普科幻领域的发展，期待中国科普科幻领域的繁荣。读者也不会忘记叶永烈的存在和功绩。几十年来，《小灵通漫游未来》跟叶永烈的众多其他作品仍然是儿童科幻领域的畅销读物。叶永烈作为刘慈欣之前的中国科幻的最大的传奇，一直被人们敬佩。大家都期待他能重新回到这个领域，再创辉煌。

然而，谁也没有想到的是，天不假人，他最终还是以这样的方式结束了自己的文学生涯。

带着所有科幻、科普，甚至他的报告文学读者的心意，我们参与到为他协办后事的义不容辞的行动中，送好他的最后一程。

三、追悼会前，思念如潮

协调善后事宜的第一桩就是确定叶先生的追悼会何时开，以怎样的规模开。追悼会的召开时间至少要等到叶舟隔离期满后才能安排，也就是 5 月 29 日后。出于疫情防控的要求，彼时已取消 10 人以上的治丧活动，但情况稍有变化的是上海自 6 月 1 日起对治丧追悼活动人数限制略有放宽，但前提是必须做好防疫准备、保持社交距离等。这样就确定在 6 月 1 日这个特殊的日子，举行叶先生的告别追思会。追悼日期确定后始能发讣告，所以叶先生去世的正式讣告是 5 月 21 日见报的，也就是在叶先生去世 6 天后才发布。此前很多叶先生的亲朋好友都在不断问询追悼会日期。以上这段情况介绍或许能帮助解释当时的状况。这段时间，其实身在宾馆隔离的叶舟是最操心的，他要照顾好母亲，怕与父亲相濡以沫半个多世纪的母亲一下子接受不了，便安排了杨老师的侄女专门照看她。此外殡仪的很多具体事项，协调追悼会的安排，都要他定夺，好在有一帮员工帮忙。

叶家在忙着追悼活动的同时，社会各界的悼念潮在两周时间里一直处于高位状态，各类媒体，尤其是各类自媒体上的悼念，缅怀叶先生的悼文、评论不断，其中国内科普（科幻）界的发声之多也成为科普领域的现象级事件。很多作者都从不同角度追述了与叶先生的交往和友谊，赞颂了叶先生的为人，他的创作之路、创作实践、创作特色，感念先生用自己的作品留下了一座座中国原创科普的丰碑。如果用心搜集的话，这些散见在各种媒体上的纪念叶先生的文章、图片集纳起来，就是一本很有内容的纪念文集。笔者这里征得同意，转发一篇叶先生的孙女叶品郁悼念爷爷的文章：

亲爱的爷爷，我一直相信言语是最有力的工具，最强大的武器，最具洞察力的表达方式。然而，在周五的清晨，我却发觉自己不知所措。我打开日记，可那些点滴墨迹组成的文字在这一刻看来却如此渺小和凄凉。我不停地问我自己，为什么我没有沉浸在无尽的悲伤里？或许，我依旧不相信死亡就意味着结束。您的肉体逝去了，然而我却依旧在各处看见您的身影。在那苍凉的绿地间，似火的日落下，无尽的波涛里，造景树的红莓上。

我会永远珍惜您留给我们的回忆，每一段回忆都是一件珍贵的礼品，被悉心包裹珍藏。我还记得在杭州，您第一次教我怎么用一架巨大的相机拍摄悬挂在枯萎树叶间的栗色浆果。记得家外的那方庭院，我曾在那里的秋千上晃来晃去。记得我们一起去作家研讨会，在寒冷的室外行走。记得您曾送给我们的礼物与爱意——无数条裙子，玉雕的棋子，英军士兵的杯子，等等等等。记得我们一起下棋的时候，您不惜牺牲炮和马，也要一直"剃光头"。记得我们和摄影师一起在外滩的旅行。记得我们去上海老街，在池塘边散步。记得苍蝇飞舞的"香喷喷牛肉"店。记得我们一起在哈尼哈尼享用了鱼汤。记得我喂过您甲鱼蛋。记得我们的最后一次拥抱。记得潸然泪下的告别。记得我在医院病床前许下的诺言。我还可以回想起无数片段。这，或许，就是人生那矛盾的美之所在。如果没有了悲伤，幸福的时刻就不能突显。而正是悲欢离合，才让人生显得如此多彩。

不论您在哪里，我都希望您能找寻到安宁，从压抑的死亡中得以解脱。

您是我的榜样，希望您有朝一日能为我和弟弟感到骄傲。

我们爱您，也想念您。

直到那时。

您的孙女，叶品郁

叶先生去世当天，叶家就设了灵堂，接待各方吊唁人士。两周时间里，位于上海天钥桥路的叶家访者络绎不绝。代表官方到叶家吊唁的有中共上海市委秘书长陈靖、市委宣传部高韵斐副部长和叶先生生前所在单位上海市作家协会党组书记王伟等。据说陈靖秘书长还问起叶丹从美回沪奔丧的事，问是否需要市外办协调驻美使馆给予安排等，虽然最终因为叶家考虑特殊时期国际航班很难落实，加上隔离的要求，最终叶丹没有成行，但政府的关心叶家感受到了。中国科普研究所所长王挺、中国科普作家协会秘书长陈玲、中国科普研究所副研究员李红林一行 5 月 31 日专程从北京来沪，到叶家吊唁这位生前对中国科普创作倾注了极大热情、做出了开创性贡献的一代科普大家，并向叶先生的夫人杨老师致以深切的慰问。

四、2020 年 6 月 1 日追悼会点滴记忆

2020 年 6 月 1 日上午 10 点，由叶永烈先生家属操办的向叶先生告别仪式在龙华殡仪馆银河厅举行。尽管是疫情期间，但因为 2020 年 6 月 1 日起这种场合的悼念活动规模可以适当放宽，加上叶先生的社会影响，要来参加告别仪式的人很多，估计管理部门也做了协调，所以那天可以容纳 200 人的银河厅里基本满了。叶先生家属理解更多叶先生朋友、粉丝的心情，特地安排了腾讯会议的直播方式，方便了各地的"叶粉"。

是时，场外白花环绕，一张被众多作品环绕的叶永烈先生大幅海报放在会场入口旁，松枝编成的追思墙上挂满了前来悼念的亲朋好友寄语卡片。会场内布满了相关单位和好友们送来的花圈和挽联。会场正中，叶永烈先生子女撰写的挽联挂在了遗像两旁："孟夏失严追留回忆舐犊情深父爱满人间，笔下有神文字浇灌未来之花永恒垂千古。"仪式开始前一刻钟，叶舟陪母亲到场内的休息处暂歇。王挺所长、陈玲秘书长一行都提前半小时到场。中国科学技术协会、中国作家协会、中国科普研究所、中国科普作家协会等机构送的花圈、花篮放在会场较醒目的位置。

作为整个追悼活动的参加者，笔者个人对整个活动的组织安排还是很认同的。首先追悼会开始后，前面的介绍中没有像此类仪式都会出现的念一大串送花圈的领导、名人的名字，报一串出席仪式的领导、名流的名单，也没有安排通常此类仪式都会有的致悼词的环节，而代之以播放一部四分多钟的追忆叶先生一生业绩、风采的视频（值得专门提及的是，这部片子是中国科普作家协会科幻创作研究基地专门摄制的，质量很高，在这样受瞩目的场合真的是拿得出手的）。然后宣读并用视频展示了著名作家赵丽宏、著名科普作家卞毓麟和《新民晚报》"夜光杯"副刊部敬献的挽联。其实那天送挽联的个人和单位不少，受时间限制，主办者选出以上三个为代表逐一展念，这是有眼光的。三副挽联的内容如下：

科普一叶十万个为什么，档案永烈四十载夜光杯。

毕生求真溯源文坛痛失永烈，秉笔直书信史雄文长留人间。

科幻崇奇想纪实尚求真钟爱小灵通直书大历史双管齐下贝叶留香沉思斋中识君殷殷使命感；十指同舞初心永烈归去路上萦我绵绵追念情笔耕一甲子码字三千万无暇玩文墨忌恋孔方兄。

告别仪式的主要节目就是叶家大儿子叶舟致答谢词，然后众人献花，向先生做最后的告别。总的感觉，排场很大，准备很充分，但是整个过程简朴，少了不少繁文缛节。这应该也是符合叶先生一贯的为人风格的安排。笔者和许多参加者都深为家属的这种精心而点赞。告别仪式是庄重、简约的，身在现场更能感受到不少暖心的细节：仪式操办者在厅外安排了名为"怀念"的大型纪念墙，叶先生的大幅画像周围布满鲜花，长桌上都放置了方便来宾留言的卡片，并可以贴在纪念墙上，许多人在这面墙上留影、留言。仪式大厅为来宾安排了近百张座椅（主要是为各方代表准备的），破了参加这类仪式整个过程都要站立的规矩。而且这个过程没有放那种场合下一般都会播放的哀乐，代之以安静舒缓的背景乐，以上这种安排可能也是非官方主导的体现，感觉很好。

尽管整个仪式只有半小时左右，但是仪式前有一个多小时时间方便来宾签到、拍照、交流。仪式操办者为每位来宾准备了印有叶先生画像的纪念胸章，鲜花胸卡和题为"追忆经典含笑而别——暨父亲叶永烈先生追思会纪念册"。而在叶先生去世到举办告别仪式的半个月时间里，网上和各个微信群里，各种纸媒体上以及全国各个科普科幻团体都已经发了许许多多的追忆文稿，也就是说这半个多月时间里，在不少科普科幻圈里，在叶先生众多的同道好友、粉丝中，叶先生一直是一个主题般的存在。作为叶先生追悼会的参加者，仪式结束后笔者在一篇短文中这样写感言：

虽然已向叶先生作了告别，但叶永烈的名字，他的音容笑貌，他的为人，他留下的煌煌巨著《叶永烈科普全集》，他对我们这个民族思想和文化的贡献不会随岁月而减失，只会历久而弥新。

笔者注意到网上有一些声音提出主流媒体的报道不充分、对知识分子不重视云云。其实真的可以看淡一点。叶先生的价值不需要来抬高，而且趋炎附势向来不是叶先生的为人做派。叶先生的影响、他在文坛的地位会由他的作品来评说，也会长久地留在所有热爱他、理解他的"叶粉"的心里。这就够了。

五、庆幸能在叶先生生前举办其作品研讨会

回想起来，很庆幸的一点是在 2018 年 8 月，我们承办了叶先生的作品研讨会。那一年的 8 月，上海市科普作家协会要筹办由中国科普研究所、上海市科协、中国科普作家协会主办的"加强作品评论繁荣科普原创——叶永烈科普作品研讨会"，为此笔者前后去了叶家二次，电话联系了多次。叶先生本人也是很看重这个研讨会的，他给上海科普作协提供了一批建议邀请与会的国内科普、科幻作家名单，协会和叶先生一起商量了主要报告人的名单和会议议程，叶先生本人也精心准备了他的主题发言稿。中国科普所颜实，中国科普作家协会杨焕明、吴岩、陈玲等也专程从北京、深圳赶来参会，颜实和杨焕明院士分别代表两家主办单位做了报告和发言，会上叶先生向三家主办单位赠送了《叶永烈科普全集》。

叶先生在会上做了题为"得失寸心知"的主题发言。追述了自己 11 岁时为《浙南日报》（《温州日报》前身）投稿，这篇豆腐干大小的文章的刊登，激起了少年叶永烈的写作兴趣，从此一发不可收拾。从 1958 年开始发表第一篇科普文章，到后来作为第一版《十万个为什么》的主要撰稿人到 1978 年《小灵通漫游未来》诞生，进入了他个人创作的黄金时期。再到后来他由于众所周知的原因离开科普界，成为上海市作家协会的专业作家。但尽管如此，叶先生说只要《十万个为什么》召唤，他必定响应。所以《十万个为什么》从第一版一直到 2013 年第六版他全部参加了。2017 年，28 卷的《叶永烈科普全集》由四川人民出版社和四川科技出版社两家出版社花了 4 年时间一次性推出，也完成了叶先生个人对科普方面的一个总结。叶先生在发言最后这样说："我一直不忘初心，永记使命，一直希望能够把一生贡献给文学创作事

业。杜甫说'文章千古事，得失寸心知'，这就是我今天的感受。"

叶先生主题报告后有十多位嘉宾做了主题发言。其中颜实提到的叶先生的作品是今天科普创作实践和理论研究的一座富矿，值得后来者不断深挖与研习的观点可以令人久久咀嚼。笔者之一的吴岩在主题发言中提出，在中国，很长一段时间讲到科普，很多人马上就会想到叶永烈，如果某个人是可以代表一个行业的人，那就不只是作品多、写作快的问题，一定还有更深的东西在这后面。这更深的东西，吴岩认为体现在三个方面，一是思想的深度和广度，其创造是跟时代非常契合的，如果没有跟时代契合，他不可能成为一个时代的代言人；其二是叶先生的作品通过想象力的张扬，直接对中国的应试教育方式产生了一种对抗；其三是社会责任感。叶先生不断地改进他的创作，跟新的时代互动。而且他不是自己创作，他带动了整个行业创作。以上观点在主承办方的会后总结中都有体现。本次研讨会发言围绕叶先生创作特色、创作之路所提到的思想和观点，应该成为今天研究如何采掘叶永烈作品这一中国科普科幻富矿的几个用力点。

研讨会开了整整半天，叶先生全程参加，并一一满足所有与会者的合影愿望。但那天，叶先生实际上很疲惫，脸色显现发热状的红润。笔者会后请他和杨老师留下和大家一起共进晚餐，他也婉拒了，后来得知实际上那一段时间他已经在医院检查治疗了，会后他便要赶往医院。

会后的一段时间里又看见叶先生有文章见刊于《新民晚报》副刊"夜光杯"，也看他出席过一些活动，其间也有过一两次陪北京的客人来见他。感觉他的身体虽不佳，但注意调养，再过 10 年应该是可能的。所以记得有一次有来客问起叶先生的身体，祝愿他长命百岁时，他马上纠正说，我现在的最大心愿是能先平安度过 80 岁，然后再一年一年地过。现在想来叶先生对自己的身体情况是最有数的。其实，他的视力、肾脏、前列腺等器官实际上都已经严重透支，所以他在那几年里已在着手安排"后事"，先后整理捐献给上海图书馆 50 箱个人手稿、书信等材料。

实际上，叶先生留给这个世界的财富何止这几十箱的手稿、书信！他留下的 3500 万字的作品，他的创作才华、创作热情、创作思想、创作经历、创作态度，创作技法，他的真诚待友、为人处世的能力，他的把控时间的能力，他的许多非常好的生活写作习惯等都应该被记述下来，发扬光大。

作者简介━━━━━━━━━━━━━━━━━━━━━━━━━━━━━━━━━●

江世亮，编审，上海市科普作家协会副理事长兼秘书长。

吴岩，南方科技大学人文学院教授，博士生导师，科学与人类想象力研究中心主任，中国科普作家协会副理事长。

与叶永烈先生握手

邬烈辉

从 50 多年前教"常识"时读《十万个为什么》《小灵通漫游未来》这两本书开始，我就成了作家叶永烈的"粉丝"。后来，在他的作品的影响下，我自己在教学之余也不知天高地厚地搞起了科普写作。加入了浙江省科普作家协会后，与作家们的接触机会日渐多了起来。

20 世纪 80 年代初，一次我赴省城杭州参加一个科普创作会议，想不到中午就餐时竟有缘与仰慕已久的叶永烈先生同桌就座。我非常激动，连忙向他问好，并紧紧地握住他的手，久久不愿松开……无意间，触摸到先生手指上那两颗黄豆般凸出的老茧，猛然间，我的心灵被震撼了：先生就是凭这长年握管磨起老茧的手，写出了这么多著作，实在难能可贵呵！这一刻，我才领悟到"勤奋"一词的真正含义。古训云"梅花香自苦寒来"，透过手指上的老茧，我看到了他在创作上所下的真功夫，深刻感悟到那种不怕苦不怕累的忘我工作精神。

岁月匆匆，一晃 40 年过去，先生早在 1992 年就改用电脑写作了。他当年在会议上所介绍的一些科普创作经验，至今我已差不多都忘了，可唯独握手时触到的硬硬老茧却在脑海里留下深深的烙印，永远

中后排右起第四位是叶永烈先生；第二位是本文作者邬烈辉

也不会抹去。

先生的老茧，一直在时刻督促我努力奋进。退休后过上了怡然自适的休闲生活，可我仍无意赋闲，欣然应邀到区教育局、党史办、民政局参与史志编写，更把读史修志当作一种充满诗意的劳作，天天快乐地在键盘上敲击，编织着自己生命中锦绣的第二春，让晚年奏出华彩的乐章。

作者简介 ●

邬烈辉，浙江省宁波市海曙区雅戈尔中学退休教师，浙江省科普作家协会会员、宁波市作家协会会员。

怀念中国科学小品的传承发扬人叶永烈先生

章胜利

2020年5月15日，一个令人震惊的噩耗传来，科技科普界一颗巨星殒落，中国人民敬仰的大师叶永烈驾鹤西辞了。叶永烈代表了中国的科普，中国科普没有了大师，将是多么巨大的损失？

叶永烈有许多定位，他在儿童文学、科幻、科普文学及纪实文学创作上均取得了巨大成就。他在科普文学界是一座高峰、一面旗帜，《十万个为什么》《小灵通漫游未来》等经典影响了几代人，一生创作300部著作，3500万字，无愧为科普界与文学界的一代宗师，他的著作、精神与天地共存，与日月同辉！

在悼念叶永烈先生的时刻，我不禁想起了他主编的《中国科学小品选》，可以说是这部著作引导我走上科普创作之路。

叶永烈夫妇在浙江临海古城考察（左五、六叶永烈夫妇，左一为作者）

叶永烈与浙江省科普作家交流（左四为叶永烈，左一作者）

科学小品，又称知识小品。它有文采，有知识，短小，活泼，通俗，有趣。它拥有众多的读者。

20世纪80年代初，我刚进入新闻圈，在一家全国发行的《乡镇信息报》任副刊"茶馆"编辑。报社的副总编张白帆是位老报人，也是全国著名作家张抗抗的父亲。他主张乡镇人想致富，必须学习汲取种植业、养殖业、水产业等方面的科技知识。新闻业流传一句话，叫作新闻招客、副刊留客。要想办好副刊，需要推广知识小品，引导乡镇企业的干部和职工学习科学技术知识。

我进报社前，是个文学爱好者，当年常给全国的报刊投稿，认识了天津科技出版社《长寿》杂志的总编辑范文义先生。一次去黑龙江省牡丹江参加笔会，返程时特地去天津看望范兄。他送了一册由叶永烈主编的《中国科学小品选》给我。由此，我认真阅读了中国小品文创始的1934年至1949年的范本，全书几乎囊括了此期间最优秀的科学小品文，从中汲取了营养，对科普作品情有独钟，也慢慢从喜欢看科普作品到学习创作科普作品。

叶永烈先生在选编这本书时，可谓呕心沥血。他的原意是对科学小品从诞生那天起，直至1949年中国科学小品创作的一次巡礼。为了编这本书，他查阅了许多新中国成立前的报纸、杂志。入选的力求是优秀的有代表性的和在历史上有较大影响的各种风格的作品，作品按年为序编排。序言中，叶永烈先生还梳理了我国科学小品的发展史。从这本书的选篇中，可以看出中国科学小品创作的优良传统。按叶永烈先生的自己说法，"二十多年来，我曾收集了许多解放前的科学小品集，作为自己学写科学小品的楷模"。

在我看来，对于科学知识的要求，最初以科学小品的形式提出了。发展生产的题材是十分广泛的，如治水、治山、治河、改良土壤、改良种子、改良畜种、生物栽培、生态平衡、农业机械化等。科学小品的创作形式宜多种多样，百花齐放，不拘一格。科学文艺、科学小品，用文学手法，写科学知识，从形象思维到抽象思维，深入浅出，生动有趣，感染力强，最受群众特别是青少年、儿童的欢迎。

题材选好了，其表现形式可采用故事、对话、散文等。不能不以人物的活动为中心，而将科学贯穿起来，所谓科学思想，便是在种种人物的活动之中表演着、暗示着。写作时不必过于注意人物的描写，只须关注事态的发展，明白地写出，有一定的线索可寻，在这事态的描写中，把成为这一现象本质揭示出来就够了。我们并不必要去注意这故事中的人物呀！这一点，就是与文学完全不一致的地方。科学小品并不一定要用故事的形式，这大概与题材有些关联吧！除开主题与形式的相适性外，还要兼顾到读者的接受性。用大众乐于接受的形式，甚至可以采用"说书人"的技巧。

科学小品在当前应该是以描写式解说社会现象为主体的了。大家在生活中遇到了洪水、风灾、瘟疫，才会唤起要生存、要生活，就得寻找制服灾难的办法，就得寻找科学方法。就以当前全球流行的新冠疫情为例，科学小品的作者就要明确立场、观点和方法。作者需要洞察当前的政治形势，研究现代化自然科学、社会科学和科学技术的最新成果，要借鉴古今中外的文化遗产；要用文学的笔调，艺术的构思，美的原则，形象化的语言，句子要精练，宁短毋长；要题材新、形式新、风格新、立意新；要观察周围事物的变化与发展，积累实践经验的素材；要用彩色的画笔描绘科学的绿色画卷。

叶永烈的不朽在于，他用谆谆的教导，用他对中国小品文的整理、研究，以至亲自躬问，创作了大量的科学小品精品，营养滋润了当代和后辈，为中国的科学事业作出了巨大的贡献。

在悼念叶永烈先生的悲哀时刻，我用科学小品为题，吐露心中的哀思，献上一瓣心曲，祝愿大师一路走好！

作者简介 ●

章胜利，浙江省作家协会会员，多次获"杭州市优秀作家""优秀科普作家"称号。

叶永烈：感天动地一支笔

单守庆

一、码字：他一辈子只做这一件事

"一辈子只做个码字匠而已。"这是著名作家叶永烈 2018 年给友人回复微信时发出的一行字。看似"轻描淡写"的这行字，在 2020 年 5 月 15 日叶永烈 80 年的"码字人生"画上句号之后，不同年代出生的各路读者纷纷表达对他的悲痛悼念之情，都十分敬仰他从 11 岁开始的半个多世纪里出版百余部著作，码出 3500 多万字（不包括日记、书信）。

字字皆辛苦！

在叶永烈把字码到 2000 万字的 2010 年，《叶永烈文集》出版了。有朋友开玩笑说："如果和谁过不去，就叫谁把《叶永烈文集》抄一遍！如果每天抄 5000 字，抄 2000 万字也得 4000 天——无假日，无双休日，抄 11 年！"闻听此言，叶永烈本人也很感慨："这句玩笑之中，其实包含着我 60 年劳作的无限艰辛……"

如今的 3500 多万字，再加上大量日记和书信，至少还得再抄 11 年！

叶永烈曾说："我把作品看成凝固了的时间，凝固了的生命。我的一生，将凝固在那密密麻麻的方块汉字之中。"

这种"码字"的活计，用老舍的话来说，就是"写家"；王朔自称是"写字师傅"；人们普遍的说法是"笔耕"的"作家"。在作家里面，有业余作家和专业作家的区分，还可按作品类型分为纯文学作家、报告文学作家、科普作家、科幻作家等，还有一级作家相当于教授、二级作家相当于副教授、三级作家相当于讲师、四级作家相当于助教的划分。码字一生的叶永烈，是最高级别的一级作家，是从业余作家转为专业作家的作家里面的多面手。著名作家、著名科普作家、著名科幻作家、著名报告文学作家等称谓，对于叶永烈来说，都是名至实归。诗歌、科普小品、科幻小说、报告文学、人物传记，短篇小说、长篇小说、电影剧本……叶永烈的作品门类多、体裁广，几乎无所不有。他的码字功夫好到什么程度呢？少年儿童出版社资深编辑岑建强在纪念叶永烈的文章中写道："他通篇稿子里，读下来都是亮点，无懈可击，简直连标点符号也没有缺点。"

叶永烈用精美的方块汉字码出的第一本书，是1960年少年儿童出版社出版的《碳的一家》。57年后的2017年，28卷的《叶永烈科普全集》由四川人民出版社、四川科学技术出版社出版，共计1400万字。叶永烈创造了科普创作领域令人景仰的高峰！

为科普事业"码字"，叶永烈不仅码出的文字多，而且涉及的领域也多。毛泽东曾说过"吃饭是第一件大事"。叶永烈下了很大功夫写"吃"：既有"书中美食多滋味"的阅读享受，又有出入饮食名店、品鉴八方名吃的美食享受，也有匆匆赶路时的平民吃相——在北京的路边用手抓着油饼吃；在广州吃着凉拌黄瓜；在大兴安岭原始森林里啃着冷馒头；在乌鲁木齐街头吃着剖开的哈密瓜……

为了读者能吃出美味、吃出文化、吃出健康，叶永烈把自己丰富的饮食经历、见闻与食品科学研究结合起来，不断推出食品科普创作的精品佳作。

二、美食：在他笔下美到极致

对于"码字"这件事，叶永烈倾注了一生的体力、精力、耐力。他码出的字力透纸背，在中国文坛具备"双重身份"：既是纪实文学的主将，又是科学、科幻文学的"主力舰"。在食品行业，有众多叶永烈的忠实读者，特别是从事食品科普创作的同行们聚在一起，常把叶永烈笔下的美食美文作为样板加以研究，赞赏他把美食写到了极致！

酸甜苦辣咸，烹调五味里面有科学，也就需要科普。从古到今，都有

"说咸道淡""说酸道醋"之类的食品科普文章。当叶永烈用有滋有味的文字码出食品科普小品《说酸》，读者于是对酸有了更为全面的认识。

"许多人常常以为：'酸，一定是酸味的。'其实并不完全如此。"叶永烈举例："用做炸药的苦味酸是苦的；用做防腐剂的水杨酸是甜的；味精——谷味酸的味道是异常鲜美的。""那么，究竟什么是酸呢？"在北大化学系读书时就成为《十万个为什么》主要作者的叶永烈这样回答这个"为什么"："在化学上，把含有能被金属所置换的氢原子的化合物，都称为酸。"他进一步介绍酸的外貌："浓磷酸很稠，像油一样；纯净的醋酸，像白色的冰块；硼酸像白色的小鳞块；硅酸像白色的糨糊；硬脂酸却像石蜡。"接着，叶永烈又细数食用植物里的酸：柠檬里含有柠檬酸；菠菜里含有草酸；橄榄里含有鞣酸；苹果里含有苹果酸……

同样，在叶永烈笔下，广东"早茶"供应的点心，他也写得"面面俱到"："广东'早茶'供应的点心，分为'小点''中点''大点''特点''顶点''超点'等六个级别。小点最便宜，每份3元，而超点最贵，每份15元。"

叶永烈笔之所及，不仅有争奇斗艳的美食，还有创造美食的名师大厨。1983年，第一届全国烹饪技能竞赛在人民大会堂举办。叶永烈关注这场旷古未有的大赛。来自辽宁的特一级厨师刘敬贤夺得"全国最佳厨师"的第一名——中国的"厨师状元"。叶永烈为此写出1.6万字的报告文学《名厨》，记录刘敬贤的名厨之路。他依然在写细节上下功夫：刘敬贤考虑到参赛菜品从人民大会堂国宴厅厨房拿到评委所在的上海厅路线颇长，为了防止菜品在路上凉了，刘敬贤事先把菜盘放进烘箱加热，这样，评委们能品评到恰到好处的火候。对于烹饪火候和菜品装盘的讲究，叶永烈照录刘敬贤的话："'旺火出嫩菜'。炒韭菜，火要旺，炒出来嫩，不出水。用慢火炒，韭菜出水了，光剩下纤维素，塞牙缝！""韭菜要用平盘装，不能用碗装。平盘散热快。盛在碗里捂着，散热慢，容易黄，容易出水。"

美食无国界。叶永烈写起外国的美食来，同样能凸显出他"码字"功夫的高明和独到：他写泰国奇形怪状的水果，有的有中国名字，有的甚至没有中国名字；他写朝鲜平壤市的餐饮一条街；他写迪拜《世上最牛的七星级饭店》……

三、巨擘：他是食品科普创作的"杂家"

《矿泉水探源》《"火腿之乡"新貌》《粥的豪华》《在广州喝茶》《"毛家菜"》《香港宾馆印象》《美食天堂》……叶永烈多年创作的食品科普作品，内容涵盖古今中外。他是对食品科学知识有深入广泛的研究并以此为素材进行食品科普创作的"杂家"。

从 1960 年第一版《十万个为什么》到 2011 年第六版《十万个为什么》，时间跨度半个多世纪。叶永烈从 19 岁写到 71 岁，全程参与了每一个版本的编写，而且各版本中他都是创作量最多的作者。为了回答紧随时代潮流的"为什么"，叶永烈不仅要查阅大量书籍温故知新，还要长期跟踪相关新闻报道和事态进展，再通过高超的科普创作技巧把答案通俗易懂地表达出来。比如，在第六版《十万个为什么》里增加了与食品相关的瘦肉精、地沟油、塑化剂、三聚氰胺等因新闻热点而备受关注的内容。

叶永烈考证过"杂家"的出处：汉朝的《汉书》最早出现"杂家"这个词："杂家者流，盖出于议官。"清代的《杂家类叙》对"杂家"有解释："杂之广义，无所不包。"在叶永烈看来，食品科普创作的"杂家"，就是在动笔前要有"一缸水"的充分准备，然后才能写好"一杯水"的食品科普作品。

叶永烈认为，杂和专，广博和精深，是相对而言的。"杂家"并非样样只知道一点皮毛，也应该有一定的深度。另外，也并非无限的"杂"。叶永烈曾在科普创作讲座时以食品科普创作为例，谈杂论专、说博道精：食品科普创作关系到食品安全和人民身体健康，是一个"从土地到餐桌"的全产业链的系统工程，应当从食品的源头做起，掌握相当的农业科学知识。对农、林、牧、副、渔都应当懂一些，对粮、菜、果、油、糖、茶、药都应当懂一些，对土壤学、农业化学、生物学、作物栽培学以至遗传工作学都应当懂一些。作为食品科普作者，应当熟悉食品科学技术发展史。

有了食品科普创作的"一缸水"，才能防止食品科普宣传的以偏概全。叶永烈曾写及一位朋友看了食品科普文章之后对该不该削苹果皮为难："前不久，有一位朋友看到一篇科普文章，主张吃苹果应当削皮，理由是苹果皮表面有一层蜡质，有机农药如溶于蜡质，用水也洗不掉，造成污染；隔几天，他又看到另一篇科普文章，主张吃苹果不要削皮，理由是果皮含有丰富的维生素 C，削皮太可惜了。读了这两篇科普文章，当这位朋友吃苹果的时候，手里拿着小刀，简直无所适从，不知道小刀该不该削下去。"在这位朋友无奈的笑声过后，叶永烈这样回答他的"无所适从"："两位科普作者各执一词，各自片面强调其中的一个方面。把削不削苹果皮的利弊说透，再加以权衡，读者明白了，就不会无所适从了。"

对此，叶永烈说，换成他来写，他会码出这样一段文字："我以为削皮为好。果皮，如同货物的包装纸，不仅粘有农药，而且在运输过程中还沾上许多病菌、病毒和脏物，不易用水洗去。果皮中固然含有维生素 C，但是那么一点维生素 C 的损失，完全可以用其他方法补偿。何况苹果中就有许多维生素 C。吃苹果皮，得不偿失。"

四、楷模：他引导很多人走进科学世界

现任中国科普作家协会副理事长尹传红曾被授予"十大科学传播人物"称号。他在多种场合称艾萨克·阿西莫夫和叶永烈是两位"恩师"，并在《幻想：探索求知世界的奇妙旅程》题献："谨以此书献给引导我走进科学世界并改变了我人生道路的两位著名作家——艾萨克·阿西莫夫、叶永烈。"像尹传红那样对叶永烈心怀感恩之心的读者，还有很多。我也是其中之一。

1981 年，我在报纸上发表第一篇文章。从那时开始，每年都有文章发表，到现在正好 40 年了。40 年来，我之所以能结合本职工作乃至退休后仍坚持科普创作，在很大程度上得益于叶永烈——借用尹传红的话说，是叶永烈"引导我走进科学世界并改变了我人生道路"。特别是 1990 年叶永烈为我的报告文学集《粮食行业漫步》撰写序言之后的 30 多年里，他对于我来说，是没有举行拜师仪式的师傅，是不需引见和安排的导师，是我人生路上的楷模。

永远不会忘记，1990 年那个炎热的上海，我拿着一堆书稿走进叶永烈家，请他为我这本书写序言。从北方来到上海，我好像经历了从来没有体验过的

"天气太热了"。叶永烈拿过来一个塑料瓶，拧开盖，递给我："天热，喝这个。"我接过来，透过透明塑料瓶看到里面的液体：颜色太深了，这是什么？当时我还想象不出"瓶装茶"。毕竟又热又渴，有叶老师的好客，举瓶入口，一尝，这透明瓶子里的饮料却不那么"透明"了：有点甜，有点苦，有点涩，还有点《红楼梦》里说的药香味，还有点……好喝！这是我人生喝下的第一口可乐。

临别，叶永烈告诉我："明天中午来取（序言）吧。"他知道我是趁出差机会来他这里，急着回去。

次日，我来得早了点，他家午饭晚了点。我进屋后，他把写好的序言（500字的稿纸，共4页）递给我，说："来，先吃饭吧。"顿时，我挺尴尬也很纠结：拿着序言就走吧，又想和叶老师"同在一个屋檐下"的时间多一点儿；留下来吧，人家正要吃饭，既不礼貌又不得体。那时没有"粉丝"这一说，可我知道此时偶像就在身边，也就不由自主地不客气地坐在了餐桌前。叶老师对夫人说："把熏鸡拿来。"告诉我，他刚从辽宁回来，带回了那里的名吃"沟帮子熏鸡"。原来，这是为我加上的名贵的特色菜。我更加不好意思，更加拘谨，甚至有点紧张。后来我在多人的回忆文章中得知叶永烈话不多。餐桌上，叶老师和我的对话也不是很多。但下面这段对话，我一直记得。

我说："叶老师，我总能看到您写的文章和书，您写得真好！"

他说："坚持写，认真写，就能写好。"

餐毕，我十分感慨：叶永烈总是把他创作的精品奉献给读者，也把他家里最好吃的端给客人。

后来，我在叶永烈的书中看到他为人作序的故事，其中写及"有一次一位作者趁出差来沪，要第二天带走序言。我也写过这种'立等可取'的序言。"目光停留在这句话的句号上，我马上拨通叶永烈的手机："叶老师，我正在看你的书，你说的'立等可取'的序言，说的是我吧？"他笑着回答："可能是吧。"接着，他鼓励我继续写、好好写。

后来，我一次次到上海出差，也都电话联系，特想看望叶永烈，可他都是在外地、外国接听电话。只好"见字如面""见书如面"，我陆续看到叶永烈的"行走文学"系列：《行走中国》《行走美国》《行走俄罗斯》……

再后来，叶永烈退休了，我致电问候："叶老师，还忙吧。"他说："总得工作呀，工作就得写作呀。"他的这句话，也激励着我不虚度退休后的时光。

此时，退休后的我，刚从为纪念叶永烈逝世一周年而举办的"中国科幻经典重释及当下开发——叶永烈经典科幻作品研讨"学术沙龙活动回来，也刚看到中国科普作家协会等单位联合举办纪念叶永烈先生征文活动的消息"前行，是最好的纪念——写在《永远的高峰——叶永烈纪念文集》"出版前。这消息的题目真好——前行，是最好的纪念。很多人接过叶永烈的笔……

此时，我的书桌上整齐地摆满了叶永烈的书，还有特意买来的可乐，在一种很有仪式感的氛围里，敲击键盘、打印草稿、执笔修改。感恩、缅怀、纪念——叶永烈：感天动地一支笔。

世间再无叶永烈。叶永烈的读者，有男女老幼，在各行各业，一代又一代。叶永烈永远活在他的读者心中。

作者简介 ●

单守庆，中国药膳研究会副会长，中国科普作家协会食品教育委员会主任委员。

科学文艺一线牵　创作出版结良缘

——叶永烈与科普出版社两代编辑的情缘

苏　青

"科学文艺一线牵，创作出版结良缘。卅载情谊弥珍贵，两代编辑谱华篇。"叶永烈先生以科普创作起步、成名、享誉，科学普及出版社①自然与他多有交往。作为科普社曾经的社长，写文章讲述这期间的美好故事，既是哀思悼念情怀的抒发，更是出版历史记录的责任。

科学普及出版社是我国出版科普图书历史最长、品种最多、规模最大的出版社，离退休人员中许多都是业界的传奇人物，如王麦林、郑公盾、金涛、汤寿根、宋宜昌等。我 2010 年 4 月到社履新后不久，遂逐一拜访离退休老领导，期盼深入了解社史，挖掘更多出版资源。次年春节期间，拜访了原副总编辑白金凤老师，她已退休十几年，在职时曾两获全国"三八红旗手"称号，是一位德技双馨的出版前辈。交谈中得知，1978 年 10 月，全国少儿读物出版工作会议在庐山召开，白金凤与叶永烈会上相识，因同为北京大学校友，故相谈甚欢。第二年，叶永烈将他写的《论科学文艺》一书投稿，白金凤为责任编辑，该书于 1980 年 6 月出版发行。

白老师告诉我，那是叶永烈在科普出版社出版的第一本书。我觉得这是一条非常有价值的信息，遂建议她恢复与叶先生联系，争取得到他对出版社新的支持。那段时期，白老师身体很不好，还患有严重的抑郁症，经常去医院看病拿药，和叶先生的联系一直无暇顾及。年底有一天，白老师来到我办公室，拿出她起草给叶永烈的信函征求我意见。我遂把总编辑颜实请来，大

---

① 现中国科学技术出版社有限公司。

家一同商定了函件的内容。

我们的想法是，叶先生早已远离科普创作，继续让他惠赐科普新作已不现实，不妨让他在《论科学文艺》基础上，修订、增补成《科学文艺概论》，先与我社续上前缘，再争取出版他的其他著作。我们甚至设想，倘能如愿，可选定社里一两位优秀中青年编辑，在白老师的指导下做《科学文艺概论》责任编辑，把这种友谊传承下来。

叶永烈先生非常重情义，收到白老师信后很快回复，表示乐意继续与我社合作，并将家庭住址和电子信箱等信息详细告知，欢迎我社派人来沪商谈。2012 年 3 月 29 日，颜实总编辑和基础教育图书事业部主任徐扬科专赴上海，登门拜见了叶先生。双方商谈顺利，叶先生欣然接受我社高级学术顾问聘请，应允将其新作《行走世界》《相约名人》两书交由我社出版，并答应尝试重写《科学文艺概论》。据颜总介绍，那天叶先生格外高兴，中午还和夫人在楼下一家本帮菜馆专门宴请了他和徐扬科。

叶先生非常讲信用，不久就把《行走世界》《相约名人》两部书稿交给我社。徐扬科和吕鸣两位优秀中年编辑被指定担任责任编辑。1998 年，科普出版社出版《宝葫芦丛书》（共 30 册），其中收入了叶永烈的优秀长篇科学童话《"小溜溜"溜了》，责任编辑就是吕鸣，而丛书的主编就是白金凤和耿守忠两位老师。

徐扬科和吕鸣将这两套图书分为 4 册，策划列入《科学、文化与人经典文丛》。之后的工作就变得非常简单了，吕鸣后来与《知识就是力量》青年编辑孔祥宇合写了一篇文章《成功从来不简单——为写作而生的叶永烈》，发表在 2013 年第一期《知识就是力量》上，里面专门谈到了与叶先生打交道的感受："凡与叶先生合作过的编辑都知道，他做事效率极高，极有条理性。凡他接下的约稿任务，不但交稿快，而且质量高，他的'齐、清、定'是真正的'齐、清、定'，前言、后记、内容提要、作者简介、目录、正文、插图，全都一次成型，连篇章页上适合用的竖版照片，他都会特意备好。遇上这样的作者，编辑真的是'三生有幸'。"

2012 年 6 月 1 日，我在银川举办的第 22 届全国书博会上邂逅叶永烈夫妇，他是应上海交通大学出版社时任社长韩建民邀请出席其新作《"看世界"

丛书》首发式。中午，宁夏回族自治区科协时任副主席李晓波请我和同事吃饭，我赶紧叫上叶先生夫妇和韩社长，借花献佛在附近一家小饭馆请他们做客。责任编辑徐扬科和发行部主任孙建军正好都在场，席间，我们和叶先生商谈了《行走世界》《相约名人》的编辑出版细节以及后续营销方式等，并继续商谈《科学文艺概论》出版事宜。

这一年的8月19日，我社在上海书展上举办"叶永烈：《行走世界》《相约名人》读者见面会暨新书签售仪式"，科普作家、现任《科普时报》总编辑的尹传红应邀做嘉宾主持，把场面弄得红红火火、轰轰烈烈。《行走世界》是叶永烈晚年热衷于"行走文学"创作中的精选之作，《相约名人》是他采访社会各类名流的特写专集，两书充分彰显了叶先生深厚的历史、文化底蕴，以及宽广的视野、独到的见识和全方位的才情。据当时组织签售仪式的社长助理杨虚杰介绍，签售场面气氛热烈，等

叶永烈（左）给本文作者（右）赠书签名

待签售的读者排成了长龙，带去的300套图书很快售罄，更有一位读者带了一整箱共计100本叶永烈不同时期写的各类图书让他签名。

这一年的10月9日中午，借中国科普作家协会第六次全国代表大会在京召开之际，我和颜实总编辑便设宴招待叶永烈夫妇，以及郭曰方、卞毓麟、任福君、李建臣、尹传红、郑培明、刘泽林、周立军等科普大咖——他们都是我社的老作者或坚定支持者。时值国庆中秋佳节，老朋友相聚，其乐融融。白金凤老师特意赶来与叶永烈夫妇会面，30多年转瞬已逝，当年风华正茂，如今飞雪满头。两位老人十分激动，热情相拥，共述情谊，合影留念，把相聚气氛推向高潮。徐扬科、吕鸣两人现场摄影做证，叶永烈先生与我社两代编辑的出版合作，成就了科普出版史上的一段佳话。

《行走世界》《相约名人》出版后，极大地促进了《科学、文化与人经典文丛》其他选题的出版进度，随后，金涛、郭曰方、卞毓麟、陈芳烈等科普大家的原创科普著作先后出版，成为科普出版社科学人文图书出版的一道亮

丽风景线。

叶永烈非常讲信用。双方一直口头磋商的《科学文艺概论》一书，尽管最终没在科普出版社出版，但叶先生特意致函吕鸣，专门予以了说明："由于《叶永烈科普全集》正在出版，总共 1000 多万字，28 卷；为了避免版权上的重复和纠纷，《科学文艺概论》最终被收入《叶永烈科普全集》，不再由科学普及出版社出版单行本。"

左一为本文作者，右一为科普社原总编辑白金凤，中间为叶永烈夫妇

2020 年 1 月 10 日，白金凤老师不幸因病去世，令人不胜唏嘘。5 月 15 日下午，又惊悉叶永烈先生病逝。是日，北京气温骤降，寒风四起，嫩叶欲摧，花容减色，令人不胜感伤。填《忆秦娥》词一首，内藏"叶永烈"三字，以表对先生的哀悼、怀念、敬仰之情。

西风烈，寒摧叶落惊悲切。惊悲切，牡丹失色，杜鹃泣血。

才情注笔书披却，声名悠永怎超越？怎超越，瑶池续墨，候君恣写。

作者简介

苏青，中国科技馆党委书记、副馆长，中国科普作家协会荣誉理事，曾任中国科普作家协会科学文艺委员会主任、科学普及出版社暨中国科学技术出版社社长兼党委书记。

我们为什么要记住科幻作家叶永烈

韩 松

2020 年 5 月 15 日下午 5 时许，得到消息，叶永烈去世了。我很震惊和难过。

我第一次见到他，是 1991 年在成都举行的世界科幻协会年会。屋子里有很多人，吴岩把我介绍给他，他亲切地与我握手，他的手很暖和、很柔软。后来又在多个场合见过。他很关心我。最后一次是大前年上海书展，他和夫人一起，在签售，主要是环球旅行系列，那年他的全集也出版了。他见到我很高兴，让我坐在他身边，问我科幻界的情况。这样一直待了很久。那时感觉他精神、身体都很好，记忆力也很好。

叶永烈去世了，这样，继郑文光、童恩正后，中国上一代又一位大师走了。这是一个时代的消失。

有人问我，叶永烈对我有什么影响，我说是他带来了科幻的火种，《小灵通漫游未来》太让人激动了，这个小说描述的就是今天的中国。叶永烈在 20 世纪 60 年代写了 21 世纪的中国，其实就是全面小康的中国，有生产粮食的工厂，有给学生上课的机器人，有电脑的普及，有人造肉，还有会飞行的汽车，等等。

这本书在 1978 年出版后引起轰动，因为中国人很久没有想象未来时空了。《小灵通漫游未来》首印就有 300 万册，至今仍居中国科幻文学销量榜前列，我甚至觉得当时的很多中国人，他们走上各行各业的岗位后，就是在按照这本书的模式建设中国的。叶永烈写的实际上就是工程师治国的模式。

这就成了今天的中国。他的科幻成真了。

叶永烈在科幻通俗化上也做了很大贡献，比如他的金明探案系列，把科幻跟推理结合。这个传统我们应该继承下来。科幻是通俗文学，它要让广大群众爱看，而不是玩语言文字的游戏。它要有闪光的点子，有惊人的想象，有精彩的故事，有曲折的情节。这些方面，叶永烈都做得特别好。

当然，叶永烈还有一个很了不起的地方，那就是他对社会的关切。他在艾滋病还没进入中国时，就写了《爱之病》这样一本小说，预言了这种病一旦来到中国，会带来什么样的政治、社会、经济冲击。这是中国最早的写突发公共卫生事件的中长篇小说，有 10 万字。

叶永烈还写了一些别的科幻小说，因为想象力尺度大，受到批判，有的被批为伪科学。那些批他的人，现在都没人记得了，但叶永烈的小说却留了下来。

所以我觉得叶永烈是真正的科幻大师，他主张想象力无禁区，他对未来是乐观的，相信科技会创造一个更美好的社会；同时他又是深怀忧思的，他的作品浸染着对社会问题的关切和思考，他是科幻现实主义的代表。

在 20 世纪七八十年代，虽然有些短暂的波折，但总体上有一个很好的科幻环境，可以发挥想象的自由。他的主要的科幻小说都是在 20 世纪 70 年代末 80 年代初发表出版的。我是在他的影响下，在那个环境里成长起来的。

我们不要忘记叶永烈。

作者简介

韩松，科幻作家，中国科普作家协会科幻专业委员会主任委员。

真水无香，文章千古长在

——追忆叶永烈前辈

尹传红

2020年5月15日下午4点左右，办公室里惊闻同事一声叹息："叶永烈去世了！"

我一下愣住了。

事发突然，微信朋友圈很快就刷屏。随后，我接到好几个电话，其中有媒体朋友打的，我猜得没错，全是为采访叶永烈老师之事。一位也跟叶师相熟的出版界朋友，电话里刚跟我说了几句，就泣不成声。另外一位科普界朋友，则怪我在她多次催促联系叶师时没有太及时……

2012年10月9日，"告别"（三），应邀列席中国科普作家协会界人士合影

一、最后的笑谈

确实，叶师病重，有一段时间了。我原以为问题不大，因为师母半年前曾在电话里告诉我，叶师刚做完手术，情况还好……全没想到！

查阅微信记录，我在2019年4月8日晚上给叶师发信，祝贺他的"红色三部曲"新版问世。次日早晨8点他回告我说，这不是新版，只是换了个封面而已。"真正意义上的新版，增加了许多新的内容，将由人民文学出版社出版……'红色三部曲'虽然是将近30年前的作品，但一直在不断印行，出版了香港版、台湾版、法文版，而且进入畅销书之列。如《红色的起点》在最近两年半时间内就重印 18 次，平均不到两个月就要加印一次。各地党校、宣传部门一订就是几千册。中共一大纪念馆也一直在销售《红色的起点》。由于要改编成同名电影，印数还会加大。要写重大题材，写永恒、经得起时间考验的作品。"

这一年的 5 月 21 日，叶师发给我一个文件，并附言："收入中小学语文课本的叶永烈作品 30 多篇，附写作背景及相关教案。"7 月 4 日，我就《江青写给毛主席的第一封信曝光》一文，去信向叶师求证，他回复："这是好事者创作的。"7 月 17 日，我替长江少年儿童出版社向叶师问询他作品的版权情况，他回道："《科学家故事 100 个》，已经授权别的出版社，无法再授权。可否改别的书，《小灵通漫游未来》？"

科普已逾 30 年的叶永烈（前排右第六次全国会员大会期间，与科普

同年 8 月 30 日晚，叶师给我发来微信说："今天我接受了美国《纽约时报》记者的采访，评论聂元梓的一生。"几天后，9 月 3 日，他给我转来澎湃新闻的一篇文章，标题是"叶永烈人民日报撰文谈《十万个为什么》为什么受欢迎"。这是我们之间在微信上最后一次互动联系。

此后的一天，我给叶师打电话问安，只听他在那边笑着跟我说：夫人在家里摔倒，他去拉，自己也摔倒，结果两人同时住院了。听他没事一样笑谈，我心里其实有些发酸。

一段时间过后，一位朋友向我问起：怎么好久没有叶永烈前辈消息了？我想起微信里他好久也没动静，意识到了问题。即以多种方式联系，都"不通"。记得是在 2019 年 12 月 24 日的傍晚，我感觉内心焦虑无比，着急赶写的稿子两三小时之内都进行不下去。直到晚上 9 点，终于打通师母电话，获悉叶师情况"还可以"，我悬着的心才放了下来。挂下电话，我才发现，自己眼里竟然噙着泪水。

二、人生有幸遇良师

闻悉叶师逝去的那天夜里，我久久不能入眠，诸多回忆涌上心头，脑海里不时浮现出少年时代阅读叶师作品时的幸福场景。

1979 年春，11 岁的我第一次读到叶师写的《小灵通漫游未来》，心潮澎湃，对未来充满期待，同时也对科幻小说产生了浓厚的兴趣。我还记得，少时每个月当中的某几天，在父亲下班时，我总要向他问一声"《少年科学》来了没有"。那一阵，这本杂志连载叶师的科幻作品，我十分喜欢、入迷，老想着能够尽早一睹为快。

《小灵通漫游未来》初版封面（1978 年）

那时我常常还从许多报刊上读到叶师脍炙人口的科学小品，从中汲取了大量的科学营养。随后我也迷上了阿西莫夫，曾经在将近半年的时间里，几乎每周都要到城里最大的一家书店中打听："阿西莫夫那本《科学导游》到了没有？"少年时代那段心有所寄、热切期盼（读到叶永烈和阿西莫夫作品）的美好时光，令我终生难忘！

人生有幸遇良师。我时常感到快慰的一件事是，自己能够在少年时代就通过阅读"结识"了叶永烈和阿西莫夫。品读他们撰写的优秀科普、科幻作品，让我真切感受到读书、求知、思考和钻研问题的乐趣，进而打开了我的心灵世界，也照亮了我的前程。他们既是我科普创作的"导师"，也是我人生事业的灯塔。他们还是我少年时代最为尊崇、感情也最为深重的两个"陌生人"。这种真切的感情，一直延续至今。

几年前，我曾跟一位朋友聊及"爱"，对方感慨："……很多人一辈子连挚爱的人都没有找到。"当然，她指的是那样一种爱情的"爱"。这里，我却愿意把其范畴放宽，视为一种在承受开启心智、触及灵魂并因而怀抱理想与希望的恩惠之后，所意愿回报的那样一种"爱"。对阿西莫夫和叶永烈两位"恩师"，我抱持的正是这样一种情感。

2007 年，我在《幻想：探索未知世界的奇妙旅程》一书的扉页上，特意写下了一段敬语："谨以此书献给引导我走进科学世界并改变了我人生道路的两位著名作家：艾萨克·阿西莫夫、叶永烈。"我发现，在我身边，不少我熟悉的朋友都有类似的体验。多年来我在太多的场合听到太多的人如此这般说过："我是读着叶永烈写的书长大的。"我也曾在许多个地方听到人们感慨：叶永烈不写科普了真遗憾，真想叶永烈重操旧业！在当今中国，能够享此"殊荣"的作家真的没几个。

记得，1999 年 12 月 17 日，在"科学家推介 20 世纪科普佳作"活动的新闻发布会上，时任科技部副部长徐冠华院士发言时讲了这么一段话："……比如像叶永烈原是一个非常好的科普作家，写了很多很好的科普作品。但是现在看不到他的作品，听说去写传记了。这些问题值得我们深思。"

记得，2000 年 6 月 14 日上午，正在全国科普创作研讨会上作报告的时任中国科协党组书记张玉台，在谈到我国科普工作的发展历程时，突然停下来向与会者问询："叶永烈同志来了没有？二十年前我就读过他的一些作品，一直想跟他见见面……后来听说他改写传记文学了，我觉得非常遗憾。"

三、难忘的礼物　火爆的签售

就在叶师辞世前一个月的一天，家乡柳州的一位朋友给我发来一篇文章截图，上面勾画了作者

本文作者著《幻想：探索未知世界的奇妙旅程》封面及扉页题献

（我的一位记者同行）写的一段话："……也是因为这份工作，我得以与一些年少时仰望过的人相见。"朋友附加评注："感觉这句话也是为您而写。"我马上就联想到了叶师。机缘确实也让我拥有了这样一份荣幸。

20 世纪 90 年代末，我与叶师取得联系，从此有了较深入的交往。我多次采访过他，当面聆听他教诲，电话和邮件的联络也十分频繁。他到北京出差，经常会给我打电话，或约到他下榻的宾馆见面。我还曾三次受邀在上海书展上主持他的新书发布会。

　　印象最深的一次是 2012 年 8 月 19 日，科学普及出版社在上海书展上举办的"叶永烈：行走世界、相约名人"读者见面会暨新书签售仪式。这天上午 10 点左右，受邀做嘉宾主持的我与科学普及出版社副总编杨虚杰，在书展大门外接到了叶师及夫人杨蕙芬老师。杨老师当即递给我一袋东西，说："这是老叶在美国专门买了送给你的。"

　　我接过来一看，是英文版的阿西莫夫自传和几本科幻画册，感到十分意外。尤其是看到叶师在书的扉页上写下的几行字——送给"阿迷"传红　叶永烈　2012. 8. 18　上海——我不禁乐了。我同时也是"叶迷"啊。他和阿西莫夫都是我最尊崇、最珍视、最热爱的"导师"。这是我的一位偶像赠给我另外一位偶像的自传啊！

2012 年 8 月 19 日，本文作者（左）手持赠书与"偶像"叶永烈（右）合影

　　再说叶师读者见面会的现场，那真是非常火爆，签售台前挤满了人。一开始我以叶师当年小粉丝的身份，简单介绍了叶师作品对我的熏陶和影响，然后叙及他从科普、科幻创作到纪实文学的"转轨"，再由他本人讲述几部新作的创作情况和经历。

　　听众提问十分踊跃，可惜要留出签售时间，答问只好匆匆了结。这时队伍已经排得很长（后来持续一个多小时都不见缩短），我临时担当了叶师的签售助手，给他接书并翻好扉页，他签好字即递给右边坐着的夫人盖章。这流水作业也真是累人的活计，我算见识了。叶师不少热心的读者会提出各种各样的要求，比如多写几句鼓励的话，或在求签者名字后加上"友"或"小友"等亲近字眼；还有人拿出好几本叶师旧作或一大沓邮封、明信片之类，要签字。

　　由于进展太慢，队伍中有人急得大喊："只签新书，其他的让开！"有位老者挤上前说他有病，不能久站，要求先签。我答应了他，结果队伍中有个小伙子愤怒地嚷嚷了好一会儿，把火都撒在了我身上。

　　叶师脾气好得很，只是不停地写，什么也没说。这时候，前面有个慈祥的老太太指着我，问他："叶老师这位是您儿子吧？"旁边的杨老师闻声大笑，说："他是老叶的学生。"

由于还有下一场活动，我们只好请叶师转移场地，另行签售。此时已过中午，最"恐怖"的场面出现了：有位女士打开一个大皮箱，只见里面满满当当装着叶师各个时期各种版本的作品，煞是壮观，足有一百来本！想必她是都要请叶师签名的，我跟出版社的几位朋友脑袋都大了……还好，

2012 年 8 月 19 日，上海书展现场，在本文作者（右）主持的"叶永烈：行走世界、相约名人"读者见面会暨新书签售仪式上，叶永烈回答读者提问

互相都有体谅，我们总算在 1 点钟左右坐在了餐桌前。

这一天的耳闻目睹让我回想起，2000 年 8 月 13 日晚，在叶师上海寓所的"沉思斋"，他告诉我说，他喜欢转换——进行各种各样的写作尝试。"一直有一种传言，说我叶永烈带着一个写作班子在搞创作。其实，我早些年的作品手稿都还在，可以看出都是我的笔迹；现在用电脑写作了，但是各种采访记录上也都是我的笔迹。"

四、他仿佛成了科普与科幻的代名词

叶师早年走的是一条科学与文学相结合的创作道路。他说，他爱科学，也爱文学。科普创作是科学与文学的结合，是通过文艺形式来普及科学。

2014 年 8 月 14 日，上海书展现场，在本文作者（左）主持的《叶永烈笔下的〈十万个为什么〉》新书签售会上，叶永烈作发言

确实，就创作而言，叶师是以科普"起家"的。事实上，还在北京大学化学系念书时他就已经小有名气了：他结合自己的专业学习，撰写并发表了许多文笔活泼的科学小品，并在大三时出版了自己的第一本书——《碳的一家》；而且，年纪轻轻就为《十万个为什么》丛书挑起了大梁：他是

初版本写得最多的一个作者——初版本最初出五卷，共947个"为什么"，他一人写了326个，占全书的三分之一左右；他也是这套书最年轻的一个作者——写书时20岁，出书时21岁。

第一版《十万个为什么》印了500万册，在社会上产生了广泛的影响，同时也深刻地改变了叶师的人生道路。面临毕业分配的时候，他仔细考虑过：自己从事创作或许要比从事科研更为合适。于是，在走出大学校门后，他一脚踏进了上海科教电影制片厂，半路出家干起了编导。这期间，他不辞劳苦地奔波于工厂、农村和研究所，拍摄了大量的科教片，积累了丰富的创作素材，很快就成为厂里的业务骨干；同时，他仍像学生时代那样，利用业余时间舞文弄墨，到处发表文章……

创作《十万个为什么》时的
叶永烈（1960年摄于北京大学）

然而没过多久，麻烦就来了：厂里个别领导对他看不惯，给他戴上了"不务正业""名利思想""成名成家"等一系列"桂冠"；甚至以党委名义直接向各报刊、出版社发出通知，称叶永烈"个人主义思想严重"，不要采用他的稿子。稿子发不出去了，书也没法出了，但这并不能让坚毅、执着的叶师泄气……

特别难忘十多年前的一个晚上，我与叶师漫步在上海街头，听他缓缓给我讲述了他年轻时的那些遭遇。其实，那个时候我也是在某种程度上"重复"着他遇到的麻烦，但听了他的一番话，很快我就明白自己应该怎么做了。

那天他告诉我，在那些风雨如晦的日子里，他常常回想起著名科普作家高士其对他的关心和鼓励，还有亲人、编辑和读者对他的期待。所以，他依然能够静下心来，坚持创作、积累、学习。"科学的春天"到来之后，他终于能够大显身手。

伴随着诸多题材不同、风格各异的作品频频出现在全国报刊上，叶师很快就成了中国科普界的一颗耀眼的"新星"——科学文艺当中的"十八般武艺"，从科学小品、科幻小说、科学童话，到科学散文、科学游记、科学相声等，他几乎全"练"了。1979 年，他出版了我国第一部较为系统地讲述科学文艺创作理论著作——《论科学文艺》。他首先提出并创立了"科学杂文""科幻童话""科学寓言"三种科学文艺体裁。1980 年，他出版了我国第一本科学杂文集《为科学而献身》；1982 年，出版了我国第一本科学童话集《蹦蹦跳先生》；1983 年，出版了我国第一本科学寓言集《侦探与小偷》。

而叶师在 1978 年出版的科幻处女作（也是"文革"后我国出版的第一部科幻小说）《小灵通漫游未来》一炮打响，风行全国，总印数达到了 300 万册之巨，创造了中国科幻小说的一个吉尼斯纪录。

《小灵通漫游未来》曾被改编成多种连环画

曾经到处可见取名于《小灵通漫游未来》的小灵通手机广告

因科普创作成绩显著，1979 年 3 月 17 日，文化部和全国科协共同授予叶师"先进科学普及工作者"光荣称号和 1000 元奖金；同年，由他执导的科教片《红绿灯下》获得了第三届电影百花奖。

作为科幻大家的叶师，他的科幻小说集中于其创作生涯的前期，即 20 世纪 60 至 80 年代。较有代表性或标杆意义的作品有《石油蛋白》（1976）、《世界最高峰上的奇迹》（1977）、《小灵通漫游未来》（1978）、《丢了鼻子以后》（1979）、《演出没有推迟》（1979）、《飞向冥王星的人》（1979）、《腐蚀》（1981），以及以金明为主人公的"惊险科学幻想系列小说"，如《暗斗》（1981）、《黑影》（1983）等。

叶师称自己在创作科幻小说时，一直遵从鲁迅所倡导的"经以科学，纬以人情"的原则。"经以科学"，即科学幻想要有充分的科学依据，要符合科学;"纬以人情",就是要使科幻小说如同文学小说一样,塑造人物形象,反映社会现实,寄寓深刻的主题思想,没有这根"纬",便无法"交织"出科学幻想小说。他的诸多科幻佳作在社会上影响广泛,为中国科幻史留下了一座丰碑。

1979 年 3 月 12 日,叶永烈获中国科协、文化部授予全国科普先进工作者及 1000 元奖金

叶永烈编导的《红绿灯下》在 1980 年荣获第三届电影百花奖

除自身创作之外,叶师还主编了十余种科幻小说选集,如《中国科学幻想小说选》、《中国惊险科幻小说选》《中外科幻小说欣赏辞典》《世界科幻名作文库》《中国科幻小说世纪回眸》《中国科幻小说经典》;同时,他还积极与国外科幻机构联系,组织翻译中国优秀科幻小说介绍到国外出版,在推广普及科幻文学方面做出了重要贡献。

特别值得一提的是,在科幻小说研究方面,叶师对中国科幻小说起点的考证,也做出了重要贡献:确立了"1904"这个曾被历史淹没的中国科幻小说的提示路标;发掘了中国第一位科幻作家"荒江钓叟"和中国科幻小说先行者徐念兹。他在中国科幻小说创作及其理论构建中所表现出的探索精神、开拓勇气和勤奋执着，于中国的科幻史册上书写了浓墨重彩的一章。

一时间，"叶永烈"在我国仿佛成了科普与科幻的代名词和质检章，一面高高飘扬的象征性旗帜。

1979 年在拍摄电影《载人航天》时叶永烈进入绝密的航天基地。这是叶永烈（左）与宇航员合影

五、他把作品凝固在时间和生命里

叶师才华横溢、兴趣广泛、勤奋高产，一生创作出版了 300 余部作品，累计 3500 多万字。他的作品大致可以分为五类，即科幻小说、科普作品、纪实文学、游记和小说。他的勤奋与执着在科普界和出版界都是有口皆碑的。

的确，就写作题材和创作速度而言，叶师跟阿西莫夫颇为相像，说他是架转个不停的"写作机器"，恐怕并不夸张。"我甚至在想，他睡觉了的时候是不是也依然在写作呢?"《人民文学》杂志的老编辑王扶在一篇谈论叶永烈的文章中这样写道："如果是我，用他那些时间去抄写他那些作品，恐怕也是难以完成的。"

1983 年之后，由于特殊的历史原因，叶师不得不放弃科幻、科普创作，

2017 年 8 月由四川人民出版社和四川科学技术出版社联合出版的《叶永烈科普全集》，多达 28 卷 1400 万字

转而进入纪实文学创作领域，其作品数量和创作成就同样令人叹为观止。这类作品主要有《红色的起点》《历史选择了毛泽东》《"四人帮"兴亡》《邓小平改变中国》等。这类作品写作视域广阔，题材多样，资料翔实，妙笔生花，拥有比科幻、科普作品更为广泛的读者群，人们渐渐地又熟悉了奔驰在纪实文学领域的叶永烈，因此而常常误认为是有同名同姓的"叶

永烈"两个人——叶永烈作品覆盖范围之广、创作数量之多、产生影响之大，由此可见一斑。

为什么要从已经如鱼得水的科普和科幻阵地上"撤防"，"隐入"到历史深处？面对广大读者的关心和社会上的疑问，叶师曾做过这样的回应："一是随着年岁的增长，'四十而不惑'，我更为深切地关注时代的命运，国家的命运；二是自党的十一届三中全会之后，政治气氛开始宽松，使我能够涉足当代政治领域的重大题材；三是我自小喜欢文学，我在从事科普创作之前，曾写过诗、小说、散文等。"

其实，在这个"转轨"过程中，他有苦衷，也有"隐痛"。后来他跟我多次说过，他一直深信"官场一时红，文章千古在"。

2015年10月，叶师全身心地投入到1400多万字的《叶永烈科普全集》的校对工作。其间他发给我一段他饱含深情写下的感言，在我看来，这正是他对自己辉煌创作生涯的一个精彩总结：

韶光易逝，青春不再。有人选择了在战火纷飞中冲锋陷阵，有人选择了在商海波涛中叱咤风云，有人选择了在官场台阶上拾级而上，有人选择了在银幕荧屏上花枝招展。平平淡淡总是真，我选择了在书房默默耕耘。我近乎孤独地终日坐在冷板凳上，把人生的思考，铸成一篇篇文章。没有豪言壮语，未曾惊世骇俗，真水无香，而文章千古长在。

在评述自己的创作人生时，叶师称他不属于那种因一部作品一炮而红的作家——这样的作家如同一堆干草，火势很猛，四座皆惊，但是很快就熄灭了。他说他属于"煤球炉"式的作家——点火之后火力慢慢上来，持续很长很长的时间。是啊，他从11岁发表第一首小诗时点起的文学之火，一直持续燃烧了将近70年，越燃越久、越烧越旺。他把作品看成凝固了的时间、凝固了的生命。他说，他的一生，"将凝固在那密密麻麻的方块汉字长蛇阵之中。"

从当年家喻户晓的科普作家、科幻作家，

叶永烈作品《追寻彭加木》新版封面（四川人民出版社，2017年）

"华丽转身"为中国当代重大政治题材创作领域独树一帜的纪实文学作家，热爱文学的理科生叶永烈可谓是著作"超"身，书写了自己创作生涯的辉煌篇章。

1962 年叶永烈结识了著名作家高士其，从此一直以高士其作为自己创作上的老师和榜样。这是叶永烈在 1978 年采访高士其，之后写下了长篇传记《高士其爷爷》

几年前，我曾跟科普界的几位朋友聊起一个话题："中国科普的一面旗帜"高士其逝世后，中央组织部确认他为"中华民族英雄"，国际小行星命名委员会也将 3704 号行星命名为"高士其星"，而叶永烈一直视高士其为自己科普创作的老师和榜样。接着我们讨论：同样是以其大量优秀科普、科幻作品影响了整整两代人的叶永烈算不算"民族英雄"？我们都给出了肯定的回答。

叶师走过了非常精彩的一生！他，值得我们永远缅怀！

作者简介 ————————————————————————●

尹传红，中国科普作家协会副理事长，《科普时报》原总编辑。

重温那个已经和童年融为一体的世界[①]

姚海军

从一位记者朋友那里得知叶永烈先生去世的消息时，我简直不敢相信。但很快，媒体的正式报道粉碎了我的最后一点希望。叶先生走了，不是那种网络误传，一颗曾经给我们带来无数科学趣味与神奇幻想的科普、科幻巨星，真的陨落了。

那剩余的、残破的一天我都沉浸在悲伤之中。晚上有个朋友聚会，也是心不在焉，急着想回到家中，重新打开那本被我保存得平平整整的《小灵通漫游未来》，重温一下那个已经和童年融为一体的世界。那本书是我买到的最早的几本科幻小说之一。关于 20 世纪 80 年代，我最深刻的记忆之一便是叶永烈先生的《小灵通漫游未来》。这本科幻小说各种版本畅销 300 万册，影响了不止一代人。

初中时代，我是一名忠实的叶永烈粉儿，床头不仅有《小灵通漫游未来》，还有《碳的一家》《十万个为什么》，以及经常刊发他科幻小说的《少年科学》。我后来人生轨迹的改变，跟叶永烈先生的作品在我心中播下的种子密切相关。无论从一个普通读者的角度，还是从一个科幻出版人的角度，我都要感谢叶先生，感谢他当年写下那么多优秀的科幻、科普作品，激起一个少年对未来的憧憬，更改变了他的生活，让他成为一名科幻编辑。

然而，1982 年以后，科幻读者就很难再"见到"叶永烈先生了。那场科幻小说姓"科"还是姓"文"的争论，逐渐演变成为对科幻小说的攻击，最终让方兴未艾的科幻热戛然而止。包括叶永烈在内的一批正值创作黄金期的

---

① 刊登于《北京青年报》2020 年 5 月 20 日 B01 版。

科幻作家不得不放弃科幻写作。

我与叶永烈先生有了书信联系，恰是在科幻发展陷入低谷之后。出于对科幻小说的喜爱，我在1987年创办了我国的第一份科幻爱好者刊物《星云》。这本简陋的刊物得到了叶永烈等前辈的支持。后来我才知道，早在1981年，叶先生即受中国科普作协科学文艺委员会委托创办了更为专业的《科幻小说创作参考资料》。这份旨在帮助作家了解有关动态的内刊汇编了大量争鸣文章，既有对科幻小说的批评，也有科幻作家的回应。但即便如此，这份内刊还是给他带来了意想不到的麻烦，在出版五期之后即告停刊。

《星云》1994年第二期曾刊发一篇叶先生的文章《雪夜观"恐龙"》，文章记述了叶永烈夫妇在匹兹堡与童恩正夫妇一同观看科幻电影《侏罗纪公园》的经过。这部描写科学家根据恐龙基因"复活"恐龙的电影，是根据美国畅销书作家迈克尔·克莱顿于1990年出版的同名科幻小说改编而成的。无独有偶，叶先生早在1977年就创作了一篇根据恐龙蛋中的活性物质"复活"的科幻小说——《世界最高峰上的奇迹》。但与克莱顿的小说被改编成电影、热映全球的命运形成鲜明对照的是，这篇意识超前、想象大胆的科幻小说，却被批成了伪科幻的典型，成为污名科幻的标靶。叶先生的那篇文章很平和，并没有提及自己当年的科幻创作，但作为科幻读者却难免心有不平。

叶先生后来在2000年出版了一本64万字的纪实巨著《是是非非"灰姑娘"》，用翔实的第一手资料再现了科幻文学在1982年前后的离奇遭遇。叶先生对科幻文学的贡献，固然在于《小灵通漫游未来》，在于他对科幻与其他类型小说融合的探索，但在我看来，却更在于这部书中他对历史的记录与还原。没有这本巨著，20世纪80年代那段科幻史，很可能成为永远的迷案。

2016年6月，我利用去上海出差的机会，约好去叶先生家中探望。因为还带着成都科幻博物馆馆主董仁威先生交与的使命，接受叶先生的捐赠，我便叫了上海的科幻作家江波一同前往。那是一次难忘的见面，叶先生聊到他对上海图书馆的捐赠，希望以后大家可以去那里找到他。我注意到客厅里仍有一些收集箱，他说那里面都是有待整理的信件。他很高兴上海涌现出江波这样的年轻科幻作家，并说自己也有新的科幻构思。我趁机"劝进"，希望他重回科幻世界，但他却说，"我不会再写科幻"，转而开始介绍他正在创作的主流小说"上海三部曲"。江波送上自己的新作，叶先生也签了一本自己的新作回赠，而我则得到一本渴望已久的签名本《是是非非"灰姑娘"》。最后，我和江波拖上一大箱捐赠告别，叶先生送到楼门口。当时谁也不知道，那会是我们与叶先生的最后一面。

叶永烈先生一直支持《科幻世界》。1991 年，《科幻世界》承办世界科幻协会年会，叶先生作为重要嘉宾出席，并专文祝贺《科幻世界》更改刊名。1998 年南京书市，他亲自到场为《科幻世界》助威。他与我们的老领导杨潇、谭楷有很深的私人友谊。

2019 年 11 月，成都举办第五届国际科幻大会，又恰逢《科幻世界》创刊 40 周年，杂志社全体同人非常期望叶先生能够出席盛典。我负责与叶先生联系，却一直得不到回音。我问了与他平时联系紧密的友人，大家都说最近联络不畅。我们一直担心他身体出问题，不想那未能完成的邀约却成了永远的遗憾。大会组委会为表彰叶先生对科幻文学发展所做出的贡献，为他颁发的"科幻世界 40 周年特别纪念勋章"还静静地放在杂志社。我想，应该有另一个时空存在。在那个时空，一群红领巾为叶先生戴上了那枚勋章；在那个时空，叶先生又在开始挥笔创作《小灵通四游未来》。

作者简介 ···●

姚海军，科幻世界杂志社副总编、四川科幻学会副会长。

叶永烈先生与浙江科普创作二三事

赵宏洲

叶永烈先生去世后，浙江省科普创作同道非常悲伤，在浙江省科普作家协会的一些微信群里，大家纷纷表达了自己的哀思。众所周知，叶永烈先生是浙江老乡，他和浙江的科普创作事业、科普作家也有着广泛的联系，叶先生对故乡的科普创作事业总是积极地参与、认真地指导、大力地支持。在我主持浙江省科普作协工作的 15 年中，他多次莅临浙江指导我们的科普创作工作，他为协会组织的科普图书写序，为协会的科普创作培训讲课，和我们会员一起参加科普采风活动等。叶先生是我的长辈，科普创作上的师长。我通过阅读认识他，通过他在浙江的好友了解他，通过和他接触熟悉他。他曾邀请我去上海他的家，结果杭州与上海太近，每次都是当天来回，而一天的工夫去他家又显得太远不方便，但是我去过杭州的家，和叶先生夫妇一起，这一切给我留下很深的印象。而今这一切都成为往事，现在我只能默默地哀思！这里仅记录当年交往的二三事。

2003 年，浙江科普节创办，浙江省科普作协积极投身于首届科普节活动中，策划组织了许多活动，我们首先想到的就是邀请叶先生参加首届科普节，叶先生非常干脆地答应了我们的邀请。叶先生到杭州后不仅参加了科普节的开幕式，还抽出宝贵时间参与协会组织的系列活动，头天晚上参加了协会组织的见面会，与协会会员交流科普创作经验，会上他还接受了协会授予他和陈芳烈先生浙江省科普作协荣誉会员的称号。第二天他不顾疲劳又赶到浙江大学，和浙江大学学生座谈科普创作，他和我说，科普工作青年人很重要。

这次活动的一项重头戏是参加《"小灵通"带你漫游未来通信世界》主

题论坛。对这项主题论坛从内容到形式我们是下了一番功夫的。1978 年，叶先生创作的《小灵通漫游未来》正式出版，"小灵通"是叶先生艺术创造的角色形象，他通过小灵通在世人面前展示了科学的未来，书中曾描写小灵通使用了一种袖珍无线电话。1997 年，"小灵通"作为一种电信产品的品牌出现在中国大地上，而且发展迅速。当时生产"小灵通"的企业 UT 斯达康公司和率先进行电信"小灵通"业务试验的电信部门都在浙江，于是趁叶先生来杭州之际，我们邀请了企业和电信部门代表一起参加了这次主题论坛。论坛请时任中国科普作协副理事长陈芳烈，也是电信业的专家做主持人，分别请叶先生等从科幻创作、研制产品和推广应用方面谈了各自的情况。论坛最后，当叶先生他们的手握在一起的时候，陈芳烈感慨地说："今天的科普创作，可能会为明天开辟一个新的产业，一批企业。"

这次来参加活动的有 800 多人，而且不少是老头老太太，远远超过我们预料，主题论坛获得极大成功。

叶永烈和浙江省科普作协有着深厚的关系，1979 年 5 月 7 日协会成立时，叶永烈先生就专程到会祝贺。当时的报道称他为上海年青科普作家，其实他已经深深地融入家乡的科普创作事业。2009 年，浙江省科普作家协会成立三十周年之际，他又为纪念专辑写来卷首语《祝科普"浙军"不断壮大》，文中勉励经受三十年的考验的浙江省科普作家协会，"必将率领科普'浙军'不断攻克新的堡垒，创造新的、更加辉煌的战绩，为普及科学、提高广大人民的科学素养作出更大的贡献"。如果说到叶先生与家乡科普创作的关系，与《科学 24 小时》杂志的关系就是最好的印证。《科学 24 小时》杂志是由浙江省科普作协创办的科普刊物，在协会创办之初，就开始酝酿创办杂志，为科普创作提供一个平台。叶先生当时就参与策划杂志创办事宜，并是编委之一。包括杂志的刊名也征询了他的意见。作为杂志创办人之一的叶先生还"'理所当然'为创刊号献上科幻新作《弦外之音》"。

从此，叶永烈先生自觉成为《科学 24 小时》杂志一员，他为杂志的兴旺而高兴，为杂志的艰辛而叹息。1989 年 12 月 14 日，他专门为杂志成立十周年撰文《十年辛苦不寻常》，文中写道："这十年间，在'不寻常'中坚持正确的办刊方向。主编几度易人，编辑部几度换班，挂靠单位也变了，使《科学24小时》几番'动荡'，但终于一期又一期不停顿地出版下去。坚持就是胜利。"

正如叶先生所言，终于到了杂志创刊30周年，《科学24小时》杂志又迎来新的发展。在2009年杂志第一期中，叶先生欣然撰文《科学与我如影相随》，拉开了这份科普名刊全面改版的精彩帷幕，推动了因出版日全食专刊而席卷公众的科普热潮，当年10月27日，他又专程到杭州参加了《科学24小时》杂志创刊30周年科普创作报告会，并为纪念专刊发文《坚持就是胜利》。那次叶先生特地到我办公室，与我谈起杂志和协会的关系，要我们充分利用好杂志这个平台。如今杂志虽然行政上早与协会脱钩，但我谨记先生的意见，积极支持杂志的工作。

谁都知道，叶永烈先生是一代科幻创作大家，当然也有不少人知道当年叶先生因为科幻创作所受到的沉重打击，他从此离开科普科幻而转入传记文学的创作。但是他对科幻创作的支持和向往并没有就此而消失。我曾陪他参加过一次科普活动，那天带去多本《小灵通漫游未来》，结果被热情的群众一抢而空，叶先生见之非常高兴，他说，浙江的科幻创作基础也是很雄厚的，他提出了"科幻浙军"这个概念，这也让我对科幻产生了极大兴趣和深入思考。在以后几年里，我先后策划召开了浙江省科普科幻研讨会，成立了科幻研究所，试想推动浙江的科幻创作。那次研讨会有20多位会员参加，会上讨论热烈，当我在电话中把这个消息告诉叶先生时，他高兴地笑了。

新成立的科幻研究所由著名科幻作品翻译大家郭建中老师领衔，集纳了赵海虹、赵冰波等作家，并趁热打铁出版了黑蝴蝶科普"口袋书"。叶先生欣然为这套"口袋书"写了序，他在序中对我们的工作给予了很高评价，在序的开头他写道"浙江省科普作家协会浙江科幻创作研究所编选了一套科幻小说，以'黑蝴蝶'冠名。这'黑蝴蝶'之'黑'，乃黑马之意，而'蝴蝶'则取意于'蝴蝶效应'。"序中指出，浙江与科幻小说有着很深的渊源。"浙江省科普作家协会多年来重视科幻小说创作，不仅成立专门的科幻创作研究所，而且又编选、出版这套《黑蝴蝶科幻系列》丛书。相信《黑蝴蝶科幻系列》丛书会产生'蝴蝶效应'，为中国科幻文学的发展作出新贡献。"

叶先生虽然离开了我们，但他对家乡科普创作的支持和指导却永记在我的心里，我要像我在叶永烈科普作品研讨会上的发言题目那样，像叶永烈先生那样去科普。

作者简介

赵宏洲，浙江省科普作家协会秘书长。

我与《十万个为什么》

陈显明

2020 年 5 月 15 日，传来令人震惊的消息：著名科普作家、唯一连续参与第一至第六版《十万个为什么》的作者叶永烈与世长辞。读罢消息，痛心之余，我上网查阅有关叶永烈的资料，读后心情益发不能平静，我与《十万个为什么》的往事，搅动得我不写点什么心里不安。

一、如获至宝

我上小学时，正值大跃进，尽管当时工农业生产天天"日新月异"，尤其是粮食产量"卫星"不断上天，到处是"人有多大胆，粮食就有多高产"，水稻产量亩产达到两三千斤，儿童可以坐在田里水稻上面不会掉下来，但是，农民却缺吃少穿，生活艰难。学校也是这样，条件十分简陋，连课桌等基本设备都没有，更不用说有图书室及添置图书了。我读高小①时，学校离家有十多里路远，中午是不能回家吃饭的。家庭好一点的，可以带冷饭，或者带个盅子、缸子，装点米，交学校厨房代为蒸煮。我家穷，父母不可能单独拿出饮食或掏一点米让我带到学校。中午只有饿肚子。那两小时，真难熬啊。我只有坐在教室昏昏入睡，或者在校外树荫下与同学一起玩"修房子""蛇抱蛋"等游戏，混过中午时光。因为这样，许多同学都羞辱我；为点小事，我就会尝到同学们的拳头。

---

① 那时小学一至四年级叫初小，五、六年级叫高小。当时鹿角公社只有两所高小，本文作者就读于鹿角公社光国小学。

一天，教我们算术的丁老师从教室外经过，看到我昏睡在课桌上，推醒我，问："没带饭来？"我哇的一声哭起来，说："家里没有剩饭剩菜……"丁老师默默离去。不一会儿，她手里拿着两本书又进来了。她拍拍我的肩："显明，你记性好，理解快，喜欢读书。我借两本书给你，中午没事，读几页，时间就过去了。"我颤颤抖抖接过书。

丁老师借给我的书，一本是薄薄的叶永烈著的《碳的一家》，一本是由叶永烈等编写的《十万个为什么》。捧着书，就像捧着饭碗，我如饥似渴地读起来。先读《碳的一家》。从书中了解了惊奇无比的知识，比如碳纤维。书中说碳纤维是一种纤维状碳材料。它是一种强度比钢大、密度比铝小、抗腐蚀性优于不锈钢、耐热性胜过耐热钢，能像铜那样导电，还具有许多其他宝贵的电学、热学和力学性能的新型材料。用碳纤维与塑料制成的复合材料所做的飞机不但轻巧，而且消耗动力少，推力大，噪声小……几十年过去后，叶永烈讲的碳纤维知识，都变成了现实，我们日常生活中都有含碳纤维成分的日用品。

接着，我又慢慢读那本封面以绛紫色为底色、画有图案的《十万个为什么》。读着这本书，我像进入了科学的迷宫，千奇百怪的科学知识，像一个个小精灵，在我脑子里腾云驾雾；又像坠入知识的海洋，那些深入浅出的道理，像层层波浪，载着我向更深奥、更广博的天地翱翔。读了这本书，上自然课时，老师最喜欢叫我回答问题，我不仅能准确无误地回答，有时还能"添油加醋"回答一些有关的常识。回答后，在老师赞赏的目光下，在同学们惊讶的赞叹声中坐下。课后，许多同学都围着我，问这问那。过去嫌我穷，常常欺负我瘦小、不敢打架的同学再也不敢欺负我了。《十万个为什么》啊，你让我找到了自信、自尊！

不久，我考上了巴县第三初级中学。报到前，我去小学还丁老师的书。她慈祥地替我牵牵衣服，弹掉身上的泥巴，说："不用还了。这两本书送给你！"我感激不尽。三十多年后，我每出版一本长篇小说，都要专程到丁老师家，送她一本，以不忘恩师的教导。

二、馈赠给儿孙

我的孩子读小学时，科学的春天已经到来了。向孩子推荐科普读物，理所当然首选第四版《十万个为什么》，还有与之同期诞生的《上下五千年》，都是上海少年儿童出版社的产品，也是那个年代青少年的必读书。尽管那时工资不高，我仍毫不犹豫地买了《十万个为什么》和《上下五千年》两套丛书，以培养孩子讲科学、爱科学、用科学的习惯。后来孩子上大学读的外语专业，但说起爸爸当年的启蒙教育，仍然很理解长辈的良苦用心。

现在，我的两个孙子也处于读书阶段。这是一个互联网时代，什么问题似乎都可以在互联网上寻求答案的时代，但我认为孩子们依然需要《十万个为什么》。因此，我在他们上学时，送给他们的礼物，是第六版《十万个为什么》。我想，当下，知识在不断更新、新的奥秘在不断发现、新的科技产品在不断推广，为青少年儿童普及科普知识，是当家长及普及教育的教育工作者的，以及承担普及科普知识的组织的神圣责任。

作者简介 ●

陈显明，重庆市委宣传部签约作家。

忆叶永烈先生对科学小说的倡导和支持

汪　志

当代科学文艺、纪实文学作家叶永烈，2020 年 5 月 15 日 9 时 30 分在上海长海医院病逝，享年 80 岁。消息传来，我十分悲痛。

叶永烈先生为我国科普创作的繁荣有重要贡献，对我国科幻小说的发展也功不可没，在纪实文学的发展方面同样贡献突出。他是我国科学小说较早的倡导者之一，在科学小说的发展史上有着一定的影响。

叶永烈将多年来积攒的手稿等文献捐赠给上海图书馆。上海图书馆将这批数量庞大的捐赠以"叶永烈专藏"的名义予以收藏。叶永烈理科出身，在数十年的创作生涯中，建立了完善的个人创作档案，各种文稿、书信、照片、采访录音、笔记等均分类保存，总体数量足以装满一卡车。叶永烈曾笑言："在我过世之后，在墓碑上可以书写：请到上海图书馆找我！"

三四十年前，因为探索"科学小说"问题，我和叶永烈先生取得了联系。1979 年我专门写信给叶永烈，谈了我对科学小说的看法，介绍了我研究科学小说的情况，并寄去了我的长篇科学小说《电波春秋》手稿请他指正。叶永烈在 1979 年 8 月 18 日给我的信中说："您坚持创作的精神，是很可嘉的。""大作已看过，是有一定基础的，有几节写得很精彩。"叶永烈还把他的新作《谁的脚印》赠送给了我。叶永烈的这封信，对我和从事科学小说研究的人来说都是一个很大的鼓励。我从 20 世纪 60 年代开始研究科学小说，多少年过去了，所取得的成绩、影响并不大，叶永烈的这封信给了我很大的精神支持，也增强了我继续努力的信心。从此以后我们开始了这方面的交流，一直没有中断。1979 年 10 月 12 日，叶永烈在给我的信中谈到科学小说的创作问题时说："先写短篇，逐步提高较好。因为初写长篇，基础不好的话，反复修改，也不一定能达到出版水平。不如先从短篇入手，先短后长。"这不仅是在谈科学小说创作，也是一个作家关于创作问题的经验之谈。

1979 年 8 月 21 日，叶永烈签名赠送本文作者新出版的《谁的脚印》（组图）

在这一段时间里，叶永烈曾先后多次在不同场合阐述了他对科学小说问题的一些观点和看法。他在 1979 年 10 月 27 日出版的《论科学文艺》一书中说："'科学幻想小说'与'科学小说''幻想小说'是不同的。只有同时具有'科学''幻想''小说'三要素，才成其为科学幻想小说。""我认为，在我国还是把'科学幻想小说'与'科学小说'加以区别为好。"后来他又在《我的 SF 观》① 中说，科学幻想小说和科学小说"目前，这两个名词经常混用。《科普创作》杂志一九八一年第一期的编者按认为，'实际上二者的界线是很难区分的'。我认为，二者应当加以区分……'科学小说'是以现实科学为题材的小说，它只是具有'科学''小说'两要素。"

1988 年，我发起、组织成立绵阳市科学小说研究会。叶永烈了解后，在 1988 年 5 月 22 日给我的信中说："知绵阳市科学小说研究会正在筹备成立，向你们表示祝贺。"

我写信给叶永烈，请他担任绵阳市科学小说研究会顾问。叶永烈在 1988 年 9 月 11 日给我的回信中说："8 月 27 日信悉，谢谢贵会邀我担任顾问及出

---

① 载《科普创作》1981 年第 4 期。

席绵阳科学小说会议。"同年，绵阳市召开首次科学小说学术研讨会，叶永烈因为忙不能到会，他在 1988 年 11 月 20 日专门写信给我对会议表示祝贺，并说："中国科学小说创作需要振兴，需要中兴，需要研究，需要呼吁。"

"蜀道杯"科学小说征文评选活动 1990 年 11 月 18 日在绵阳市召开征文发奖和学术讨论会，梁衡等北京、上海、河北的一批专家学者参加了这次会议，叶永烈等还专门为获奖者的获奖纪念卡亲笔签名。

我在 1990 年曾去信邀请叶永烈担任征文评选的评委并请他前来绵阳参加颁奖会议。叶永烈同意了，并在 1990 年 3 月 10 日给我的信中说："谢谢您的聘请。"

当时担任第一届"蜀道杯"科学小说征文评选活动顾问、评委的，除了叶永烈，还有秦牧、张锡昌、寿振东等。1990 年 10 月 4 日叶永烈写信对我说："9 月 27 日信及大作、评选稿、资料均悉，谢谢您的再次热情邀请。我手头事杂……无法去四川，望谅。祝评选工作顺利，期望着此举能够对于'中兴'中国科学小说创作起促进作用。"叶永烈不能来参加这次颁奖和绵阳科学小说学术研讨会，他在 1990 年 10 月 17 日又写信对我说："得知'蜀道杯'科学小说征文发奖暨学术讨论会在绵阳召开，表示热烈遥祝！这次会议，对于推动我国科学小说的创作，会起到一定的作用。祝愿会议圆满成功。我因不久又要去北京工作，不能赴绵出席会议，望谅。"这次会议开得非常成功，正是这次会议和第一届"蜀道杯"科学小说征文评选活动，才为以后被《科技日报》文章称为是"国内首次以'科学小说'为旗帜出版的系列丛书"的《中国少儿科学小说选》编辑、出版，奠定了基础。

《科学时报》[①] 2007 年 4 月 12 日发表麻晓东的文章《科学小说在中国……》，文章说："我国著名科幻与科普作家叶永烈也认为，科学小说和科学幻想小说的确是两个不同的概念。他介绍说，在 20 世纪初，科幻小说被翻译成中文时就称之为科学小说，包括鲁迅、梁启超等人都把凡尔纳的小说称为科学小说。随着后来受苏联的影响，因为俄文中的科幻小说是带有'幻想'这个词的，所以解放后国内都将这类小说改称为科学幻想小说。叶永烈认为，

---

① 现《中国科学报》。

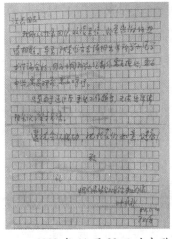

1988 年 11 月 20 日叶永烈
给本文作者的信

科学幻想小说这个名词比较准确，这 6 个字中包含了 3 个因素，就是说要成为科幻小说必须具备三因素，第一必须是科学的，第二必须是幻想的，第三必须是小说。因此，从现在来看，科学幻想小说和科学小说是不一样的，它们之间最大的区别还是在于'幻想'这个要素。"叶永烈表示，科学小说在国内可能没有科幻小说发展得那么迅速，但他认为科学小说是建立在现实科学基础上的一种小说，也是很值得提倡的。科学小说的作家必须具备科学的功底与文学的修养，但现在国内的一些科学小说还没有具备刻画人物性格等小说的要素，因此，还仅局限在科学故事的层面。"根据这篇文章的介绍，说明叶永烈还是支持科学小说探索的。麻晓东告诉我，他为了写这篇专题文章，专门采访了叶永烈。

这些年，由于叶永烈的创作活动有了一些变化，对他"不搞科普了"的议论也不少，怕使他为难和给他增加负担，我和他的联系也就少了。但从叶永烈接受采访和与我的通话，以及他最近出版的一些和科普有关的作品来看，我认为叶永烈并没有丢掉他的科普情结！他为中国科学小说事业所做的工作和努力，也是功不可没的！

2016 年 6 月 29 日，叶永烈在看了第三届"蜀道杯"科学小说征文评奖活动进展的情况介绍后，专门写信对我说："祝科学小说创作兴旺发达！"第三届"蜀道杯"科学小说征文评奖活动的主要主办单位绵阳市科学小说研究会，是绵阳市社科联成员、"全国先进社科学会"，重要任务是以不等于也不包括科幻小说的"科学小说"问题为突破口，探索科学与文学、自然科学与社会科学结合，研究文学的传播功能和科学小说这个小说类型的有关理论、创作方法、科学传播功能及相关艺术创作理论的开拓。本次活动承办单位绵阳市仙海科普创新基地被绵阳市委宣传部、科技局、社科联认定为"科学精神和科学小说普及基地"。

这次叶永烈和章道义担任了第三届"蜀道杯"科学小说征文评奖活动顾

问，台湾著名学者张之杰为学术指导。中国科学技术大学科学传播与科技政策系参与了主办工作，该系执行主任周荣庭担任活动组委会副主任。魏雅华、松鹰、郑军等一些知名主流文学作家、科幻作家等都送来了科学小说参评。

叶永烈一直以科学小说问题为突破口，对科学与文学、自然科学与社会科学结合的探索给予多方面的关心和支持。多年来他一直在和我进行这方面的交流。叶永烈曾创作出科幻小说的经典，而且大力提倡科学小说。他的一些科普和纪实作品，特别是有关反映钱学森等科学巨匠的作品，为科学小说的研究和创作都提供了宝贵的资料和经验。叶永烈曾向我表示："愿为中国科学小说的发展与繁荣共同努力。"叶永烈从科普、科教电影和科幻小说的创作到纪实文学，再到小说的创作，走出了一条自己的人生成功之路。叶永烈的开拓、奋斗精神很值得科学小说的研究、创作者和科普作家们学习。

2017年，叶永烈将他早年发表的科学小说赠送给我。这年4月13日，叶永烈在给我发来的一个邮件中说："汪志先生：在整理旧作时，发现我在1983年第1期上海《科学生活》杂志上发表的科学小说《G公理的证明》。附上，作为史料参考。叶永烈2017年4月13日"并附了《科学生活》杂志上发表的科学小说《G公理的证明》影印件。紧接着，叶永烈14日在给我的邮件中又说："科学小说《G公理的证明》发表在1983年第1期上海《科学生活》杂志上，发表时就标明'科学小说'。《科学生活》是上海市科协办的杂志，当时我担任上海市科协常委。由于科幻小说已经很多，我试着写科学小说。附上《G公理的证明》电子文本，便于阅读。"叶永烈还告诉我这是他"刚从旧的剪报中发现"。

叶永烈科学小说《G公理的证明》的重新发现和他对创作过程的介绍，为进一步对中国科学小说及其创作进行研究提供了十分重要的"史料参考"。叶永烈这次的邮件、科学小说《G公理的证明》影印件和叶永烈与我多年往来的亲笔书

2017年，叶永烈赠送给本文作者的《叶永烈科普全集》28卷

信，已成为绵阳科学小说和科普创作博物馆的重要珍藏，并被收入《中国科学小说史料库》，收藏于中国科普研究所科普史料馆。

2017年11月21日叶永烈给我来邮："汪志先生：《叶永烈科普全集》28卷已经由四川人民出版社、四川科技出版社全部印好，拟赠送您一套。请告知邮寄地址、邮编及手机号，将从成都直接寄您。"我立即表示感谢。他以后还多次来邮询问是否收到。

2018年，我负责并担任主要研究人员的中国科普研究所"中国科学小说发展研究"课题在绵阳召开结题会，叶永烈专门发来贺信，他说：

汪志先生：

科学小说是很值得提倡、重视的。科学小说寓科学于小说之中，给小说注入科学成分，能够使读者对科学产生浓厚的兴趣，起着科学启蒙作用。科学小说塑造一批性格、形象各异的科学家，歌颂科学家的钻研和奉献精神。科学小说的题材非常广泛，呈现科学的多样、精彩。尤其是在新时代，需要更多更好的科学小说。祝愿科学小说创作不断繁荣，不断创新，涌现一批富有中国特色的好作品。

祝会议成功圆满。

叶永烈

2018年11月2日于上海

我和叶永烈交往几十年，可一直未能见面。我还有很多话想当面和他说，我还有很多问题想当面请教和探讨，我还准备再次邀请他来绵阳，到科技城看看……

此时，我仰望星空，在远方为叶永烈先生送行！先生一路走好！

作者简介

汪志，中国作家协会会员，中国科普作家协会会员，中国科技新闻学会科学传播理论研究专委会理事，四川省作家协会会员，四川省科普作家协会常务理事。

怀念高产作家叶永烈

翁长松

在上海作家圈内的人，凡聊到沪上高产作家都会异口同声地称叶永烈先生是第一人。那么，他究竟创作和发表了多少文字作品呢？2018 年 9 月 8 日22 点 45 分，在中央电视台综合频道播出的《开讲啦》这档青年节目中，作为特邀嘉宾的叶永烈亲口向观众揭示了这一谜底。他说："从 1951 年 11 岁开始截至 2018 年 1 月，我累计发表诗歌、科学小品、科幻小说、纪实文学、人物传记、小说等作品，已逾 3500 万字。"这也让我萌发了走访叶永烈的情趣。2018 年 9 月 12 日上午，在老朋友葛昆元（原《上海滩》常务副主编）陪同下，按约敲开了叶氏家的大门。为我们开门的是他的夫人杨惠芬女士，她见有熟人来访就热情地把我们迎入客厅，还端上酸梅汤款待我们。客厅宽敞简洁明亮，中间数个真皮沙发环形地围着茶几巧妙地展开着，仿佛温馨地静候我们的来临。叶永烈书房设在楼上，藏书达数万册之多。2004 年年初我曾以"叶永烈'日坐书城'"[①] 为标题，在文中描绘过他的藏书和书房，据说称其"日坐书城"也得到叶永烈本人的认可，所以在这里有关他的藏书我也不作赘述了。这时叶先生也闻声从楼上走了下来，和我们聊了起来。眼前的叶永烈中等身材，体态匀称；天庭饱满，两鬓微白，戴着一副黑色边框的眼镜，颇有儒雅长者的风范。1940 年他出生于温州，长我十一岁，和我属同一代人。一接触，我感觉其为人豪爽又酷爱文史，所以我们聊起来舒畅随心，无拘无束，颇多共同话语。我们从《开讲啦》节目中他的演讲话题聊起，我说："叶先生，您在《开讲啦》这档节目中，亮出了保存足有七十年历史的那份已泛

---

① 翁长松. 名人和书［M］. 上海：汉语大词典出版社，2004：119 - 120.

黄的小学语文不及格的成绩报告单，毫不忌讳，足见您为人的坦诚。"他答道："我的目的是想通过本人成长和发展历程，告诉当代青年人和观众们，早年的语文成绩不好，并不影响后来发展成为作家，关键是靠后天的勤奋和信念的坚持。"我赞赏地说道："你以本人的成功实践和经验，生动地告诉观众勤能补拙，唤起了人们自强不息和奋发向上的精神，我也深受教育和启发。"有人说温州人是中国的犹太人，精明过人，长于经商。其实，温州人不仅出商业人才，还出了郑振铎、苏步青、谷超豪等知名作家和数学家等。叶永烈的出现再次说明温州是个人杰地灵、人才辈出、富有经济和文化活力的风水宝地。叶永烈出生在一个银

本文作者（左）和叶永烈（右）在叶永烈家的合影（摄于 2018 年 9 月 12 日）

行家兼军人的家庭里，父亲叶志超是个经历极其丰富，也是有追求、有志向的人物，曾任温州咸孚钱庄经理、永嘉县银行行长等职，抗战爆发后，兼任抗日自卫队军职等。据叶志超档案记载：自 1938 年起，历任浙江省第八区国民抗敌自卫队大队长，温州台州防守司令部上校参议，浙江省保安司令部少将参议。1941 年至 1945 年，任浙江省参议会参议。新中国成立后，担任温州市工商联合会首任主任委员及温州市政协常委和浙江省政协委员。叶永烈从小受到父亲思想和人格的熏陶，也立志成为一个有文化追求的人。1951 年，11 岁的他在温州读小学六年级时，一次走过当地的《浙南日报》社，发现报社大门前高挂着写着"投稿箱"的箱子，引起了他的关注和兴趣，也点燃了他投稿的欲望。不久，他创作了一首小诗投寄给了浙南日报，开始了平生投稿的第一次。1951 年 4 月 16 日，他惊喜地收到了《浙南日报》副刊组的来信："叶永烈同学，你的稿子收到了，已经读过，很好。我们要把它放在下一期报上登出。登出以后，一定送一张当天的报纸给你，好不好？还有稿费……"十天后，即 1951 年 4 月 28 日，这首诗在报上刊载了。这首七十个字的诗，与其说诗，不如说是顺口溜，而且充满着当时的"反对美帝国主义"的政治气息："……打败美国佬，给他好教训；咱们的祖国，不能受威胁！"

这首小诗也成了叶永烈的处女作，打开了他走向文学创作的广阔天地。

一、从发表科学小品到科普文艺作家

如果叶永烈于 11 岁发表他的处女作具有偶然性，那么他 18 岁（1958 年）开始发表《两种矿物肥料介绍》科学小品，1959 年写出《科学珍闻三百条》，1960 年 2 月又在上海少年儿童出版社出版第一部科学小品集《碳的一家》，展现了他对科学的喜爱和文学上的出众才华。

叶永烈于 1957 年考入北京大学化学系（六年制），但他理想的大学志愿却是想进入北大中文系新闻专业。这点他在晚年撰写的《我是化学系的"叛徒"》一文中有过真情流露，他说："（我）从小喜欢文学。高中的时候，我企盼着报考北京大学中文系新闻专业。我心目中的理想，是当'无冕之王'——记者。在温州同一幢大楼里长大，小时候常跟我下陆军棋的朋友——戈悟觉，在我之前考上了北京大学中文系新闻专业，给了我莫大的鼓舞。可是，他给我来信，北京大学中文系新闻专业在 1957 年只招五十名，而且有一半是'调干生'。也就是说，实际上只招二十多名新生，一个省摊不到一名。我对北大文科其他的系没有兴趣，而我又非要考北大不可，于是，我从文改理，改考北大化学系。我选择化学系，多半是因为姐姐学化学。父亲听说我报考化学系，很高兴，他说：'念化学好呀，将来可以做肥皂、做雪花膏，总有一碗饭吃。'就这样，我以第一志愿报考北京大学化学系。好在我的理科成绩也不错，录取了。"其间，他在北大亲眼目睹了 1957 年的"反右派运动"和反对"白专道路"。然后经历了"三年自然灾害"，在毕业的时候还突然发生了在毕业生中"揪反革命分子"事件，他同班的几位同学被送去劳动教养，其中一个竟然是和他朝夕相处睡在双人床上的同学，令他颇感意外。叶永烈鉴于家庭的历史问题，平时说话或处世小心谨慎又沉醉于科普小品的创作中，使他避免被卷入这场政治风波中去。他读书认真，两耳不闻窗外事，游弋于科普创作的精神世界中，勤奋笔耕。继《碳的一家》后，1961 年六一国际儿童节，少年儿童出版社出版的《十万个为什么》中，叶永烈成为主要作者。他占了两个"最"：第一，初版本中写得最多的一个作者，全书五卷共

947 个"为什么",叶永烈写了 326 个,占全书的三分之一左右;第二,他也是这套书最年轻的作者,写这套书时他只有 20 岁,出版时他也只有 21 岁。1961 年秋,在完成《十万个为什么》之后,他又写成了《小灵通的奇遇记》初稿,然而处于"千万不要忘记阶级斗争"的政治氛围之中,这种描绘未来美好图景,西瓜有桌子那么大的"奇遇记",不适合"时宜",遭到了退稿。但叶永烈没有气馁,他坚信凡是反映科学和普及科学知识的读物必有出版的一天。

"冬天到了,春天还会远吗?"粉碎"四人帮"后,科学的春天到来了。他对原书稿作修改,改名《小灵通漫游未来》于 1978 年出版了,这也是"文革"后,他出版的第一部科幻作品,一出版就印了 300 万册,成为风靡全国的畅销书之一。之后,他继续从事科普创作,贡献卓越。1976 年春,时任上海电影制片厂编剧的叶永烈发表了"十年动乱"后期第一篇科幻小说《石油蛋白》,标志着科幻在中国大陆掀起第二次高潮。1979 年 3 月,叶永烈被文化部和中国科协联合授予"全国先进科普工作者"称号。1981 年,叶永烈任导演的电影《红绿灯下》获第三届电影百花奖最佳科教片。叶永烈的科幻作品主要发表于 20 世纪 70 年代末到 80 年代初,占据了当时中国科幻小说的半壁江山。

二、从发表游记散文到知名长篇小说家

"读万卷书,行万里路",是中国历代有为文人崇尚和追求的境界。叶永烈也不例外,多年来他在读书和写作之余足迹也遍及海内外,还以纪实文学作家的眼光创作了《真实的朝鲜》《我在美国的生活》《今天的越南》《我的台湾之旅》《漫步欧洲》《樱花下的日本》《彩虹南非》等许多篇脍炙人口的游记散文,还专门编写出版了《加勒比海风情》《星条旗下的生活》《叶永烈海外游记》《澳大利亚自由行》《中国自由行:中西部卷》《中国自由行:东部卷》等旅行系列丛书,其中的《叶永烈海外游记》令我读得爱不释手,他以细腻的文字、精辟的思想、特殊的视角,叙述和描绘了俄罗斯、德国、瑞士、加拿大、泰国等国的社会政治事件和民俗风情。例如在叙述德国时叶永烈没有拘泥山水风光的描绘,而用大量的篇幅讲述了东德和西德合并过程,柏林墙的倒塌。同时,叶永烈在旅行中还通过国与国、今与昔的变迁,揭示

"古老未必先进"的科学历史观。他说道："古老未必先进。我在美国旅行，见不到欧洲那么多古代文化遗址。就连纽约的标志性建筑——自由女神塑像，还是法国人送的。历史短暂的美国，在经济上远远超过了欧洲。悠久的历史、古老的文化，就像饱经沧桑一样，原本是阅历丰富的象征。但是，昔日的辉煌毕竟已经过去，今日的发展还要依靠现在的努力。就经济发展道路而言，美国有美国的道路，欧洲有欧洲的道路。从他山之石中吸取有益的经验，将有助于中国的发展。"所以，他旅行的目的，不仅增长见识，还为我国的发展进步寻找到"他山之石，可以攻玉"的借鉴和经验教训，彰显了"发展是硬道理"的思想理念。

叶永烈不仅是个高产作家，还是个多产作家。他早年写诗，写科普和科幻作品，也写人物传记和创作散文游记，晚年后开始了都市题材的长篇小说创作。近年来，叶永烈转向了长篇小说创作，颇多收获，现已出版了《东方华尔街》《海峡柔情》和《邂逅美丽》三种长篇小说。这三部长篇小说，并无故事上的联系，而是从不同的角度反映不同历史时期的上海。第一部《东方华尔街》，45万字，2016年4月出版，写当年"冒险家"的后代从美国重返今日改革开放的上海所发生的传奇故事；第二部《海峡柔情》，45万字，2017年5月出版，是上海、台北"双城记"，写海峡两岸"打断骨头连着筋"的故事；第三部《邂逅美丽》，篇幅与前两部相当，2018年4月出版，是上海、温州"双城记"，写20世纪40年代动荡岁月的青春故事。也就是说，这三部长篇小说分别从上海—美国、上海—台北、上海—温州的角度写上海，所以称之为"上海三部曲"。随着"上海三部曲"的出版，才华横溢的叶永烈也成了中国知名的长篇小说家了。

叶永烈的书，几乎都很畅销，这本是件大好事，却也给他带来了不少麻烦和烦恼。社会上的一些不法书商，见叶永烈的书畅销有利可图就大肆盗版印刷，导致出版社和作者蒙受重大经济损失，而且伴随盗版技术的提高，有些盗版书几乎达到以假乱真的程度。这次我去拜访叶永烈也顺便带上了三种他的作品，经他的鉴定其中上下两册的《"四人帮"兴亡》（标记为人民日报出版社2009年4月第1版）为盗版本。他说："《'四人帮'兴亡》（增订版）一书，应该是当代中国出版社2014年7月出版的，为上中下三册本。你手中的上下两册本，标人民日报出版社出版，所以肯定是盗版本。"听了他的这番话让我颇感尴尬和无奈，好在我还带有《张春桥浮沉史》《中共中央一支笔——胡乔木》两种，经他确认皆为正版书，并为我收藏的这两种书，在扉页上认真签名盖印以作存念，让我颇有收获感。

近十多年来，叶永烈不仅饱尝盗版书的困扰，还受到假冒他的名字出版读物的困惑和烦恼。市场和网络上曾销售过《毛泽东与刘少奇》《毛泽东与周恩来》《毛泽东与林彪》这三种，则冠"叶永烈文集"系列名义出售，为此，叶永烈也从"孔夫子旧书网"上购得上述三本书，看看究竟。发现以上三本书的实际书名为：《刘少奇与毛泽东》《周恩来与毛泽东》《林彪与毛泽东》，也冠以"叶永烈文集"。据该书版权页所印出版日期分别为：《刘少奇与毛泽东》2001年6月第1版；《周恩来与毛泽东》2003年1月第1版；《林彪与毛泽东》2003年2月第1版。然而在《周恩来与毛泽东》一书的"前言"中该书作者却又说："《林彪与毛泽东》及《刘少奇与毛泽东》出版后，一些朋友和读者要我谈谈成书的感想。"显然《林彪与毛泽东》应该比《刘少奇与毛泽东》《周恩来与毛泽东》都晚出，所以仔细推敲《周恩来与毛泽东》的"前言"却有漏洞和矛盾，说明这三种假冒叶永烈名义出版的伪书版权页上所印出版日期是不正确的。然而三本书均由"蔡文辉"担任责任编辑，"向阳"担任封面设计，都印有标准"合法"的书号，却令人真伪难辨了。呜呼！中国不法书商造假已经达到"天衣无缝""炉火纯青"的程度了。这三本书的质量很差，不仅反映在纸张与印刷上，还反映在排版和错字上，这也是令读者特别不爽和难以接受的。为此，叶永烈在网上也再三声明这三本作品非他的著作，但仍然有人销售甚至引用书中的文字以作论文，令叶永烈哭笑不得！这也折射出叶永烈作品在社会上名气之响，影响之大。

古人说："人过留名，雁过留声。"叶永烈虽于2020年5月15日驾鹤西去，其著作却永存，让人难以忘怀。

作者简介 ●━━●

翁长松，高级政工师，上海市作家协会会员、上海市历史学会会员。

叶永烈老师与我们的两代编辑情

蓝敏玉

2020 年 5 月 15 日傍晚，从朋友发来的微信中得知，叶永烈老师于当日上午去世。惊愕不已间，我打开了叶老师的微信，凝视着微信号上叶老师的侧面头像，不停地问自己："叶老师真的就这么匆忙地离去了吗？难道从此再也不能和这位敬爱的长者互通微信，保持友谊了吗……"心如刀割，泪眼婆娑中，我在微信里留下了对叶老师的道别："尊敬的叶老师：惊悉您于今天上午驾鹤西去，我深感悲痛！谁料想，2018 年夏参加市里举办的您的科普作品研讨会，竟是我们最后的见面！您是我母亲最棒的作者，也是我从儿时起最崇拜的作家，您还圆了我当一回您作品责任编辑的梦……我深深地感谢您！叶老师，您一路走好！"

我和叶老师的友谊源自母亲与叶老师的友谊。

20 世纪 50 年代，我母亲曹燕芳在少年儿童出版社任编辑。新中国建立后百废待兴，作为全国首家专业少儿出版社，少年儿童出版社肩负着为全国少年儿童提供精神食粮的重任。1959 年 9 月下旬，母亲在众多的自发来稿中发现了一本名为《碳的故事》的书稿。这本书稿用生动有趣的语言，以故事形式，形象而深入浅出地介绍了碳元素的知识。这种独特的创作手法得到了母亲的赞赏。这位作者就是年仅 19 岁的叶永烈，一个正就读于北京大学化学系的大学生。当时母亲身孕在身，即将临产，她抓紧时间给叶永烈寄去了收稿通知。叶老师在《历史在这里沉思》中回忆："少年儿童出版社的收稿通知是 1959 年 9 月 25 日寄出的，也就是收到稿件的第二天，就发信给作者了。信中说，'约在 10 月下旬可把处理意见告诉你'。实际上，他们提前把审稿意见告诉了我。""我在 10 月 13 日就收到了少年儿童出版社的审稿意见。""曹燕芳写来很长的信，提出中肯的意见，指点我如何修改。""10 月 14 日至 20 日，我对全书作了修改、增补，书名也从《碳的故事》改为《碳的一家》。"其实，在向叶永烈发出收稿通知的次日，即 9 月 26 日，母亲在医院产下了我的弟弟。1960 年 2 月，《碳的一家》出版了。叶老师感慨道："这本书成功了，顺利得以出版，成为我平生出版的第一本书——实现了零的突破。"

就在《碳的一家》出版的同时，少年儿童出版社正着手策划编辑后来成为享誉国内外的科普丛书——《十万个为什么》，初版共 8 册，先出 5 册，母亲是化学分册的责任编辑。当化学分册的全部约稿寄到出版社后，母亲对稿子颇不满意，因为稿子写得枯燥无味，像教科书，很难吸引小读者，而全稿退回修改已无法赶上出版计划的时间，怎么办呢？母亲想到了仍在北大读书的叶永烈，邀请他加盟《十万个为什么》的编写。暑假里，叶永烈来到了他的《碳的一家》的诞生地——少年儿童出版社，与他的编辑大朋友曹燕芳第一次见面，从此两人结下了深厚的编创友谊。叶永烈没有辜负出版社对他的厚望，勇敢地担起了《十万个为什么》的写作重任。《十万个为什么》初版本化学分册共收 175 个"为什么"，叶永烈写了 163 个，他还为《十万个为什么》其他分册写了 150 多个"为什么"。《十万个为什么》初版本先出的 5册，共收 947 个"为什么"，叶永烈独占了 326 个，占三分之一！

写《十万个为什么》时叶永烈 20 岁，丛书出版时叶永烈才 21 岁。

叶老师曾对我说："我第一次见到你妈妈的时候，她还梳着两条辫子呢。"

那时候，母亲和叶老师都那么年轻！

此后，母亲在少年儿童出版社工作到 70 岁才退休，叶老师则开始了他曲折而漫长的写作旅程，从科普科幻作品到纪实文学系列，从行走文学到长篇小说……3500 余万字的写作硕果筑起了一座叶永烈著作丰碑，让世人仰慕不已，赞叹不止！

冬去春来几十载，银发渐渐爬上了母亲和叶老师的两鬓。不知从何起，母亲口中的叶老师，从"小叶"变成了"老叶"，唯一不变的是，母亲和叶老师依然是老朋友，叶老师依然在写作之路上奋力驰骋，高歌猛进。

叶老师曾多次提起，曹燕芳是他创作道路上的恩师之一。叶老师对恩师们献上的永远是感恩之心。

20世纪70年代末，由于国家加强了对科学技术和知识分子的重视，母亲和叶老师都分到了新居，两个新居相距1公里多，从此每逢春节，叶老师和夫人杨惠芬老师总会去我母亲家拜年，有时还带着儿子一同去。母亲年近八旬时，有一次不慎脚踝骨折，住到离市中心甚远的我家休养，春节到了，叶老师和杨老师提着礼物来到我家给我母亲拜年，母亲非常感动。这样的拜年几十年里几乎从未间断过，哪怕母亲后来病重住进了医院，叶老师和杨老师也会赶到医院向她拜年。

母亲有一件墨绿色的御寒衣，衣服的内胆轻柔保暖，容易洗涤，很适合老年人穿，这是叶老师在一次拜年时送给我母亲的礼物。母亲十分喜欢这件衣服，每到冬天把它早早穿上，每逢春末就亲手洗净收藏。这件衣服陪伴我母亲度过了20多个冬天，直至她离开这个世界。如今我们珍藏这这件衣服，看到它就像见到了亲爱的母亲和可敬的叶老师。

2016年2月初，上海遭遇了几十年未见的严寒天气，最低气温直抵零下7摄氏度，在这个寒冷的日子里，母亲驾鹤西去。由于临近除夕，她去世的消息，家人除了告知母亲原供职单位和亲戚外，没有告知其他人，但对于母亲多年的作者老朋友叶老师，家人认真地考虑了此时是否应该告诉他，最后认为叶老师著书、讲座等诸多事务繁忙，更何况他也年纪大了，加上天寒地冻，为了叶老师的健康安全，我们决定待丧事办完后再告诉他。谁知开追悼会的那天早上，我们惊愕地发现，叶老师携夫人竟早早来到会场，他们要为我母亲送上最后一程，此举令家人们感动不已。

叶老师是母亲的老朋友，也是我童年起就崇拜的偶像。

我上小学时，语文老师要求我们写完作文后一定要反复修改，说这样才能写出好文章。我把这事告诉了母亲，她对我说："学习写作文，确实要经过反复修改的过程。学会了写作文，写作前做好了充分准备，一稿成功，那才是本事！我认识一个人，他写出来的文章基本上是不用改的。"我感到非常惊讶，母亲又说："他有这个本事，所以写作的速度特别快，他还很会利用时间，比如他从北京乘火车去上海，火车不断地前进，他就不停地写文章，火车到上海了，他的文章也写好啦。""世界上真的有这样的人吗？会不会是神仙呢？"我问。"不是神仙"母亲笑了，指着桌上的《十万个为什么》说，

"他就是这套书的主要作者，他叫叶永烈。"于是，从初版《十万个为什么》作者署名中我找到了叶永烈，那位从此让我佩服得五体投地的大作家。

1995 年，我进入上海科学普及出版社这家以向大众传递科普知识为重任的出版社工作，首先想到了叶老师，但叶老师那时早已转向纪实文学、行走文学等的创作，看来，我期盼也能当一回叶老师著作责任编辑的梦想是实现不了了。心中的遗憾被母亲察觉，她知道我是"叶迷"，建议我去见见那位从未谋面的偶像，也算是一次圆梦。母亲的建议使我异常兴奋，那天去叶老师家我一路忐忑不安，生怕见到叶老师后会紧张得不知所云。当我轻轻敲开叶老师的家门，叶老师和杨老师出现了，他们和蔼可亲的笑容一下扫去我所有的拘谨，热情的接待、平易近人的态度让我感到他们就像优雅好客的邻家叔叔和婶婶。我进入出版社工作后，母亲曾送我一本《碳的一家》，这是母亲仅存的一本《碳的一家》，她收藏了几十年。这本书是她和叶老师首次编创合作的成果，也是她觅得一个优秀作者，工作取得重大进步的起点。母亲此时赠书予我，其中的含义不言而喻，接过这本书犹如接过了一根接力棒呵。

《飞天梦——目击中国航天秘史》封面

2003 年某天，叶老师突然给我打来电话，说他有一本新稿《飞天梦——目击中国航天秘史》，想交给上海科学普及出版社出版，请我担任这本书的责任编辑，让我上他家去取稿。我高兴得差点跳起来！当时举世瞩目的中国航天员即将随"神舟"五号载人飞船首次进入太空，叶老师把书稿交给上海科学普及出版社出版，无疑是一种极大的信任和支持。我马上把这个好消息告诉母亲，她也替我感到高兴，还兴致勃勃地和我一起去叶老师家取稿，向叶老师道谢。那天在叶老师的徐家汇新居，母亲见到了复式房顶层上别具一格的用游泳池改建的特大家庭书房，令她眼界大开，连声称好。

继《飞天梦——目击中国航天秘史》出版后，2005 年，叶老师应我社之邀，完成了约 40 万字的《写给"小叶永烈"》，由我担任此书的责任编辑。

《写给"小叶永烈"》是以老叶永烈和小叶永烈之间对话的形式来创作的，其中上篇的"科普写作入门"，谈到了"科普创作从'小儿科'说起""科普作者的修养""科普创作在下笔之前的准备""科普写作的技巧"，以及科普创作中不可疏忽的问题等。这是叶老师在多年科普创作中积累的宝贵经验，凝聚着他不断探索的心血，他把这些经验详细地介绍给读者，引领有志于科普创作的新人少走弯路，脚踏实地，奋力前行，这也是他留给中国科普创作传承者的一份珍贵的精神财富。

《写给"小叶永烈"》封面

我在任《飞天梦——目击中国航天秘史》《写给"小叶永烈"》责任编辑时，亲身体验到叶老师工作时一丝不苟的严谨作风。他交给出版社的书稿整洁而清晰，别致且有序。整本书稿一页页分插进塑料膜文件夹里，连插图安排在文稿的哪个部位都标注得一目了然。他的书稿真的基本上不用再改，需要修改的内容也仅是打印时偶尔出现的小差错而已。叶老师的书稿力求图文并茂，大量珍贵的照片为内容增色不少。作为编辑，能在审阅书稿的第一时间里拜读叶老师的新著，实乃一大幸事。

在50多年的岁月里，母亲和我，与叶老师延续着编辑、作者间良好的工作关系，还一直保持着真诚的编创友谊。叶老师曾在《新民晚报》发表文章《两代编辑情》，记录下我们母女两代编辑和他的友谊，这份弥足珍贵的情谊，值得永远珍惜。

仰望天空，我遐想无尽，在天的那一方，母亲和叶老师也许还会继续着愉快而辛勤的编创合作吧……

作者简介

蓝敏玉，原上海科学普及出版社编辑，曾任叶永烈著《飞天梦——目击中国航天秘史》《写给"小叶永烈"》责任编辑。

愿科学"灵通" 科普"永烈"

季良纲

2021 年 5 月 15 日 15：45，我从澎湃新闻里看到叶先生去世的噩耗，很是惊讶，马上上网查实了一下，就迅速传发在浙江科学文化研讨工作群中；16：24，我在朋友圈发了第一条微信"小灵通之父、《十万个为什么》的主要作者、中国科普界的大家，浙江人的骄傲，叶永烈先生去世"，迅速得到许多人的回应，有证实的，有转发的，有评论的，有志哀的；17：38，我在朋友圈里再发一条："读大师的书，是向他最好的致敬"，配上了《十万个为什么》《小灵通漫游未来》的封面，长长的 28 卷本《叶永烈科普全集》，以及一张我们与叶先生的合影，迅即有人关注，有了上百条的评论互动。网络里、报章上、广播里，连海外的科学网站上，都有对叶先生离世的沉痛悼念，一篇篇极有分量满含真情的文章，表达失去这位科普名人的惋惜和思念。

就在一个多月前，群聊中大家还提起，似乎好久没有叶先生的音讯了，台州的章伟林主席也说，打了他的电话也没有人接听。大家都觉得有些担心，纷纷说让上海科普作协的同志了解一下。万万没想到的，就在众人挂念之时，竟然听到噩耗传来。大家是多么希望，这一次也如平时一样，只是他的一次寻常的往返出差，一次常有的科普讲座，一切都是悄悄的、自然而然的，一段时间后，就会有回来的讯息，然后再听到他精神饱满的讲述，又听到什么好消息，又看到了什么新奇东西了。可是这一次，叶先生真的走了，放下了那支几十年不曾停下的笔，悄悄地走了。他最最聪慧的大脑，再也不能回答这个特殊的"为什么"了。

浙江文化发达，向来名家名人众多，各地都能列举出有影响的作家、书画家、科学家等，如他那样，从上大学的青年时代开始，始终把传播科学作为毕生自觉行动，"我与科学如影相随"，生命不止，创作不断，佳作频出，著作等身，自如地游走在科学与文学、艺术之间，实在是少有的奇才。一本《十万个为什么》，发行量超1亿册，整整影响了几代青年人，激发了多少人的科学梦想；三写漫游未来的"小灵通"，开启了科幻世界新天地，昂然奔跑在众人的前头，激发了无线通信的创新热潮。曾几何时，钱江一桥畔的那片现代建筑里，研制了取名于先生作品的"小灵通"，玲珑小巧，便捷实用，价格实惠，曾是移动终端兴起之初许多人难忘的记忆。令人敬佩的，是他八十年的人生履历里，不会因受了委屈而自暴自弃，也不会受了挫折而自怨自艾，始终有着坚强而韧性的品格，始终保持着一颗朝着光明的心，在平凡中闪亮，在进取时辉煌。当编剧，拍电影，办刊物，写传记，一样的激情横溢，一样的高峰迭起。180多本出版物，成就了著作等身的大作家身份；"旧闻记者"的精准搜寻，写成了几十本名人传记，破译了那个时代多少秘闻故事。厚厚文集二十八卷，煌煌文字四千万言。他的创作时间之长、作品之多、发行之广、影响之大，近现代的作家之中，应该是无人能出其右。他完全遵循着科学家的严谨，理性归整自己的人生档案，精心整理、收藏着个人文稿、书信、照片、笔记、采访记录等，分类保存，甚至写作时全都用复印纸，留下了珍贵的手稿。这些宝贝，他没有留给子女，而是全部无偿捐赠给了上海图书馆，竟然有整整一卡车之多，设立叶永烈图书资料专区，以供学习研究之用。叶先生以独特的人生步履，超前的科学思维，影响了青年者的人生选择。他是真正的科普大师，学界楷模！

叶先生是浙江温州人，说着浓厚的"温腔"普通话，一直以来与浙江省科协组织、科普事业有着千丝万缕的联系，凝聚着浓浓的故乡情愫。从省会杭州到温台各地，有一批志同道合的同学、朋友，也有一大批受他教诲而成长起来的后辈。《科学24小时》创刊时，叶先生应邀出任编委，多次担任专题主编，经常撰稿以壮声色。特别是当这份科普期刊历经风雨艰难之时，总有他在热情相助和鼎力支持。他对《科普作家报》《中国科普小作家报》这两份科普小报，同样是呵护关怀有加，亲自担任名誉顾问，为出版的科普读物作序，体现了对科普、对故乡、对朋友的一份特殊情谊。他与浙江省科普作协渊源深厚，与老中青作家中不少人是同道好友，情投谊合，他对浙江青年作家，更是经常的无私指导，一俟协会有重要活动，总是愿意在百忙之中热情参与，辛勤奔波在杭州、温州、台州等地，为家乡学子、科普同人作创作讲座，分享经验，提供帮助，不计得失，不论劳苦。2003 年，浙江省举办首届"科普节"。叶先生作为特邀嘉宾，安排在主席台就座，出席隆重的开幕仪式，随后专门主持了一场专题科普讲座，畅谈《十万个为什么》及"小灵通"创作体会，成为"科普节"中媒体与公众追捧的热点。

2018 年 8 月 22 日，叶永烈（左三）夫妇与参加"叶永烈科普作品研讨会"的浙江省科普作协的代表合影。协会副理事长、秘书长赵宏洲（右一）、常务理事章伟林（左二）、季良纲（左一）

2018 年 8 月 22 日，叶永烈（中）夫妇与参加"叶永烈科普作品研讨会"的本文作者（左）合影

2018 年 8 月 22 日，参加上海科普作协举办的"叶永烈科普作品研讨会"全体代表合影。前排右七为叶永烈

　　我之前与叶先生并不熟悉，但一直敬慕在心。2018 年 8 月 22 日，我与省科普作协赵宏洲秘书长、章伟林常务理事一起，作为浙江代表参加在上海举办的"叶永烈科普作品研讨会"。那时，我正担任《科学 24 小时》杂志社长兼总编，有机会参加这一文化活动，自然是很高兴的。一则可以聆听仰慕已久的叶先生的教诲，二则听到各路专家学者对科普作品的解读分析，三则也想借此机会，对叶先生长期关怀与支持杂志发展表示由衷感谢。

　　那天，参加研讨会的除了上海、浙江、江苏等作协代表以外，还有中国科普作协、科普研究所、在沪高校代表，以及研究科普及科幻创作的青年专家，大约有三四十个人。叶先生刚出院不久，身体明显虚弱，脸色发黄，行动也不太利索，叶夫人在他身旁细心照顾，但是，他一直面带着微笑，沉浸在大家参加作品研讨的喜悦之中。我抽空特意上前向叶先生问好，并提出能否合影留念，叶先生马上就答应了。拍过后，他十分关切地问我："看一看，拍得好不好？不好的话，可以再拍一张。"他拿过手机看了，画面清楚，挺满意的，又对我说："你可以加我的微信，把照片传给我，可以留作纪念。"顿时，我感到有一股暖流传遍全身，一位大师级的作家，如此细心关切，如此谦逊有礼，让我十分感动。平时在工作中，见过不少重要领导或名人名家，如此平易近人的，真的难得一见。后来，宏洲、伟林等几个人过来，作为浙江代表一起，又与叶先生合影；会议结束时，全体代表大家一起合影。一次研讨会，三次与先生合影，我看到的叶先生始终是微笑着、平和的，如同一个熟悉的老朋友，更是一位让人难以忘怀的长者。

　　会上，叶先生作了创作经历简要的回顾，对研究者特别感兴趣的一些问题，一一进行解释。他特别真诚地对上海科普作协策划的这次活动，邀请各路来宾参加研讨，一再表示感谢。研讨会气氛很活跃，大家纷纷发言，从叶先生的科普创作、作品风格及对今后科幻创作影响等多个角度进行广泛研讨。我对叶先生谈的一些创作过程的细节，特别感兴趣，如，他 11 岁时就在报纸上发表作品；在北大读书时已经出版科普作品；《十万个为什么》中 900 多个"为什么"，三分之一是他写的；他自称是"码字匠"，最多时摆放四台电脑同时写作；最多一个时期，一月写一本，一年要出十多本书；即使下放农村劳动时，白天劳动都很累，他仍然写就了一本如何除虫害的科普书……在他这里，哪里都是科普天地、知识迷宫！

他说："科普兴，科学兴。科学兴，中国兴。中国的发展，需要千千万万科普作家。期望新一代年轻科普作家后来居上。"

我当时就在想，做一名科普作家，绝非会写这么简单，像叶先生这样的科普大师，我们需要学习的地方，还有很多很多！

高山仰止，景行行止！愿科学"灵通"，科普"永烈"！

以此怀念尊敬的叶永烈先生！

作者简介

季良纲，浙江省科普作协常务副秘书长，科普作家。

我与叶永烈先生的交往[①]

章玉政

下午正埋头书房写作一个材料，接到安徽省作协胡竹峰兄的微信：叶永烈先生去世了。

一愣，不信。

转而去网上查相关信息，竟然是真的，澎湃新闻已报道：著名作家叶永烈于2020年5月15日上午在上海长海医院去世，享年80岁。

其实我一直有隐隐的担忧。几年前就听说叶先生身体不好，对于后事似乎已做了安排，但想起三年前在合肥见到他时，他精神颇好，思维敏捷，因而也就没有多想。

一、初次相识

我与叶先生相识，缘于十五年前的一次采访。

当年"神舟"六号即将上天，我绞尽脑汁搜集相关的选题，想写几篇独家的报道。

我一直觉得，"记者要有丰富的想象力"，不是主张闭门造车，而是要能够展开丰富的联想，寻找人、事之间的关联。比如"神舟"六号上天，我就在想：航天员里会不会有安徽人？

怎么才能印证我的这一"胡思乱想"呢？我用的办法很笨，就是"关键

---

① 本文首发于章玉政个人公号"急就章"，亦发表于《新安晚报》2020年5月22日A15版。

词搜索法"。以"安徽"和"神舟"作为关键词，去网上搜索，不放过任何蛛丝马迹，结果一无所获。我不甘心，又想到安徽最有可能与"神舟"号发生关联的应该是中国科大，于是又以"中国科大"与"神舟"号并联作关键词去搜索，竟然真的发现了一个线索——一个看起来几乎毫无头绪的线索：之前中国科大的国防生去西昌卫星发射基地参观，对方送了一张有中国首批航天员签名的明信片给他们作为纪念。好了，我又以这十四位航天员的姓名一一

本文作者与叶永烈先生合影

与"安徽"发生关联，结果真找到了一位：安徽定远人李庆龙。他还是中国最早的航天员兼教练员，经历很曲折丰富，后来我写了一篇独家报道《神六上会不会有安徽人》。

整版刊出后，一位同行打电话给我，问我是怎么找到这个线索的？我当然是顾左右而言他了。当时心里在想，这不算什么，说不定后面还有"大炮仗"！

还真又发现线索了，虽然只有短短的一句话，但已足够让我兴奋。在查找中国航天历程的过程中，我看到有一条大事记：1964 年 7 月 19 日，我国第一枚生物探空火箭"T－7A/S1"在安徽广德发射成功。这也就意味着，中国最早的航天探索是从安徽开始的！

之前从未见有详细报道，谁知道详细的过程呢？我想起之前看过叶永烈先生的一本自传里提到，他曾担任影片《载人航天》（科教影片《向宇宙进军》中的一辑）的编导，得到"中国航天之父"钱学森的悉心指导和热情帮助，并带领摄制组进入戒备森严的中国航天训练基地，拍摄了当时的中国航天员接受训练的情形。基于保密理由，当年所拍摄的影片，一直没有全面公开。

要是能找到叶永烈，那么，我遇到的采访难题可能就迎刃而解了。本来以为叶永烈这么有名的人，很容易就能找到，结果先后打了电话到上海市作家协会、上海市科普作家协会，都被告知："叶先生已经多年不参加我们的活

动了，没有他的联系方式了。"

当时负责找人的实习生有点沮丧。我也有点着急。或许是急中生智吧，我突然想到一个办法：叶永烈老师不是作家嘛，写了很多书，就到网上去找他的随便一本书，然后找到出版社，找到责任编辑，估计应该有戏。

我印象很深，当时找到上海科学技术出版社一位女编辑。得知我们的采访意图后，对方很友好，表示愿意帮忙，但要征得叶先生的同意。

就这样，我终于联系上了叶先生。

二、一字之师

那次采访所获得的内容，后来都写在独家报道《访科普作家叶永烈：中国太空探索从安徽起步》之中。这篇报道后来还获得了安徽新闻奖，并被收入《我们在民间：2005 年度中国晚报优秀新闻作品集》一书。

报道现在网上依然可以找到，叶先生给我们讲了很多过去不为人知的隐秘故事。

从 20 世纪 60 年代开始，中国着手小狗上天试飞实验，地点就选在安徽广德。叶永烈先生在担任《向宇宙进军》编导时，曾观看过《小狗飞上天》等内部参考影片。他说，最后上天的两只小狗，是从 30 多只小狗中遴选出来的，除了身体健康、反应灵敏、性格温和、善解人意外，体重在 6000 克左右，不胖不瘦。两只小狗一公一母，公的叫"小豹"，母的叫"珊珊"。

非常有意思的是，像后来飞天的航天员一样，这两只小狗在上天之前同样要经过严格的训练。据叶永烈先生说，这些训练一点不比人的训练轻松。工作人员首先要将小狗捆绑在木板上，然后用手不断地翻转，以保证小家伙适应火箭发射后一边前进一边旋转的状况。而后，还要将它们捆在震动器上接受强烈震动的考验、放在冰箱里接受严峻的低温考验、放在刺耳的大喇叭下接受噪音的骚扰。当然，最为"残酷"的训练是将小狗装进小铁箱里，用离心机高速旋转！

经过严格的训练"考察"，"小豹"和"珊珊"表现得十分顽强，被国内航天专家一致认为"适合上天试飞"。

他还透露说，事实上，在两只小狗顺利归来之后，中国还曾经训练过与人的生理特征具有一定相似性的猴子，准备送其上天，积累更为丰富的太空探索资料。当时，"猴子天使"都训练好了，但不幸的是，受当时形势影响，这一珍贵的实验就此中断。

在与叶先生沟通的过程中，他的认真严谨给我留下了深刻的印象。在初稿写好后，我曾发给他审阅，他看得很认真，却只改动了一个字。原文有句话，"叶永烈先生说，我国空间科学探测的第一步，是一群小白鼠在安徽省广德县的上空'迈出'的"。叶先生在回复的邮件中，将"小白鼠"改成了"大白鼠"。我一想，可能是我想当然随手这么一写，并不知道两者有什么区别，但身为一个写作者，真是一个字都不应轻易下笔！

三、与报之缘

有了这篇报道之后，我与叶永烈先生的联系就多了。

后来才知道，其实叶先生与我当时所供职的《新安晚报》有着不解的报缘，14 年前《新安晚报》的试刊号上就有他写的文章。

叶永烈先生曾说，"全国那么多的省份，我和安徽交往最深"，许多人还以为他是从安徽调到上海的。1961 年，当他还在北京大学读书的时候，《安徽日报》上转发过他的文章，不过出了点小差错，叶永烈先生遂给《安徽日报》写了封信，没想到就此与之结下不解之缘，并在《安徽日报》上开起了专栏。1992 年 10 月 9 日，当时的安徽日报社准备创办《新安晚报》，叶永烈先生特意将这段逸事写成文章《一封更正信，绵绵文字情》，刊发在《新安晚报》试刊号的第四版上，并对《新安晚报》的诞生表示祝贺。

在后来的 10 多年里，叶永烈的作品曾多次出现在《新安晚报》上。除了在《新安晚报》试刊号上发表文章外，自 1993 年 1 月 6 日起，他又在《新安晚报》连载长篇纪实文学作品《沉重的 1957》。后来，该报还连载过他的关于安徽女作家戴厚英的文章。

因为这一渊源，每次面对本报记者的采访，叶先生总是不厌其烦。当时报社采访部门的同事商量着想办个内刊，集思广益想了个名字，"探路者"，但由于种种原因，这个内刊一直没办起来。名字也就暂时搁置了。

后来我到一所高校兼职，想给学生办份报纸，练练手，觉得"探路者"这个名字不错，也适合青年学生，不用可惜了，但要作报头，还得找个有名望的人题词比较好。想来想去，大家觉得叶永烈先生比较合适。毕竟，他在纪实文学这一块成就巨大，名头也响。一跟他联系，他满口就答应了，很快就通过电子邮件传来了他

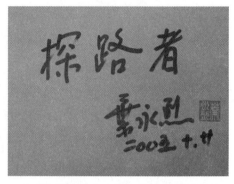

叶永烈先生为安徽大学生报纸题写的
刊名"探路者"

所题写的刊名。这个报纸后来给学新闻的学生不小的帮助，据说现在还在办。

记得当时采访叶先生，他说，他曾经多次到过安徽，或是开会，或是签名售书，"有机会，还会再去安徽"。

四、有缘对话

他终于还是有机会来到了安徽。不过，已是十多年之后。

2016年9月，作为第三届安徽文化惠民消费季重要活动组成的"中国黄山书会"将在安徽国际会展中心举行。书会主办方邀请了叶永烈先生作为嘉宾参会。

负责筹备此事的刘政屏兄约略知道一点我与叶永烈先生的交往，于是邀请我作为对话嘉宾，再次与叶先生进行对话。

我当然很高兴，提前读完了叶先生的新书《陈伯达传》，并认真准备了采访提纲。

2016年9月10日下午，叶先生如约而至。那天黄山书会主会场来了不少喜爱文史的读者。台下，黑压压坐了一片；台上，我与叶先生开始了这场时隔11年的对话。

对话主要围绕他的新书进行。我的一个深刻的印象是，叶先生思维敏捷。我一个问题刚问完，甚至还没问完，他的回答就已经滔滔不绝往外奔涌了。

那天的对话很畅快，很开心，就是觉得时间有点短。

叶先生后来接受媒体记者采访时，还特意提到了我们之间的交往和他与安徽的缘分："当时出了本书《飞天梦——目击中国航天秘史》，进入中国载人航天这个领域做了很多采访，提出中国最早的火箭基地在安徽广德。2005年章玉政打电话采访过我，这次能够见面非常高兴。《新安晚报》创刊时我写过跟安徽的缘分，报纸我还保存着。安徽的出版社也出了我很多书，所以很多人还以为我是安徽人。"

《陈伯达传》新书发布会上，本文作者（右）对话叶永烈先生

我们当时互相加了微信。但我一直没有打扰过他。当时我从网络上知道他身体不太好，做过大手术，已将毕生的采访资料捐给了上海市图书馆，设立了口述资料专题。我想，他应该早已将生死看得很淡了。

而作为一个"资深读者"，我想，我们对于一个作家最好的纪念无疑就是继续读他的书。叶永烈先生是一位非常高产的作家，除了科普文章、纪实文学、散文，晚年他甚至还尝试写起了长篇小说。他的文章将会继续影响更多的人，就像我至今未忘记小时候看过他创作的科幻故事《小灵通漫游未来》和那套众所周知的科普书籍《十万个为什么》一样。

叶先生，千古！

作者简介

章玉政，现任职于安徽大学新闻传播学院。曾任《新安晚报》首席记者、采访中心主任、编委。

与叶永烈老师的三次"相遇"

超 侠

看到叶永烈老师逝世的消息，心情沉重，像铅石坠地，深海沉船，这一座纪实的高山，这一座科普的巨轮，这一座科幻的飞船，就这样安静了、停载了、飞走了。

我也写过纪实，写过科普，写过科幻。叶永烈老师简直就是我们这个行当里的偶像，著述 3500 万字，科幻科普近 2000 万字，纪实 1500 万字。二十岁就是《十万个为什么》的主要作者，这套科普畅销几十年，印数过亿；他的《小灵通漫游未来》是《三体》之前中国最畅销的科幻作品；他写的《毛泽东与蒋介石》等纪实文学，同样成就非凡、洛阳纸贵。

而我，目前为止，一生之中，与叶永烈老师有过三次相遇。

第一次，是小时候，是很小很小的时候，那时候也许刚刚才会认字，那时候很不喜欢语文课本上的那些老旧文章，不料有一天在课本的一页上，看到了《小灵通漫游未来》的故事，讲述小灵通吃了一个有西瓜那么大的鸡蛋，讲述小灵通坐上了任意遨游的飞车，讲述小灵通吃完饭不用洗碗下雨也不用打伞……在那个课外书匮乏的年代，课本里竟有那么好看而神奇的故事，真是令我大开眼界、爱不释手，可惜，里面只是几个简短的片段，并没有看到全本，但那个时候，看到这些震撼大脑的描述，早就点燃了我心中想象力的火焰。又过了几年，我渐渐长大，看到了他写的《神秘衣》《世界最高峰上的奇迹》《腐蚀》等，那些精彩非凡、大开脑洞的科幻小说，让我真是如痴如醉、五迷三道，就像是中了邪、着了魔。后来，我才知道，它们是一个叫"叶永烈"的人写的。这个名字，也成了我童年最喜爱的作家，最深刻的烙印，最渴望见到的人，就像我最喜欢的金庸、郑渊洁一样。不久，我在电视上看到了《小灵通漫游未来》的儿童科幻片。我同样看得目不转睛、兴高采烈。妈妈还从图书馆里给我借来了《十万个为什么》，我却不知道这是叶永烈参与创作的作品。

又过了几年，我长得更大了，我到处找叶永烈的科幻书看，却在许多租书、卖书的地方，看到一个叫"叶永烈"的人写了很多纪实文学。真的是他，真的是写《小灵通漫游未来》的那个作家"叶永烈"吗？他怎么会写这些书？他为什么不写科幻了？我伤心得有种被背叛的感觉，从此再也不看叶永烈的书。

我不知道的是，当时的中国科幻，当时的叶永烈，也遭遇磨难，遭遇背叛，遭遇危机，这反而令一个坚韧而富有才华的作家，走上了更新、更强、更亮的一条路。科幻以另一种方式，溶解在他的血液中，生长在他的文字里。

叶永烈对中国科幻的贡献是无与伦比的。他的儿童科幻《小灵通漫游未来》，不知点燃了多少孩子们热爱科学、热爱幻想的火焰，以至于后来 UT 斯达康的企业家吴鹰创立的品牌也用了他的"小灵通"。他还在《人民文学》上发表了文学性、可读性、创意性都达很高境界，至今都不落后于时代的核心科幻经典《腐蚀》；开创出了《中国福尔摩斯——金明科学探案集》等"科幻＋侦探"类的科幻类型流派；还把意识流先锋性等写法融入科幻文学，比先锋更先锋，比文学更文学；更有《演出没有推迟》这样描写病毒瘟疫横行时的科幻，文中描述的人们在机场被扣，发烧病人被隔离，学校停课等，与 2003 年的"非典"，与 2020 年的新冠肺炎疫情，竟如此相似。叫我最惊讶的是，当 20 世纪 90 年代迈克尔·克莱顿写出、斯皮尔伯格拍出《侏罗纪公园》复活恐龙时，殊不知，十几年前，叶永烈早已在《世界最高峰的奇迹》中将恐龙复活过了。

这便是叶永烈科幻超前的前瞻性、警示性，因为它扎根科学，深植科学规律。科学规律如量尺，是长期不变，是可以运用和总结的。

后来他不再创作科幻，是科幻的悲哀，是我的难过，但，也许是他一个新的开始。

而我，在 2000 年之后的一次会议上，终于真的见到了他。那时我刚刚工作没多久，有幸参加了他的新书发布会，那本书叫作《商品房白皮书》。也许当时我还对他不再创作科幻有点怨气，我也不知道他是因为作品被打击为"伪科学"导致了"改行"。在我的印象中，一个作家只能写一种门类的作品，我忽略了那些才华横溢的家伙，是可以跨界、跳跃、从一个文学宇宙跃迁到另一个文学宇宙的。实在想不到他会写这样一本奇怪的书。我挺想向他靠近，又心里有些怨怼，也不敢去和他接触，只远远地在一旁，怯怯地看着他，连和他说话的勇气都没有。实际上，那本书不但算是一本知识类的科普书，更是一种深扎调研后的纪实书，几乎写到了中国当时最引人关注的关于住宅、房地产、经济战略等方面的问题，他以一个记者和纪实作家敏锐老辣的眼光，以科学幻想思维的超前预见性，以优美扎实的文学语言，写了一本可以说几十年也不会过时的书。只怪我那时太年轻，体会不到他的伟大。

又过了将近十年，2013 年的 11 月 21 日，我清楚地记得这个令我终生难忘的日子，它像幸福的烙铁把滚烫的快乐烙在了我的心头，我的大脑，我的一生里。这是一次文学活动，在河北涿鹿榆园内，我终于见到并近距离地接触了两位我童年时的偶像，还和他们一起喝酒吃饭聊天散步。他们就是叶永烈和六小龄童。他们要共同创作一部叫作《美猴王》的大片。而这部大片里，将会拥有像好莱坞一样的科幻色彩以及大场面。最有科学想象力的叶永烈，和最"孙悟空"的六小龄童，将会碰撞出怎样的一个奇迹呢？我满心期待着，我激动得颤着、笑着。我见证了他们的签约。而叶永烈老师还曾说也让我这个写了一些科幻的小子帮他"打打下手"。饭后，我陪着他和夫人走在模拟预防地震的科普园区内散步，我们去探索那些防震减灾的房间，去看那些灰灰黄黄的花花草草。我也理解了他后来不从事科幻创作的原因，我很羞愧于那么多年对他不再写科幻转而去写纪实文学的幼稚性反感，我为什么会那么傻。我说出小时候对他的印象和后来对他那些错怪性的怨恨。他并没有生气，他笑着原谅了我，于是我们干杯，我们欢笑，让往事的误解随酒而散。我问了他许多问题，我们走了很多路，他是如此敦儒、可爱，他的眼睛里有看透宇宙的幽邃，他举止又轻盈又智慧。

我多么希望早日见到六小龄童演绎的叶永烈老师主创的科幻神话大片能搬上银幕。这一等就是七年，就是永远。

如今，我只能在记忆中怀念与叶永烈老师的三次相遇，那也是我的童年、青年、中年。童年时留下的第一印象，是新奇而美好，是纯真与干净，这也是我后来热爱科幻，也想为青少年写科幻的重要原因。青年时的叛逆和不理解，怀疑和反感，是因为冲动和无知，是因为青春与热血。中年时的理解和包容，愧疚与自责，是因为经历

叶永烈（中）与本文作者（右）合影

过人间的种种，是因为看到了更高的维，与更聪的慧。

唯有经历坎坷与不平，回到最初行走之地，才会觉得那是世界上最美的地方，之于家乡，之于童年，之于第一次的相遇。

未来，不止三次，我们还会在新的维度，新的空间，新的思想里，碰撞、喝酒、聊谈。

我知道的，叶永烈老师的生命会永远在书中流淌，永垂不朽，金光灿烂，像永恒的太阳！

作者简介

超侠，科幻、科普作家。中国作协会员，中国科普作协会员，中国电影家协会会员。

引我走上科普创作之路的良师

——深切缅怀我的启蒙老师叶永烈老先生

鲁 超

惊闻科普巨擘叶永烈老师去世了。我的心里不由一沉，这是我小时候的科学启蒙老师啊。

20 世纪八九十年代，教育资源是贫乏的，对我这种小城市的孩子来说，科普图书就更加匮乏了。当时我翻烂的有两本书——《十万个为什么——化学1》和《元素的故事》，后者的续篇是叶老师补写的，而前者中几乎有一半都是叶永烈老师的作品。回想起来，我的《十万个为什么》是这样看的，先到文末找到作者的名字，如果有叶老师的名字，幼小的我一定会读得津津有味。因为叶老师的作品不是简单地告诉你枯燥的知识，而是抓住你的好奇心，和你一起去探索这个世界。对于一个孩子来说，还有什么比好奇心更重要呢？

小时候，每到一个城市，第一时间就是去新华书店找科普书。而父亲出差，最期待的也是他会不会给我带回有意思的科普读物。初中印象最深刻的是叶永烈老师的《中国科学明星》系列，叶老师序言里写道：一个国家应该将科学家奉为明星！（大致意思）即使到了20多年后的今天，这句话仍然有相当的分量，在拷问着"娱乐至死"的年轻"后浪"们。

这个系列里面，对化学家傅鹰和汪猷的故事描写得尤为动人，傅鹰的爱情故事以及他的名言："科学只给我们知识，而历史却给我们智慧。""化学是实验的科学，只有实验才是最高法庭。"我一直牢记于心。

到了高中，却发现叶老师已经不写科普了。后来才知道，叶老师写作的几篇科幻作品引发了巨大的社会争议，因此转而从事传记文学。于是，《第一推动丛书》系列弥补了我思想上的空白，我的兴趣也从化学转到了物理。

如今，我追随着叶老师的足迹，也成了一名科普作家，也深深感到了自己的责任。有知乎网友曾经如此评价我"有叶永烈文风"，这是我认为对我的最高肯定了！

与几十年前相比，我们目前的硬软件资源、舆论环境已经是天差地别了，我们这些年轻人也深深感到，应该把握住这来之不易的好机会，努力学习，创作出更加优秀的作品。叶老师著作等身，所有著作共计3500万字，还是在那个年代做到的，让我等十分汗颜。

本文作者（左）与叶永烈（右）合影

如果说叶老师那个年代，主要科普的还是知识，交接棒传到我们这里，则面临着更大的挑战。一方面，这是知识爆炸的时代，更多更新更细更交叉的知识拷问着我们的理解能力和传播能力；另一方面，迷信和伪科学也改进了它们的传播方式，我们还需要和它们抢占舞台和眼球。至此，我们科普人深感，不仅要科普科学知识，更是要传递科学思想和科学精神，这才是"群体启蒙"。

叶老师就如同一位引路人，他点燃了火炬，并把科学的火种传递给我们这些科普后辈。我们会珍惜这些火种，哪怕自己的作品只点燃了一个孩子的好奇心，我们也会相信：星星之火可以燎原，这就是我们一代人的责任。

回想起来，非常有幸，两年前能有一次"朝圣之旅"，参加了叶老师的科普作品座谈会，还有幸发了言，这也算是人生中为数不多的高峰体验吧，我会永远铭记。

作者简介

鲁超，科普作家，江苏省科普作家协会科幻专业委员会副主任，江苏省科普作家协会会员。

回忆相识 18 年的叶永烈先生

慕津锋

我和叶永烈老师相识于 2002 年夏天。后因征集工作，我们又在上海、北京多次见面交谈。在我第一次拜访他时，叶老师便非常爽快地将自己珍贵的手稿《碳的一家》《高士其爷爷》《哭鼻子大王》等捐赠中国现代文学馆。在交谈中，叶老师曾向我讲起他诸多往事，以及他后来采访名人的"趣闻"，现在想起依然是历历在目。

一

2020 年 5 月 16 日晚上，我刚刚吃过晚饭，正准备稍微休息一下。妻子突然拿着手机对我说：叶永烈先生去世了。我心里一惊，问道："谁去世了？上海的叶永烈老师吗？"妻子看着我点点头，"是上海的叶永烈先生，今天刚刚去世。我把这则新闻发给你看一下。"

我打开手机看到"新华网"的这则新闻报道——《著名作家叶永烈在沪病逝》，才知道这是真的。我和叶老师相识于 2002 年，现在想想也快有 18 年了。那时的我刚毕业到中国现代文学馆负责征集工作没多久，还是一个毛头小伙。那时，叶老师也不过 60 多岁，看上去是那样的年轻和充满活力。80 岁，以现在的标准来看，真的太年轻了。

当我坐在沙发上想理理思绪时，单位的领导这时发来微信，他们知道我和叶老师一直都有联系，想让我代表中国现代文学馆起草一个唁电发给家属。我说好的。可当我提笔写时，竟发现不知该从何写起。我写了好几次，最后将一个并不是很长的唁电草稿发给了领导。

唁 电

叶永烈家属：

惊悉中国现代文学馆的老朋友、我国著名作家叶永烈先生去世，中国现代文学馆全体同人深表悲痛和哀悼！特函致哀，并向你们转达我们最真诚的慰问。

叶永烈先生是我国当代著名小说家、历史学家、报告文学作家和科幻作家。他为我国科幻文学和报告文学的发展作出了卓越贡献。自1985年中国现代文学馆成立后，叶永烈先生一直大力支持我馆的征集工作，他先后数次把自己珍贵的手稿、著作等资料无偿捐赠我馆，为丰富我馆作家资料做出了积极贡献。

叶先生风范千古，精神永存！

敬奠致唁

中国现代文学馆

2020 - 05 - 15

发完后，我陷入了长久的回忆中。我和叶老师第一次见面还是在上海叶老师位于田林东路的家中。稍早在电话联系时，我便代表文学馆向叶老师表达了希望能够到家中拜访和征集叶老师手稿、书信、图书等文学资料的想法。那时，中国现代文学馆已搬到芍药居新馆，随着库房面积的增加和保管条件的改善，馆领导要求我们征集室加大征集力度，尽可能多地收集作家手稿、书信、著作、照片等各种文物、文献档案资料。在电话中，叶老师高兴地邀请我到他家中做客面谈，并表示可以考虑捐赠一些自己的资料给中国现代文学馆。

当我按照约定的时间来到叶老师家时，开门的叶老师看上去极具亲和力。见到叶老师，我赶忙自报家门："叶老师，您好！我是中国现代文学馆的小慕——慕津锋。今天冒昧地打搅您了。"叶老师则微笑着说："不打扰，不打扰。欢迎北京的朋友来我家里做客，上海现在天气很热了，你们工作很辛苦。请进。"

为了便于谈话，叶老师把我带进他的书房。第一次见面，现在想来给我印象最深的就是叶老师的书房。书房的两侧都打有顶天立地的书柜。书柜中满满当当，整整齐齐地摆放着各式各样做了标注的录音、录像资料和大量的采访笔记——是我至今见过数量最多的原始文献资料。这可真是不得了，简直是一个极其丰富的宝藏。对于征集人而言，如果能把这些资料全部征集回去，那种成就感简直不言而喻。

当时我问叶老师，为什么您会如此注意保留这些档案资料？其实大多数中国作家往往并不会这样。他们常常写完文章后，很多资料也就不再保存。加之各种运动，中国很多作家的资料其实非常少，这也为征集工作带来了很大难度。叶老师笑着回答道，这些都是他自80年代初开始为了写作而拍摄、采访、整理的原始资料。他告诉我，他之所以大量采访和搜集档案，就是为了保证他叙述事实的准确和有说服力。作为一个上海的"北京作家"，他主攻写中国现当代历史人物传记和报告文学，而北京是中国政治人物云集的地方，所以他每写一部作品都要去北京进行密集性采访，他非常重视对当事人口述的采访与记录。他每写一部长篇，至少都要采访二三十位甚至五六十位当事人。这样日积月累，他掌握的资料越来越丰富、越来越翔实。这对于他的写作极有帮助。而且随着采访的深入，他发现采访的过程就是对当代重大历史事件和人物地不断挖掘，这个领域有着无穷的宝藏。

虽然他是理工科出身，当年在北大学的是化学。但他的思维习惯于追根究底，反复推敲。对于历史上争议和传说多的人物和事件，他总喜欢把相关的事情全部罗列出来。比如为了求证周恩来右臂为什么一直弯在那里？叶老师把所有听到的六七种说法全部罗列出来，他想让读者自己判断；但他对所有的引用都会加注解，比如几月几日在某地采访过某人。在写到有关毛泽东、邓小平时，他会非常细致地把所有毛泽东讲话、邓小平讲话都注明来自《毛泽东选集》《邓小平文选》的第几卷、第几页。对于当事人的录音记录他也都会保留着。叶老师告诉我他家中有几千盘采访录音磁带，每盘是一小时到一个半小时。

二

谈到这里，叶老师稍微顿了一下，他说他的这个特质确实很多作家没有，这可能跟他的父亲有很大关系。他的父亲叶志超就是一个极其认真的金融家。

作为金融家的叶志超认为一分一厘都要清清楚楚，他是一个非常细心的人。正因如此，他认真保留了叶永烈从小学一年级到高三毕业的所有成绩单。讲到成绩单，叶老师还专门从书柜中拿出一大包包裹的档案让我看。当抽出自己小学一年级的成绩单时，叶老师特地指给我看他当年的读书科目是 40 分不及格的，写作科目也是 40 分不及格的。叶老师笑着说："作为一个作家，我小时候刚开始其实并不喜欢写作。我是到小学五年级 11 岁才慢慢开始喜欢文学的。那时我写了一首诗，自己觉得还不错，便悄悄地寄给了当地的《浙南日报》。后来这首诗还真的发表了，而且编辑还给我写了一封信。这对我的鼓励很大，加之我父亲很喜欢读书，家里有许多文学经典著作和童话书。那时留给我印象深的有英国作家笛福的《鲁滨孙漂流记》，还有中学读过的苏联版的《十万个为什么》。慢慢地书读多了，我的文学之路便一发不可收拾。"

我在去拜访叶老师之前，曾做了一些功课，知道叶老师早年在北京大学化学系上学时，便开始了自己第一个高产量的文学写作期，那时他是我国科普著作《十万个为什么》最早的作者。当我们坐在他的书房聊起这段时，叶老师饶有兴致地对我讲起那段往事："考上北京大学化学专业后，我仍热爱写作。有一天，我看到一份北京科协办的科学小报在征集稿件。自己便很想试试，很快我就投了一篇自己写的科学小品。不久，该小文真的发表了。从那之后，我便来了'灵感'，尝试着用文学手法去写科普文章，这也正好把自己学到的专业知识用上。后来，我把自己的十几篇化学小品编成了一本名为《碳的一家》的书稿，投给少年儿童出版社。因为不认识任何出版社的编辑，我当时觉得上海少年儿童出版社适合，就从书的版权页抄下地址，直接寄到出版社。不久我就收到通知单，告诉我书稿写得很好，马上出版。没过多久，该社还真的做了些修改后就出版了，这是我首次正式出版的书。到现在，我还保存着这部自己早年手稿。1960 年，该社还邀请我参与了中国版《十万个为什么》的写作。当时编辑正为化学分册发愁。那时化学分册已经编好，是上海一些中学化学老师写的，但写得像教科书，编辑不满意。他们看了我的《碳的一家》后，便提出让我试着写写化学分册。我试写了 5 篇，编辑看完后非常满意，便让我写下去。之后，我便每写完 10 篇寄给编辑，到化学分册出版时，整部书 173 篇，用了我的 163 篇。我主要负责写化学、农业和生物三个分册的 326 个'为什么'，占全书总篇幅三分之一。那时的我 20 岁，还是一个大三学生，我就这样成了《十万个为什么》的最年轻作者，而且还得了不小的稿酬。"

当谈及《十万个为什么》的书名时，叶老师说"'那是一个美丽的误译'。少年儿童出版社当年在出版《十万个为什么》时，书名是'借用'了苏联作家伊林的同名科普读物，只是伊林的《十万个为什么》多一个副标题——室内旅行记。而伊林的《十万个为什么》，如伊林自己所言，是'借用'英国诗人吉百龄的诗句。但是，吉百龄的原诗若译成中文，应该是'一百万个怎么样，两百万个在哪里，七百万个为什么'。"叶老师说，"'十万个为什么'是俄译者的误译。因为有了这个'美丽的误译'，才有了《十万个为什么》这样响亮的书名。倘若把书名叫做《七百万个为什么》，那才别扭呢！"

三

当我听到叶老师还保存着《碳的一家》这部手稿时，想到自己的征集使命，便在叶老师讲完这段稍作休息时，赶忙问道："叶老师，我这次来上海，是想多征集一些上海著名作家的资料。我们中国现代文学馆想为中国当代文学史能多保留一些珍贵史料，传之后世。您看您是否愿意把这部手稿放在我们中国现代文学馆保存？"

没想到，叶老师非常愉快地答应了我这个请求，"没问题呀。你们那里的保存条件很专业，而且这也是巴老那一代老作家创办文学馆的初衷，我理当支持。你打完电话后，我也想了想，我这里资料实在太多，有些我还要用，有些则完全可以交给你们文学馆保存。这次，你就可以把这部手稿带走。另外我还给你们准备了一些其他资料，到时你一并带上吧。"

我没想到这次任务会如此顺利，叶老师对我这位初出茅庐的年轻人的工作支持让我非常感动。

我说："叶老师，谢谢您对我们工作的大力支持。文学馆一定会好好保存这些资料，让它们发挥最大的价值。欢迎您有时间到中国现代文学馆做客。"

"好的，有时间我一定会去。"叶老师笑着回答道。

最后要走的时候，我记得叶老师郑重地把他珍藏的《碳的一家》《哭鼻子大王》《高士其爷爷》《毛泽东的秘书们》四部手稿一一转交到我的手中。尤其是在移交《碳的一家》《哭鼻子大王》时，他抚摸了很久，我能感受得到他心中对这些"老友"的不舍。除了这四部珍贵手稿，叶老师那次还捐赠了自己近40本著作，我当时是装了满满一大箱。看着那一大箱，叶老师有些担心地问："你一个人能把这些都扛回北京吗？我给得是不是有点多了？"

还好我那时年轻，我向叶老师保证这一箱子对我而言没有问题。我一定会把它们安全地带回北京，回到馆里后，我会第一时间登记整理，并把征集单和入藏证书寄来。

这次之后，我和叶老师曾在上海、北京见过多次。2011年11月23日，中国作家协会在北京召开全国代表大会第八次代表大会。我和叶老师在北京饭店再次相遇。作为一个摄影爱好者，我看到叶老师总是走到哪里照到哪里，他拍摄了很多照片。用他的话说这些都是史料、都是档案，都是第一手最真实的历史。那次参会，我拿着一个本子请我认识的作家每人写一句话作为纪念。我记得叶老师他给我写了这样一句话："档案是历史的脚印。"我一直珍藏至今。

这句话不仅说出了他对文学馆的期望，也说出了他对档案与历史的理解。

最近几年我和叶老师联系并不多，只是在新年时互致问候。但我知道叶老师很忙，他在中国绝对算得上是一个高产作家。他总共出版了180多部著作、逾3500多万字。其中科普作品，有28卷，1400万字；纪实文学作品1500万字；行走文学作品《叶永烈看世界》，21本，500万字。他的写作始终坚持"九字方针"——"大题材、高层次、第一手"，他的传记作品"从不东拼西凑"。如果有事，他会通过微信告诉我。2017年，他曾通过微信告诉我他要寄一套书给文学馆："《叶永烈科普全集》28 卷已经由四川人民出版社、四川科技出版社全部印好，拟赠送文学馆一套。请告知邮寄地址，邮编及手机号，将从成都直接寄您。叶永烈 2017 年 11 月 21 日。"我的回复是："好的。"过了一个月，叶老师于 12 月 22 日再次联系我："《叶永烈科普全集》已到达，收到否?"我看到微信后，问了一下同事，同事告诉我还没有收到。我赶忙回复："叶老师，书还没收到。再等等吧! 收到后，我通知您。"25 日圣诞节那天，书终于到了。我赶忙告诉叶老师，他很快发给了我一个圣诞老人驾着雪橇的小动画。

我们中国现代文学馆一直很关注叶老师的动向，也非常希望能够完整地保存他的珍贵资料。因为在半个多世纪的创作生涯中，叶老师建立了自己完善的创作档案，这之中有各种文稿、书信、照片、采访录音、笔记，作品剪报、评论、样书等，而且这些资料叶老师都非常细致地做了分类保存。而且他长期从事中国当代重大政治题材纪实文学的创作，积累了大量的当事人档案和口述历史资料，形成了相当规模的"叶永烈创作档案"。这些原始文献资料对于研究中国当代历史极为重要。但有些可惜的是，叶老师最终选择了上海图书馆作为这些资料的归宿。但我也能理解，上海毕竟是叶老师生活了几十年的"家"，放在那里，他可以随时去看看。上海图书馆的地域优势是我们无法比拟的。这些文献捐赠上海图书馆后，叶永烈老师曾对媒体笑言："在我故世之后，在墓碑上可以书写：请到上海图书馆找我!"

在相识的 18 年岁月中，叶老师一直说有机会单独到中国现代文学馆来做客，看看我这位小友，看看他的那些"老友"——《碳的一家》《哭鼻子大王》《高士其爷爷》《毛泽东的秘书们》手稿，可一直也没有成行。我知道他一直都很忙碌，即是来了北京，也会全被各种会议和采访占满。现在叶老师走了，这也注定是一个永远无法实现的遗憾。

叶老师，一路走好!

作者简介 ●
慕津锋，中国现代文学馆副研究馆员。

回忆我对叶永烈先生的一次专访①

阙维杭

　　著名作家叶永烈因病于 2020 年 5 月 15 日在上海长海医院逝世，享年 80 岁。噩耗传来，国内外各大中文媒体纷纷报道，老中青读者和作家文友们都沉浸在缅怀之中，我也静静地回忆起曾经对他做过的一次访谈。

　　很多缅怀叶永烈先生的报道、文稿中，提到他身为"一代人科幻梦的启蒙者"的科普创作成果——20 岁的《十万个为什么》作者、发行 400 余万册的《小灵通漫游未来》作者，也提到他身为一个有使命感的传记文学作家，不仅有"红色系列"的"红色三部曲"（《红色的起点》《历史选择了毛泽东》《毛泽东和蒋介石》）等大部头著作，也创作出具有极强警示作用、史料性极强的"黑色系列"（《"四人帮"全传》，经重新修订后，分《王洪文传》《张春桥传》《江青传》《姚文元传》四卷本分别出版）。

　　2002 年，其时我在美国旧金山《侨报》主持采编工作，记得那年 11 月中旬的一个晚上，我在报社接到一通电话，传来带有江浙口音的普通话，自报家门——"我是叶永烈"。我一听是叶永烈的大名，就开心地和他聊了起来。

　　叶先生告知，他近日来美国探亲，住在儿子家（他儿子留学有成在旧金山湾区工作），并相邀我有时间的话去他那儿见面聊聊，我很高兴地答应了。他告诉我，他儿子家位于阿拉米达（与旧金山遥遥相望的一个半岛，让我马上回忆起 20 世纪 90 年代末严歌苓的家也安在那岛上，我也曾应邀去过）。

　　大约隔了几天的一个晚上，我驱车近一个小时驶往阿拉米达的一处比较

---

①　刊登于《清风》2020 年第 15 期。

新的社区，找到了叶永烈先生儿子家——一座宽敞的两层西班牙风格的独栋建筑。进门就看到了笑容可掬的叶先生，还有他太太和儿子一家。稍事寒暄，我就和叶先生坐在客厅轻松交谈起来，原来他刚刚收到新近付梓的一本新书《毛泽东重返人间》，颇有些写作体会要分享。

我们毫无陌生感地交流，当然主要是听他畅谈创作及其他，真是毫无负担的一次交谈。告别时，叶先生把他的这部最新著作和另一本记录"9·11"事件观感的随笔集《受伤的美国》一起借我回家翻阅。

回眸 18 年前与叶永烈先生访谈的那个短暂时光，他侃侃而谈的诚挚坦率，那一口乡音的淳朴举止，那愿与晚辈分享的创作感慨，那热血澎湃的创作激情……依然历历在目，那么真切感人。

叶先生一生笔耕不辍，共出版 180 多本著作，逾 3500 万字。与此同时，他自觉地建立了完善的个人创作档案，各种文稿、书信、照片、采访录音、笔记、作品剪报、评论、样书等均分类保存。他长期从事中国当代重大政治题材纪实文学的创作，积累了大量档案和口述历史资料，形成了相当规模的"叶永烈创作档案"。据媒体披露，2014 年，叶永烈的这些私人创作档案运往上海图书馆收藏，数量近"一卡车"。

叶永烈曾感叹自己的一生，将"凝固在那密密麻麻的方块汉字之中"。他也曾这样评价自己的写作之路："……我属于'煤球炉'式的作家，点火之后火力慢慢上来，持续很长时间。我从 11 岁点起文学之火，一直持续燃烧到 60 年后的今天。"如今，在科幻文学、纪实文学、传记文学、政治幻想文学等多个创作领域，叶永烈都用自己的心血和文字树起了一座座丰碑！

叶先生走好！

作者简介

阙维杭，浙江杭州人，旅美资深新闻从业员、作家，笔名沙蒙、远航等。

难忘的记忆

——缅怀叶永烈先生

章伟林

叶永烈先生是中国的传奇，他一生创作了约 3500 万字的作品，题材遍涉百科，不论在科幻、科普还是虚构与纪实文学领域都取得不凡的成就。作为叶永烈先生的粉丝和朋友，我很荣幸，他每有作品问世，总在第一时间寄给我分享，至今我家仍珍藏着叶永烈先生馈赠的许多著作，如《写给"小叶永烈"》《行走世界》《邓小平改变中国》《江华传》《海峡柔情》《叶永烈笔下风情》《叶永烈科普全集》等。2018 年 8 月 22 日还应叶永烈先生和上海市科普作家协会的邀请，参加了叶永烈科普作品研讨会。

叶永烈先生一直是我景仰的大哥，他的科普科幻作品影响了几代人，尤其是《十万个为什么》对我的一生影响巨大，是他的作品引导我走向科普创作！

在学生时代，我家里就有一套《十万个为什么》。那是我长兄上大学时留在家里的，成了我的百科全书。还有叶永烈先生的《碳的一家》《金属的世界》《燃烧以后》《塑料的世界》《化学元素漫话》《烟囱剪辫子》《铁马飞奔》等书，每天我都如饥似渴地捧读，解开了许多疑惑。10 多岁的我头脑里就烙下了叶永烈先生的大名，成为他的忠实粉丝，可以说自己是读叶永烈先生的著作长大的，当时真不敢想此生会有机会成为他的朋友。

由于自幼爱好文学与科普，20 世纪 70 年代初我便开始学习写作，在各报刊发表诗歌，偶尔也写几篇科普短文，结识了科普创作前辈李谨华先生，成了很投缘的朋友。受他的鼓动和影响，1979 年开始由以文学创作为主转向以科普创作为主，后又参与编辑《科普文艺》，从而有幸结识叶永烈先生，开始与叶永烈先生书信往来。记得《科普文艺》创办时影响不大，1982 年 6 月，时任主编的李谨华先生参加在宁波举办的为期 25 天的全国首届科普创作与编辑讲习班，有幸搭建了科普作家网络，于是我们经常向叶永烈、杨潇、郑文光、杨秉辉、严光鉴、劳伯勋等名家约稿，由于名家效应，小报在国内颇具影响。

叶永烈先生是浙江温州人，他与浙江有着特别的情缘，每次约稿，总是欣然应承，大力支持。虽然叶永烈先生在当时就是一个负有盛名的大作家，是文学界与科普界的一座高峰，然而他没有半点架子，为人厚道随和，乐于提携后辈，是个乐于助人的长者。凡有什么事，总是有求必应。由于参编《科普文艺》的原因，我们与叶永烈先生有了密切的书信往来，算起来相识已有三十七八年了，而且从未中断过联系，去年年底得知他生病住院，心里一直非常牵挂。5 月 15 日下午获悉叶永烈先生逝世，感觉太突然了，真不愿相信这是事实，没想到真的永远失去了这位可亲可敬的良师益友，我的心连日来一直沉浸在哀痛之中，旧日相处的情景一幕幕浮现脑海中。

记得 1986 年我参加全国首届科学诗会回来不久，临海科普作协换届，李谨华当选理事长，我当选副理事长，徐礼富当选秘书长，叶永烈先生从上海发来了贺信，对我们着实鼓励了一番。几年来我们不负叶老师所望，工作开展得有声有色。可是到了 90 年代，特别是进入 1992 年后，由于李谨华身体原因，加上我在国企担任老总无法顾及协会工作，临海科普作协几近瘫痪，叶永烈先生很是牵挂，来信鼓励我们一定要坚守阵营，在他的激励下，我们排除万难，争取到临海科协的支持，组织会员在临海主要街道设立了 5 个科普橱窗，坚守科普创作与科普宣传阵地。

台州一直是浙江科普创作的一面旗帜，20 世纪 80 年代时非常活跃，涌现出一大批有影响力的科普作家。台州科普作协的主要骨干大都是临海的，进入 90 年代，由于商品经济的冲击，许多县市区协会都偃旗息鼓，好多作者从此弃笔改行了，仅剩临海黄岩几个作者成为科普创作的最后守望者。叶永烈得知情况后，又给我与李谨华写信说："科普创作贵在坚持！""科普是一种情怀，也是一种责任！"鼓励我们要挖掘协会潜力，办好《科普文艺》，积极培养新人，让台州科普创作重新走向全国。

2004年1月8日，临海市科普作家协会重组，我出任新一届主席。叶永烈先生发来贺信，提出几个建议，他指出新时期搞协会工作，着眼点要放在新人培养上，协会应该成为充电站，要时时为会员充电，这样协会才会有生命力。我们遵循叶永烈的建议，成立了科普创作辅导中心，注重培养和挖掘青少年创作人才，并于当年创办了会报《科普潮》，叶永烈、俞天白等名家惠稿支持，我们重树了临海市科普作家协会品牌。

2005年，我们着手创办《科普作家报》，第一时间就将想法告诉叶永烈先生，给他打电话，请他担任名誉主编，并请他写《刊首语》。叶永烈先生欣然应允，第二天晚上就给我回了电话，说稿子写好，向我索要电子邮箱。我说我不懂电脑，也没有电脑，电子邮箱也不会弄。叶永烈先生说这怎么行？现在是信息时代，不懂电脑不会网络会落伍的！他告诉我自己1992年就开始用电脑写作，不再"笔耕"了，我当时非常惊讶，在电脑上居然还能写作？他就耐心讲解电脑的作用与网络的好处，说得我怦然心动，第二天一早就去电脑公司买了个电脑，在孩子与朋友的指导下慢慢地尝试用电脑工作。

叶永烈先生对我的工作非常支持，自2007年5月开始，经常应邀来临海、椒江、杭州、温州等地义务做科普创作讲座，激发了科普写作热情，推动了科学文化发展。

叶永烈先生与我很有缘，一直以来，我承蒙他的关怀与厚爱，他每有新作出版总忘不了给我寄上一套，每次去什么地方旅游，也总给我发照片分享，节日总是微信或电话问候，令我十分感动。他一直对我关怀备至，在科普与文学创作上曾多次给予指导、给予鼓励。

记得2007年9月，我的三本诗集《花间挑刺集》将出版，想请叶永烈为诗集写个序，但考虑他写作任务很忙，一方面不忍打扰他，另一方面怕他回绝，心里一直犹豫着。直到9月28日，才抱着试试看的心态将清样寄给叶永烈先生，希望他为诗集作序，10月2日，便收到叶永烈先生写的2596个字的长序。他在序中对我的诗作了充分的肯定，序中说："章伟林的一句诗，精练隽永，置于案头，日翻几页，细细品味，它会给你智慧，给你力量，给你美的享受。"他的评价，对我来说是一种鞭策，给了我自信，激发了我的创作热情。

　　叶永烈夫妇非常好客，待人十分真诚。2008年春天，我再次专程去上海拜望叶永烈先生，他先带我参观他的创作室兼书房。创作室十分奇特，世界上绝无仅有的。原来，他的房子是跃层楼房，顶上有个游泳池，书房就是游泳池改的，四壁都是书橱，游泳池成了现成的资料库，四岸摆放着几台电脑和资料，这就成了他的书房和创作室。叶永烈先生是一个十分勤奋的作家，他常常夜以继日地坚持写作，工作室摆放着三四台电脑，他在这台写累了就站起来活动一下手脚，然后走到另一台电脑前坐下启动另一个思维，续写另一篇作品，这种串换式写作，叶老师把它戏称为休息。

　　在拜望叶永烈先生时，我汇报了《科普作家报》升级情况，浙江省科普作协和台州市科普作协将接管该报，由我来主编。叶永烈高度赞同，他说：多方合作能得到多方面支持，能把蛋糕做大做好……随后，我起身告辞，叶永烈先生与夫人杨惠芬老师一定要留我吃饭。酒席上我们轻松地聊起了家常。叶永烈先生不大爱说笑，但偶尔说起来还是很幽默风趣的。记得席上我们聊到中国电信小灵通手机时，他风趣地说：我现在是2个亿的身价！他见我一头雾水，又接着说：《十万个为什么》发行量一个亿，小灵通全国用户突破一亿！说罢大家开心大笑。

　　而今，叶永烈先生走了，他的音容笑貌一直浮现在我眼前。他百折不挠的精神，他的人格魅力一直在激励着我们，大师仙逝，光辉永驻！

作者简介

　　章伟林，中国科普作家协会理事，浙江省科普作家协会常务理事。

二十年前，我呼唤叶永烈"重操旧业"

张在军

叶永烈先生去世了，享年 80 岁。

叶先生是中国少数几个可不被冠以"著名"头衔的文化名人，就如同没有人称巴金是"著名作家"，称钱锺书是"著名学者"一样。如果真要给叶先生冠什么头衔，我固执地认为冠"科幻作家"即可，尽管先生写过大量的有影响的纪实作品。

我为何这么固执呢？那就要回到本文题眼"重操旧业"上来说。

那是二十多年前的事情了。尽管时间久远，但我清晰地记得 1997 年年初，当时我还在湖北江汉平原一个乡村"爬格子"。有一天在《中华读书报》上见到一篇《真想叶永烈重操旧业》的文章，作者深情地呼吁叶永烈走出故纸堆，重返科幻文坛。我读后，深有感触地写下一篇《叶永烈，何日再操旧业？》，为叶永烈离开科普科幻文坛而惋惜，为国外科幻挤占中国本土科幻而心痛，呼唤叶永烈"重操旧业"，再次用笔激发中华民族的想象力。

《叶永烈，何日再操旧业？》发表于《深圳特区报》

拙文寄到《深圳特区报》并于 1997 年 2 月 18 日发表后，《金陵晚报》记者贾春蕾带着我提出的"何日再操旧业"的疑问采访了叶永烈先生，写成《叶永烈有话直说》，接着，武汉《书刊文摘导报》全文转载。见到转载的采访记录后，我又写了篇《叶永烈说话了》，刊于当年 5 月 6 日的《深圳特区报》。我在该文中说："我们固然要对历史沉思，但不能因此而放弃对未来展望啊！难道'纪实'比'科幻'更重要？单纯就读者多寡论，'纪实'远胜于'科幻'，但是'纪实'会像'科幻'那样影响一整代少年儿童，影响人的一生么？"在文章结尾，我呼吁："时代在召唤，读者在呼吁，叶永烈不能

没有触动，他很清楚地认识到自己科幻小说的价值，他不可能不重操旧业……叶永烈，愿你的作品能早日与我们见面。也愿我国的科幻创作早日走出低谷。"

正是由于我等众多读者的深情呼唤，以及诸多传媒的强烈推动，在世纪之交，叶永烈先生终于在

新版《小灵通漫游未来》书影

"挂靴"十五年后重新执笔写出了《小灵通漫游未来》的续篇——《小灵通三游未来》。

2000 年 8 月，《新版小灵通漫游未来》（包括《小灵通漫游未来》《小灵通再游未来》《小灵通三游未来》）正式出版。啊，我的呼唤，不，我们的呼唤终于有了回声！

叶永烈夫妇与本文作者（左一）的合影

叶永烈先生给本文作者的题字

同年 11 月 26 日，叶永烈先生携夫人来到深圳书城签名售书，恰好我此时已到深圳工作，得知消息后便赶去与叶先生晤面。先生听了我的自我介绍，

立马起身紧握我的双手连声道谢，并在签名时写道："张在军先生：谢谢您的呼唤。"叶夫人杨惠芬老师也在一旁笑着说："这本小灵通能够出版，多亏您的呼唤啊！后记里面还提到了您。"

叶永烈先生在那本《新版小灵通漫游未来》的"后记"里这样写道："我原本以为《巴金的梦》是我创作的最后一篇科幻小说。尽管此后关于呼吁我'重操旧业'的文字不断见诸传媒，我仍无意于重返科幻文坛。这种呼声在一九九六年底曾一度形成高潮：先是《羊城晚报》发表了詹林祥先生的《真想叶永烈重操旧业》一文，上海的《解放日报》、北京的《中华读书报》加以转载；接着，《深圳特区报》发表张在军先生的《叶永烈，何日再操旧业》，南京《金陵晚报》发表这一话题对我的采访《叶永烈有话直说》，《深圳晚报》发表《叶永烈还写科幻小说吗?》……"

更没想到的是，叶永烈先生不仅把我的名字写进了新版小灵通的后记，还把我的那篇文章几乎全文引录进了《叶永烈文集·科普卷》（人民日报出版社 1999 年版）的总序，以及自传《追寻历史真相——我的写作生涯》（上海文艺出版社2001 年版）一书。

新版《小灵通漫游未来》的"后记"

令人惭愧的是，当年呼吁叶先生不要弃"科"从"史"，而我自己后来却鬼使神差地钻进故纸堆中，搞文史研究逾十载。不过令人欣喜的是，近年来我们也涌现出刘慈欣这样的优秀科幻作者，以及《三体》之类的优秀科幻作品。

叶永烈先生已经远去了。在"科教兴国"的今天，我呼唤更多的作者，写出更多的科幻作品。

作者简介

张在军，独立学人，自由撰稿人。

永远怀念叶永烈先生

连传芳

2020 年 5 月 16 日，恰逢周末，我随三明市作协在清枫谷采风，在翻看微信时，偶然得知著名科普作家叶永烈先生 5 月 15 日在上海长海医院与世长辞。惊闻噩耗，震惊至极，顿涌哀伤，悲痛欲绝。如今，我谨以科普爱好者身份，以只言片语的方式来表达对叶永烈先生的深切缅怀之情。

我与叶永烈先生并无直接交往，更谈不上相识，只是长期与他的科普作品神交，仅是他千万读者中的一员。我自小生长在一个偏僻的小山村，上学前除了连环画没有接触过文学作品，尚不知世上有"作家"和"文学作品"这一说。读小学时，学校图书角有一套残破不堪的《十万个为什么》，同学之间争先传阅，待我一翻阅便爱不释手，恨不得将此书据为己有。小学阶段我阅读的第一部科普作品是《十万个为什么》，这也是我平生阅读的第一套科普读物。知道叶永烈的名字，正源于那本家喻户晓的《十万个为什么》。《十万个为什么》内容非常丰富，包括天文、地理、生物、人体、科技、动物等方面的内容，是一套增长知识的科普读物。这套书不仅富有文学性、知识性、趣味性和科学性，还会引导着我自由幻想，让我的思绪超越时空的界限，会给我带来美的享受和艺术的熏陶。而且行文平实，清新自然；用词准确浅显，生动活泼的语言，解答了我最感兴趣、最想了解的科学之谜，那些具体而详细的文字，不时让我感觉到科学奥妙的巨大魅力。这套书开阔了我的视野，使我知道了许多日常生活中无法理解的科技奥秘。《十万个为什么》不仅丰富了我的生活经验，让我不断地健康成长，还增长了许多科学道理和文化艺术类的知识。

无独有偶，上初中时，同学恰巧有一本叶永烈已经出版的《小灵通漫游未来》，一番央求之下，终于借来阅读。书一到手我迫不及待地翻阅了起来。刚看了几页，就被那稀奇的新事物所吸引。该书主人公是一位来自现代社会的小记者——小灵通，整本书以他三次漫游未来市的见闻为线索。小灵通体验了很多未来的高科技产品。比如克隆技术、人造大米、飘行车等。《小灵通漫游未来》通过小灵通在"未来市"的种种见闻，生动有趣地展现了未来的美好景象，处处洋溢着人文智慧的光芒和探索的魅力，使我向往未来，对未来充满希望。我的阅读也一路跟着小灵通到未来市旅行，获得了许多科普知识，大开了眼界。由于叶永烈是在 1961 年写的，到我阅读纸本书时，很多新奇的东西已经成为现实了，这更让我对叶永烈对科技发展的预测佩服得五体投地。当时，我寄宿在镇上学校读初中，一下课便蜷缩在宿舍里狂看，但断断续续，总感到不过瘾，于是，竟斗胆拿到课堂上偷看，结果被老师逮着了，不仅当着全班同学的面把书收走，而且还让我事后写了检查。上高中后，我成为名副其实的文学发烧友。其间，我大量阅读各类中外名著，对叶永烈的作品更是情有独钟。我除了认真拜读叶永烈自己创作的作品之外，还跑到三明市大田县城的新华书店购买了叶永烈主编的《中国科学幻想小说选》《中国惊险科学幻想小说选》等多种科幻小说选集，因为当时我人生历程中所崇拜的作家就是叶永烈。

　　大学毕业后，我在一家媒体谋得一份记者职业。自小热爱科普文学的我，有幸成为省、市科普作协会员。2018 年，我荣幸地成为三明市科普作家协会理事长。出于对叶永烈的热爱与敬重，我更加留意他用心血浇铸的所有科普作品。此时，我才知道叶永烈不仅涉足儿童文学、科幻、科普文学等多个创作领域，他还是优秀的报告文学作家，长期从事中国当代重大政治题材纪实文学的创作，积累了大量的档案和口述历史资料，形成了相当规模的"叶永烈创作档案"，成为中国当代历史研究的一批原始文献。我认真品读叶永烈创作的纪实文学作品，感觉自己与他在进行超越时空的交流，洋溢在他字里行间的那种独有的真情与亲切，留给我心坎和灵魂多少难忘的震撼，就不言而喻了。我尊重叶永烈这些美德的规范，更崇尚他那种义无反顾的进取精神，一种为文学、为科普而奋斗的坚忍不拔和无所畏惧的品质。

　　有人说，叶永烈是中国科幻作家的先驱。确实，他终其一生所致力的科学普及工作，都凝结在了这些文字中，而这些文字所体现的好奇心、求知欲和探索精神，影响了一代又一代读者。他从 11 岁起发表作品，19 岁写作第一本书，在全国引起强烈反响。20 岁成为《十万个为什么》的主要作者，而《十万个为什么》被公认为新中国科普读物的典范之作。21 岁他写出《小灵通漫游未来》。他一生出版了 180 多部著作。《十万个为什么》系列书籍发行至今已超过 1 亿册，它是在中国科普读物中，是最具影响力的第一品牌，半个多世纪以来影响了几代人，几乎家喻户晓。一个作家能和众多的读者如此相识相知，这应该是他最大的安慰。

我一直为叶永烈感到骄傲，因为他以不朽的作品捍卫着文学的神圣，更以笔耕不辍的方式实践了科学普及的深刻内涵。如今，叶永烈先生走了，他在遥远的天国注视着我、鼓励着我，我相信他会用他的人格魅力和人生智慧继续为我答疑解惑，让我依然醉心于文学创作，为推动科普事业不断发展付出毕生精力。

作者简介

连传芳，《三明侨报》编辑。

走近著名作家叶永烈①

庞 华

淡淡的柳绿隐约透出一点鹅黄，浅浅的春皂嫩得如处子脸上的绒毛，在这微风拂绿的暮春三月，山西省图书馆《文源讲坛》迎来了首次做客并州的中国著名作家叶永烈教授。2007年3月31日上午，省图书馆新建报告厅座无虚席，250多名读者怀着敬慕之情倾听叶永烈讲述自己的写作人生。借此，记者对他进行了专访。

一、浓厚兴趣写出科普科幻作品

已过花甲之年的作家叶永烈教授，戴一副金框眼镜，穿一件随意合身的棕色夹克，灰毛衫，黑衬衣，配上那条花领带，显示出了他特有的书卷气。虽然叶永烈名声远播，但待人平和，没有孤傲矜持的习气，倒有几分儒雅。与他交流很容易，也很随意，一下消除了记者的拘谨。叶永烈教授是中国当代著名作家，上海一级作家。好多人说作家是由神童而起，有关专家也在探究，叶永烈却乐呵呵地说："我不是。小学一年级的学籍记录成绩是，作文不及格，40分，读书不及格，40分。改变我命运的是我对文学产生了浓厚的兴趣。"小时候，在他家附近有一家报社，现在叫《温州日报》，那时叫《浙南日报》，那里挂着个绿色的箱子，上面写着"投稿箱"三个字。"我不知道这个箱子是干什么用的，人家告诉我说你把稿子扔进去，如果写得好，报上就会登出来。我心血来潮试着投进一首诗。过了几天我收到了平生的第一封信，

---

① 本文首发于《科学导报》2007年4月16日第5版"本报专访"栏目。

信封上写着'叶永烈同学收'。信中告诉我，你的诗准备在下一期的副刊上发表，问我几岁，念小学几年级，我回信说我是 11 岁的小学生。过了一个星期以后，诗就登出来了。"这首名叫《短歌》的诗在学校引起了轰动，叶永烈从一个普通生连升三级当了大队部的宣传委员，随后又印小报又编黑板报，使他对文学的兴趣越来越浓，从而开始了"豆腐干"式的写作。他在北大是念化学的，父亲说念化学好，将来做做雪花膏、做做肥皂，总会有饭吃。但他的兴趣依然不减，先后写了 1000 首诗，但发表的很少。后来，他用文学的笔调写科学，投稿于北京科协办的《科学小报》，一写就发表。因为学科学的人喜欢文学的不多，搞文学的人懂科学的不多。正因为这样，他用文学的笔调来写科学就"所向披靡"了。19 岁写出第一本书科普读物《碳的一家》，20 岁成为《十万个为什么》的主要作者之一。"因为《十万个为什么》初版本共分五册，收入 900 多个'为什么'，我一个人就写出了 300 多个'为什么'，成为《十万个为什么》写的最多、也是最年轻的一个作者。"目前累计发行量已超过 1 亿册。21 岁写出了科幻小说《小灵通漫游未来》，初版印数超过 300 万册。时下正遍地开花的通信产品"小灵通"，正是取源于《小灵通漫游未来》的主人公，"小灵通"成了中国无线市话手机的著名品牌，用户已多达 1 亿用户。从 2003 年的《科学时报》可以读到迄今为止国内唯一一个"科幻人物"与市场嫁接的成功事例。谈到这些，叶永烈感慨颇多。常言道：一个篱笆三个桩，一个好汉三个帮。他在成长的道路上遇到了三位恩师，第一位是 11 岁投稿时遇到的杨鹏老师，第二位是 19 岁投稿时遇到的曹燕芳老师，第三位是高士其老师。"正是他们的帮助，加上我的浓厚兴趣，使我走上了文学的道路。"谈到少儿科普读物，叶永烈沉思片刻讲道："现在的作品很匮乏，与国外的同类读物相比还处于落后阶段。如美国的《寂静的春天》，就是一部具有世界影响力的科普精品，我们也应该创作这样的作品。所以，要想让更多的少年儿童读到好的科普作品，关键是作者要下功夫！"在谈到自己的写作人生时，叶永烈用生动浅显的语言说："兴趣是每个人的老师，希望现在的家长从小培养孩子的兴趣，从兴趣出发做好每一件事，因为兴趣对一个人的成长与成功起着至关重要的作用。"

二、事实说话成就纪实文学

作为叶永烈作家的忠实读者之一，我的目光跟随着他的笔触遍及科普、纪实文学、散文及杂文等诸多领域。他是一位求变的作家，总在寻找新的突破，不论是题材还是叙事手法，然而，他更是一位求新求实的作家，新时期以来，他又写出了一系列重大题材的纪实作品。主要新著为"红色三部曲"——《红色的起点》《历史选择了毛泽东》《毛泽东与蒋介石》，展现了中国革命所走过的历程；《反右派始末》全方位、多角度反映了 1957 年"反右派运动"的全过程；《"四人帮"兴亡》——《江青传》《张春桥传》《王洪文传》《姚文元传》以及《陈伯达传》，是中国十年"文革"的真实写照。要把真实的历史和人物告诉读者，作者必须掌握大量可靠的素材，进行去伪存真、去粗取精的整理，将事件的原状和人物的原貌真实可信地展示出来。为此，叶永烈教授要阅读大量书籍资料，采访众多相关人物，特别要尽可能采访到所写的本人。为了写《陈伯达传》，他争取到了采访陈伯达本人的机会。采访前，他做了充分准备，见到陈伯达后，陈伯达提了几个问题考叶永烈，叶永烈居然对答得令陈伯达信服，消除了陈伯达的疑虑，使采访顺利进行。这种认真负责的工作态度，使叶永烈教授的著作能经得起各方面的审查和评析，在众多的同类著作中站住了脚跟，受到了读者的信任和首肯。作品《1978：中国命运大转折》，是关于党的十一届三中全会全景式纪实长篇，还有《追寻彭加木》《梁实秋与韩菁清》等，截至目前已经出版 300 多部著作。叶永烈说，4月份在重庆举行的书市开幕式上，我要为我的新书《胡乔木传》进行签名售书。他众多的纪实文学的确给人以心灵的启迪。

原任友谊大厦总经理、现住省图书馆的花甲老人黄巧耿，1995 年下岗后，一直很郁闷，身体状况也越来越差，主要是名利权力在作怪，看了叶永烈写的《历史选择了毛泽东》的书后，想想自己狭小的心胸和伟人毛泽东的博大胸怀比起来真是太惭愧了，于是思想包袱放下了，人生观转变了，现在身体不仅结实了，而且常常给报纸投稿，撰写有关老年心理、思想的文章。听说叶永烈来讲座，她早早就来到了报告厅。她告诉记者，是叶永烈的书改变了她的人生，启迪了她的心灵。黄女士的一席话，说明一个人读一本好书，犹如交了一位好朋友，能使人抛却私欲的念想，抛却世俗的烦恼，忘我地投入到一种崇高的精神境界中去。叶永烈无论是讲座还是与记者交流，语言是那么平凡而朴实，未见"显阔"和"盛气"之举止。现在叶永烈居室藏书 5 万余册，他说，几乎每天有限的时间都在看书写作，电视剧看得很少。当问叶永烈希望读者喜欢他的哪一本书时，他谦和地回答："希望读者喜欢下一本！"这位高产作家虽已过花甲之年，却无"隐退"享天伦之乐之意，他平静地说："我视写作为生命，生命不止写作不已。"

三、"小灵通"的"生父"叶永烈

1996 年，叶永烈突然接到一个关于"小灵通"的电话，这个电话来自一帮赴美留学生创办、当时并不出名的一家公司——UT 斯达康。

"叶先生，我们想用你的作品《小灵通漫游未来》中'小灵通'作为产品无线市话的名称，可以吗？

"当然可以，只要你们需要，拿去用就是了。"

回忆起当时的情景，叶永烈连连感叹说，"当时小灵通刚刚要进入中国市场，也没有当回事。并且，开始时，小灵通信号也比较差，因此常常有人开玩笑说'小灵通不灵通啦'。到今天这么火，是谁也没想到的。"

在 UT 斯达康的发展历程上，也这样写道：1996 年 8 月，名为"空中之星"无线本地环路系统（即小灵通前身）参加当年邮电部主持的无线接入网试验，成为中国电信无线接入网技术的首选；1997 年 12 月，"小灵通"首次作为无线市话在杭州余杭开通试用，独创性地将无线接入技术与固定电话网相结合，成为有限电话网的补充和延伸——真正的小灵通诞生了。

这样，过去一个长着一双大眼睛的小记者——"小灵通"，带着大家在未来世界里漫游，现在摇身一变就成了大家耳熟能详的"无线通话"的代称。并且以常人无法想象的速度在神州大地一夜蹿红，"小灵通"手机目前在全国达 1 亿用户。那是否叶永烈是一个"日进斗金"的亿万富翁？"到现在一分钱也没收到。"

尽管我没拿到一分钱，但是我笔下的人物成为一个著名品牌，为千千万万用户所接受，我感到非常高兴，这是任何金钱都换不来的，我不在乎有无千万资产，却在乎是否拥有千万读者。

"只要大家认同'小灵通'，提到现在的'小灵通'电话时，知道它是我小说中的一个主人公，就够了。"

这就是记者见到的著名作家——叶永烈。

作者简介

庞华，《科学导报》记者。

泳者叶永烈①

吴　越

2013 年秋冬，我在上海杂技团采访时，偶尔得知，已经毕业四十多年的"上海杂技训练班"一直在寻找一部名叫《杂技新苗》的科教片。当事人回忆说，枯燥艰苦的训练中，夹杂着一次特别的"拍电影"经历，那是他们于 1975 年首次登台后不久，上海科技教育电影制片厂一个摄制组进驻，蹲点跟拍杂技训练班从训练到演出的林林总总；少男少女们不知从哪儿听说这部片子使用的是当时相当稀罕的国产最新彩色胶卷，于是在拍摄中更加卖力。半年后，这部名叫《杂技新苗》的科教电影拍成，还专为杂技训练班放映了一遍。可是，时间到了 2007 年，当他们举办入学 35 周年纪念会的时候，发动了文化界所有关系，查遍了电影资料馆和广播电台，却怎么也找不到《杂技新苗》半点踪迹，它就好像在时间的海洋里隐身了。

我在写作《杂技四十年》这篇长文时也找了这部传说中的电影，连旧书、旧物网都没放过，同样空手而归。这几天，翻阅网上多家媒体和个人撰写的怀念叶永烈先生文章时，很多资料照片涌了出来，我在"上海通志馆"发的公号文《叶永烈：斜土路 2567 号往事》中看到这一张老照片，是叶永烈还在上海科教电影厂做导演时，被派到上海杂技团拍摄马戏节目。那时他精瘦，大约舞台灯光炽热难当，只穿跨栏背心，但标志性的黑框眼镜后面是熟悉的较真神情，我接着在叶永烈博客上找到了更清晰的老照片。那是在 1976 年，距离叶永烈 1961 年就写好了的 7 万字的科学幻想文学《小灵通的奇遇》改名《小灵通漫游未来》在少年儿童出版社出版，还有两年距离。而 1976 年这个

---

① 刊登于《北京青年报》2020 年 5 月 20 日 B01 版。

年份，恰恰又对得上受访者告诉过我的时间段。再退一步说，这些片子——按照叶永烈相关文章中所述，是为内部放映而拍摄，那它们的下落不明或片名改动是否就有了合理解释？

如果我能早点搜集到这张照片，也许会在采访叶永烈先生时，向他多提一个问题，而他也一定会以迅速的回忆来判断、以十分清晰确定的语气回答我"是"或"否"。也许，那会成为他经历中的再一次微型的"考古"。

可惜，没有机会了。

幸好，在2018年11月9日那唯一的一次登门拜访中，完成上海作协交办的采访任务之余，我问了一直想问的两个"超纲"问题。

问题一：几十年来，在与各种各样的人、事、回忆、说辞和观点打交道的过程中，你如何相信自己手中的笔是垂直于纸面的？

叶永烈回答：我很早就提出了我的"两确"原则：观点要正确，事实要准确。一个是史观问题，一个是史实问题。

关于史观，我用三个字作解释：走正道。我见过很多特殊人物，写过很多传奇人生，我有一个感悟——无论风云如何翻滚，一个人要有坚定的信念，要有政治判断力，选择正确的道路是最重要的。为了把握史观，我比较系统地学习了中共中央文件，尤其是《关于建国以来党的若干历史问题的决议》，已经不知读过多少遍了。

关于史实，我的办法其实很"笨"：一有线索，立刻紧追不放；一旦采访，绝不放过一个"活口"——在世的当事人、知情人全都要采访一遍。我是从来不肯东拼西凑的。任何题材，如果没有第一手采访资料，没有自己独到的东西，我宁可不写。因为我知道，只有自己采访的、掌握的材料，才能让一本书变"活"，更重要的是，有权威性，经得起时代淘洗。

问题二，我转向问一旁陪同我们采访的叶永烈太太——杨女士：您先生总是在风口浪尖上与那些复杂的历史、敏感的人物打交道，您曾经为他人身安全担心过吗？

杨女士笑答：不会的，他经常出差一去就是几十天、几个月，但因为他做的是正事，是好事，他也有分寸、有策略。

叶永烈接过话头：我的纪实文学生涯，从第一个采访开始，就是拿着上海作协开的介绍信去的。我不担心人身安全，因为我写的都是经得起考验的事实。反而有时候，我还会受到明里暗里的支持或保护。我相信历史不会开倒车，改革的车轮滚滚向前。

其实，我一直还有个难以摆上台面的问题。我在心里问：叶老师，您已经写了 3000 万字，为什么还在写，还在写？写传记不够，还要写随笔、写小说、写游记。您已七十八岁，不觉劳累吗？

采访结束几天后，我手机上收到他发来的一条"特殊的双十一感想"，文不长，录于此：

"今天是双十一。整整十年前——2008 年 11 月 11 日，在上海肿瘤医院动大手术，捡回一命。据医生说，术后 5 年生存率为 50%。我庆幸在 10 年之后还忙于工作。谢谢上苍保佑。

"10 年前，我经上海五家医院的检查，均确认癌症，必须开刀，这才在上海肿瘤医院动了大手术。但是，几乎令人不可置信，我出院之后，尽管我家离上海肿瘤医院不远，我却再也没有踏进上海肿瘤医院大门，没有复诊过一次，也没有吃过任何抗癌药、保健品。每年春天，上海肿瘤医院必定打我手机，而且问：'接电话是叶永烈本人吗？'我知道，他们在统计手术后的存活率。此外，别无联系。

"手术之后，我知道来日不多，所以开足马力，几乎每天工作十多个小时，尽量把要写的作品写出来，这样在告别这个世界时才没有遗憾。我还抓紧时间满世界跑，写出 22 卷'叶永烈看世界'游记。还整理了 28 卷《叶永烈科普全集》（大体上是 1983 年前的作品），于 2017 年出版。

"天佑吉人。这 10 年我却平平安安，没有住过一天医院。只是年纪毕竟不饶人，今年夏日累倒，不得不住院。也不得不去上海肿瘤医院复查。目前，情况稳定。我庆幸已经'赚'了 10 年。看看还能再'赚'几年否！"

没问出的问题都有了答案，又惊觉疑问早已被他读到。

江湖传说，叶永烈以泳池作书房。我原本以为巨大、奢华而工巧，那次实地一见，泳池不过是顶楼露台上一间贴砖阳光房而已。

后来，我为自己的设想感到可笑，叶老师不是一个喜欢空中楼阁的人。1963 年，叶永烈从北京大学化学系毕业，分配到一机部上海电表研究所，在肇家浜一条泥泞、弯曲的私房里弄安下家来，邻居大多是在大中华橡胶厂上班的产业工人，他是唯一的大学生。日子久了，他学会了用煤球炉烧饭（后来他还曾把自己比喻为"煤球炉"式的作家，燃得慢但烧得久），学会了用筹子去取自来水，星期天和大家一样双脚踩在盆里洗床单。这条粗陋的弄堂护佑过他。叶永烈亲口告诉我，特殊岁月里，曾有人冲到他家里来要找他麻烦，结果被闻讯赶来的一群老工人围住了，他们脸红脖子粗地叫道：你们敢动叶老师一根手指头，我们就动你！

这声音过了半个多世纪了，还在他耳边。

当然，传说不完全是传说，这楼顶，确实曾经充任过一段时间的迷你泳池，后果是造成了楼层渗水。于今，三列 80 年代风格的木质书柜纵贯十来米，充塞着海量资料，柜边一张单人床。生病前，叶永烈时常在这儿躺着读书，累了就在阳光中小睡片刻。

虽为书房，仍可视为某种"泳池"。看得见和看不见的历史在这里交汇流动，缓急不定，冷热不均，一位戴眼镜的老书生仰泳、潜泳、自由泳于其中。他是与时代巨轮同时启航的一位泳者、勇者。他是拓荒人。他是守夜人。他的写作道路至今仍然鲜明地呼应着"一九七八"的风格、气质与召唤。

自少年时代以来，我一直是叶永烈历史著作的读者，从来想不到能认识这位改变了万千人知识尺度的前辈。可是这次采访之后，一种写作者特有的能量和温度传递到我的手中。与叶老师此后在微信里偶尔闲聊几句，他都很亲切活泼。最后一次展开谈是在 2019 年 9 月，他出乎意料地对我大加鼓励，同时语气如常地带上一句"在病中"，我顿觉不妙，但也无法接话。再往后，可能因为动了大型手术，他只能以"谢谢"等表情符回应我的问候了。

从昨天（5 月 15 日）中午得知消息到现在，我原来配发采访文章的照片和视频被大量媒体、自媒体引用，包括：叶永烈手持《小灵通漫游未来》初版图书，叶永烈手持《邓小平改变中国》图书，叶永烈提供的黑白老照片——1978 年，《于无声处》作者宗福先、《伤痕》作者卢新华、《小灵通漫游未来》作者叶永烈坐在一张公园长椅上，画家陈逸飞站立为他们素描，上影厂导演宋崇在一边观看……另一方面，擅画文人书房的绿茶老师从我提供的照片画了"泳池书房"淡彩画，我拍的几段谈话视频则被"梨视频"剪辑连接成了独家，现在，我又在深夜写着这些文字……在这遽然流转中，我始终虔诚与专注。这是在给叶老师做最微末的事。

愿今夜的蔷薇雨，落进深深的、蓝蓝的泳池。

作者简介 ●

吴越，《收获》编辑，上海作协会员。

永恒之峰[①]

李广益

我第一次读到科幻小说，是在 4 岁的时候。

因为识字比较早，而身为教师的父亲又颇有些藏书，所以我经常抓到什么看什么。有一天，在书架上翻出一本大书。这本书名叫《奇怪的病号》，封面是一条躺在病床上的虫子。打开这本书，第一篇是《世界最高峰上的奇迹》，讲的是科学家偶然找到一个包裹在"松香"中、还有活性的恐龙蛋，最后孵出了恐龙！于是兴致勃勃地往下看，飞向冥王星的藏族宇航员，失而复得的鼻子，小灵通在未来市吃到的人造鸡蛋……世界变得异彩纷呈。

多年后在鲁迅的《朝花夕拾》中，发现他读《天演论》时产生了如出一辙的欣喜："哦，原来世界上竟还有一个赫胥黎坐在书房里那么想，而且想得那么新鲜？一口气读下去，'物竞''天择'也出来了，苏格拉底、柏拉图也出来了，斯多葛也出来了。"鲁迅后来翻译《月界旅行》《地底旅行》等多部科幻小说，跟早先初睹"天演"时心胸为之一阔的激动心情是分不开的吧。

这就是想象的力量。曾经沧海难为水，在科幻作家的引领下见识了大千世界和无穷宇宙之后，再要蜷缩于日常生活的灰暗逼仄中，就不那么容易了。至少，好奇心和探索欲，就像镜子，即便蒙尘，一经拂拭，仍会在星空的辉耀下反射出理想的光芒。正如冯至在《十四行集》里写下的：

[①] 本文首发于"探索与争鸣杂志"公众号。

　　　　　我们准备着深深地领受

　　　　　那些意想不到的奇迹

　　　　　在漫长的岁月里忽然有

　　　　　彗星的出现，狂风乍起

　　是的，尽管叶老在盛年便结束了自己的科普和科幻写作，但那些生动的描述，瑰丽的遐思，数十年间不断流传，滋养了一代又一代人的心灵。很多年以后，我才意识到，童年时代诸多幻梦和涂鸦的源泉，从《小灵通漫游未来》到《十万个为什么》，从《爱之病》到《腐蚀》，竟然都是叶老的文字。在我不断亲近科幻，并最终将兴趣发展为志业的过程中，不曾谋面的叶老无处不在。他在故纸堆中发掘出《月球殖民地小说》这部晚清科幻开山之作，将中国科幻史的上限推到了 1904 年；他带着愤懑写下《是是非非灰姑娘》，为不幸受挫的 80 年代中国科幻保存了来自历史现场的声音；他编纂并作长序的《中国科幻小说世纪回眸》丛书，是一套涵盖甚广、眼光精到，具有重要参考价值的 20 世纪中国科幻小说选集，至今仍无出其右者。叶老后半生没有再创作科幻小说，但他并未割舍科幻情缘，做了不少有益于科幻发展的工作。这份深心之爱，自有青史志之。

　　值得忆念的，还有叶老的工作方式。他的高产，仰赖于他的敏捷才思，但更应该归功于其勤奋、自律和良好的工作方式。叶老非常注重资料收集和整理，长期做剪报，为自己的创作积累了丰厚的素材。这在电脑和网络还不发达的时代，成就了他这位丰产快手。这些剪报，连同他分类保存的文稿、书信、照片、采访录音等各种资料，构成了堪称宝山的"叶永烈创作档案"，吸引着欲探历史堂奥的后人。此外，叶老家中从游泳池改造而来的、拥有五万多册图书的私人书房，同样引人入胜。他留下的三千万文字，他那"写万卷书，行万里路"的经历，和这些林林总总、有形无形的遗产一道，构成了必将被铭记的传奇。

叶老走了，结束了他激荡一生的逸兴壮思，化作永恒的青山默默。但这山峰虽然巍峨，由叶老引入广阔天地的人却不会望而却步。大刘在《山》中写道，"山在那儿了，当然得有人去登。"青山矗立，邀约着希望大其心的人们登上自己的肩膀，在山巅眺望更远处的风光。

作者简介

李广益，文学博士，重庆大学人文社会科学高等研究院教授。

遥忆叶师

姚利芬

转眼，叶永烈先生已故去一年六个月了。在叶先生去世前的四年里，我一直与他断续以电子邮件或是微信交流。

翻看电邮，记忆瞬时鲜活起来。信件话题多围绕科普科幻铺延开去，往事追忆、文章研判……字里行间亦不免糅合着时不我待的焦灼感。通信自2016年4月14日始，到2019年6月16日止，三年的时间互通邮件81封。有幸以此方式感知先生的性情、风采与教诲。

我的幼年是抱着《十万个为什么》长大的，一个个问号与答案带我领略科学的奥义。后来才知叶永烈先生是《十万个为什么》的主要作者。2016年4月，叶先生的《东方华尔街》出版，我拿到书畅读了一天，读之仿佛越迁至民国旧时，那种传奇感，那种传统叙事技法，甚至有一丝张恨水小说摄人心神的韵味，未曾想到先生在写科普科幻、纪实文学之外还有这一手。因此，我读罢以"叶永烈的另一手"为题写了一篇书评，认为其"以传奇性故事书写洋场魔都，以古典小说技法勾连时代风云"。结果叶先生看到这篇书评，对内容唯独对标题不满意，他认为这样的评价会让人觉得他写小说是副业，那时他刚从纪实文学转向长篇都市小说的创作，志在创作"上海三部曲"，从不同的角度反映不同历史时期的上海，《东方华尔街》是其中的第一部。我这篇书评后来标题修改为"《东方华尔街》：叶永烈的转型力作"刊发于《中国艺术报》。

可以说，叶先生的一生都在不断地挑战新领域，从科普科幻到纪实文学，再到主流文学长篇小说创作，是个不知止歇，漫漫创作路上的"赶路人"。在2016年9月21日叶先生在给我的邮件中提到，"我的长篇小说《海漫漫》正在写作之中，将与《东方华尔街》全然不同的风格。"如此，他总是在不断地挑战自我。

他有他伤痛、坚忍、执着和倔强，但大多数情况下，这种痛楚和倔强都潜隐于谦逊平和的表象中。叶先生来信一直称我"姚利芬小姐"，带着旧时的绅士范儿。他的回信速度向来极快，似乎守在电脑边儿，通常我刚把邮件发过去，便立刻收到他的回复。叶先生思路敏捷清晰，措辞简洁真挚。很难想象这是一位饱受病痛折磨、近80岁的老人。2018年8月22日，由中国科普研究所、上海市科学技术协会、中国科普作家协会主办，上海市科普作协、上海科技发展基金会和长三角科普创作联盟承办的"加强作品评论　繁荣科普原创——叶永烈科普作品研讨会"在上海科学会堂举行。我赴沪参会，本约了研讨会期间对叶先生采访，但他身体不适，于是只能与先生匆匆会面，未及细聊。返京后叶先生特意来函解释，可略见他在生命最后两年所经历的病痛折磨。

姚利芬小姐：

因病疏于接待，敬请原谅。我原本体质不错。最近一个多月正值酷暑，先是应人民出版社之邀，在北京王府井新华书店签名售书，并做讲座。刚回沪，接着又应中央电视台"开讲啦"节目邀请，站在摄影棚的台上讲了两个半小时，下来时连膝盖都难以弯曲。紧接着，又应《温州日报》之邀到温州讲座，这家报纸是在我11岁时发表我的诗作，虽然累，不能不去。回沪后，又要出席内蒙古文博会，因突然发病，临时退了机票。接着是上海书展。8月19日出席长篇小说"上海三部曲"新书发布会，翌日再度发病急诊，不得不取消8月21日上海书展四川人民出版社新书发布会。休息了一天，这才支撑着出席8月22日叶永烈科普作品研讨会。由于不适，不能出席晚宴作陪，实在抱歉。明天将住院检查。匆匆。

叶永烈

2018年8月23日

2018 年叶永烈科普作品研讨会合影：左图为本文作者与叶永烈夫妇合影，右图为与会人员合影

　　叶永烈先生早年在科普科幻创作领域取得斐然成就，后来因故在科普科幻界"挂靴"，转写纪实文学。但他一直对科普创作持大力支持的态度。2016年，中国科普作家协会会刊《科普创作》复刊，我作为杂志的执行编辑，找叶先生写创刊词。叶先生欣然答应，特致贺词："用文学之笔写科学之事，会使不苟言笑的科学笑容可掬地走进平民大众之中——贺《科普创作》复刊"，并手写题词"提高全民科学素质，乃科普创作之责"。2017 年《科普创作》复刊第 1 期，刊发了叶先生的文章《科普之路唯漫漫　"千万"淘漉始成金》，记录了《叶永烈科普全集》的出版艰辛。在这篇文章末尾，他写到"我的生命凝固在作品之中。生命之止，创作不已"。

　　《科普创作》复刊后不久，策划了"名家赏析"栏目，计划对科普科幻界名家进行专题研究。2017 年下半年，我与叶老师电话沟通，表达了想组一期"叶永烈专题研究"的想法。之后请徐彦利、张志敏、刘军三位老师分别就他的科普科幻创作、科学文艺理论研究、科学小品等维度展开。

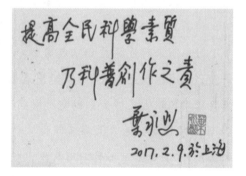

叶永烈先生为《科普创作》复刊题词

三位作者写完评介后请叶永烈先生过目，叶永烈先生批阅详尽，对其中的史实问题一一做了纠正，对错别字也悉数纠正。

姚利芬小姐：

我对于28卷《叶永烈科普全集》的自我评论是"悔其少作"，希望徐彦利的评论不要过多赞美的词句。我是高士其的学生。高老才是中国科普的奠基者。不知什么原因，她没有提及《主力舰沉没》及《科学文艺概论》。她的"结构与叙事"一节有新意。

刘军似乎把科普读物与科学小品的概念混淆在一起了。评论中提及的许多作品，其实都不是科学小品，而是科普读物。科学小品是一个专门的名词，不能写作"科普小品"，也不等同于科普读物。"高士其、江绍原等人加入科普小品写作阵营中来"，江绍原应删去。他提到"《创进》《南京中央日报周刊》《礼拜六》《新青年》《学友》等刊物也开设了科学小品专栏"，不知是否查阅过这些刊物，有无见到"开设了科学小品专栏"？《南京中央日报周刊》似乎应是《中央日报》副刊。他可以参考《叶永烈科普全集》第28卷《科学文艺概论》关于科学小品的定义、由来、特点。

叶永烈
2018 年 2 月 7 日

姚利芬小姐：

张志敏的《叶永烈科学文艺思想及其当代价值》文中提到我写成三万字左右的《论科学文艺》。1980 年 6 月，《论科学文艺》由科学普及出版社出版。应为：写成三万字左右的《论科学文艺》初稿。经过多次修改、补充之后，1980 年 6 月，20 万字的《论科学文艺》由科学普及出版社出版。

叶永烈
2018 年 2 月 9 日

我在从事科幻研究的过程中也得到了叶永烈先生的支持。2019 年，我关注到叶永烈先生的作品在 20 世纪 80 年代被大量改编为连环画，便联系到叶先生问及此事。他解释当时因为版权制度不健全，出版社改编了连环画一般不通知作者，因此通常是自己在书店看到改编本买回来收藏，他在 2019 年 5 月 19 日的来信中回忆了这些连环画当时的传播力：

"恐龙专家"甄朔南当时并没有读过我的原著《世界最高峰上的奇迹》，却是从儿子手中见到连环画《奇异的化石蛋》（顾柯海、曾佑宣，天津人民出版社1978年10月版），就写起"批判"文章，在《中国青年报》上兴师问罪。可见我的作品连环画当时影响之大。

说叶先生为收藏家丝毫不为过。叶永烈先生藏书、藏信，重要信息做剪报分类都很有自己的一套方法。他在和我聊到连环画的当天便找出了所收藏的60多本根据他的小说改编的连环画拍照发给我看。我委托了上海的朋友到他家全部做了扫描，撰写了科幻连环画的研究文章，遗憾的是该文未及刊出叶先生便驾鹤西去。叶先生在2019年5月19日的信中还写道：

与科普界名人的书信，我只捐给上海图书馆。他们逐页扫描，精心保存。已经捐给上海图书馆60箱，留待后人去研究，只是那时候我已经到另外一个世界去了，无法回答后人的问题。

诚如吴岩老师在2020年10月31日第四届中国科普作家协会科幻创作研究基地年会暨学术论坛指出的："对于研究界来说，目前有一个特别大的遗憾：这么多年来，我们对叶永烈老师的作品的研究、创作的研究，特别是他在时代里所处的位置的研究，都非常少，也非常浅。"吴岩称曾经帮叶先生梳理过信件，光是和科学家交流的信件就超过一万封，这些都是非常珍贵的资料。要把它都看完，从里面寻找有意义的信息，梳理出和时代的关系非常困难。然而，对于一代科普科幻作家典范叶永烈的研究，若不加深入，将是我们这个时代的失职。

作者简介 ●

姚利芬，中国科普研究所副研究员。

叶永烈先生走了，
年轻人还有追问"十万个为什么"的好奇心吗①

李咏瑾

著名作家叶永烈先生走了，中国科普科幻类作家的薪火又被吹灭了一盏。

诚然，"叶永烈"这个名字已让如今的 00 后年轻人非常陌生，提起资历与实力兼具的科幻作家，大家的第一反应往往是如今大热的刘慈欣等人。但中国当代科普科幻史绕不开他曾参与创作的那辑赫赫有名的《十万个为什么》，以及那一系列如今看来极富前瞻意味的《小灵通漫游世界》——仅仅这两部代表作，毫不夸张地说，叶永烈已经影响了几代人的童年。

11 岁开始写诗，20 岁成为第一版《十万个为什么》中最年轻的作者——出生于 1940 年的叶永烈，在青少年的智识萌芽阶段，已将探寻未来科技的发展与新中国的锐意革新紧密地联系在了一起，并进行了严谨而不失瑰奇的前瞻性思考，因此，他早期的科普科幻类作品往往有一种扑面而来的"前途似海、未来可期"的精气神。

究其书中细节，并不单为吸引眼球，很多地方现在看来都令人异样地熟悉：和机器人下棋、人造蛋白食品、超轻塑料制品、视频电话……这不活脱脱就是我们如今的现实？而叶永烈构想这些科幻细节时，还是在 20 世纪五六十年代，仿佛隔着岁月的彼岸眺望当下，他的科幻科普类读物与其说是一种天马行空的畅想，不如说是针对当时青少年的一份难能可贵的启蒙与励志。

20 世纪 30 年代，著名教育家陶行知等人发起了"科学下嫁"运动，竺

---

① 本文首发于《南方日报》2020 年 5 月 19 日 A04 评论版，原标题为《任何时候都不该失去好奇心》。

可桢、华罗庚等一大批科技工作者纷纷响应，为新中国的科普工作奠定了一定基础；新中国成立后，中央提出"向科学进军"的口号，一时间，新兴的生产力带动全民的关注度高度集中于科学领域，年轻的叶永烈握紧手中的笔，其科普科幻类创作可以说是既逢其世、亦应其时。

在《小灵通漫游未来》一书的前言，叶永烈生趣盎然地写道："每天，总会收到天南海北的小朋友的来信，十封信中就有六七封信是问：未来会怎么样？"来信的小学生往往署名"爱科学"或者"小幻想"，他们用急不可耐的语气询问叶永烈："当我100岁的时候，我们的祖国将是什么样子？我非常非常想知道未来的一切！亲爱的编辑大朋友，请马上回答我！"那种欣欣向荣的热切姿态，让人不禁想起了梁启超笔下的"少年智则国智，少年强则国强"的万物萌动。

当时的青少年最崇高的理想之一就是成为科学家，"让更多的不可能化作可能"。这份"红日初升，其道大光"的远大抱负，正应和了我们国家半个多世纪以来翻天覆地的科技发展和社会进步。从这个角度看，叶永烈的科普科幻类作品，带有强烈的理想主义色彩，正如他的笔名之一"久远"那样，关注的不仅仅是历史的当下切面，还有抬头远望。并能切实奋斗的长远未来。而这种恣意汪洋的理想指向，又包裹于极为严谨的科普科幻类题材中，一冷一热，犹如透过冰蓝的晨曦即将迎来朝霞的喷薄，呈现出一种"未来呼之欲出"的理想主义美感。

著名教育家叶圣陶先生说过，相比工业，教育更接近于躬耕的农业，教育者的任务在于积极引导，纠正误区，"为少年者启蒙美与智"。叶永烈笔下的科普科幻类创作，正是担当了此类的教育职能，所以才在几代青少年心中留下了不可磨灭的深刻印记。

而反观我们如今的文学文艺创作，谈及使命，不外是"深刻地反映现实"，而在反映现实之上，是否更为深刻地思考过如何才能引领民族、启迪心智、净化舆论？叶永烈曾叹息："现在的小朋友们都认识很多影视明星、歌星，但是你们认为，会有多少人认识科学家呢？"这不仅是一个写作者的无奈，也是对当下教育的沉重追问。

科技发明影响着我们的生活，而娱乐内容则抓住了人们太多的眼球。随着娱乐消费的走高，青年一代甘做明星粉丝，"打榜""做数据""网络互黑"之流一浪高过一浪，而今年数位学术泰斗的离世却难以在舆论场上引起关注……这些现象，看似大众默认并忽略的常态，岂不正是当下社会触目惊心的"沉疴"？回想起半个世纪以前翻阅着《十万个为什么》的少年最憧憬的志向是科学家，而现在的年青一代最关注的职业却是"网红"，这种理想主义的断层与落差，关乎的是一个民族的发展是否后继有力。

《感动小学生的100篇科幻》中曾收录了叶永烈创作的《长生梦》，其中引言如下："只要你的生命活得有意义，就会万古留名，永存在人民的心中。"这份期待质朴而旷远，并不是我们现在习惯的表述，却是针对当时小学生的一份启迪与勉励。这份勉励初看起来过分浩大，似乎难以与小学生相匹配，或者我们可以理解为叶永烈并未把孩子仅仅当作孩子，而是当作蹲下身来可以双目平视对话的个体，并且相信对方能和自己引起共鸣。所谓"薪火"的传递，大概就是如此了。

作者简介

李咏瑾，中国文艺评论家协会会员，主任编辑。

长相知，共白头[①]

——记叶永烈与杨惠芬

潘彩霞

2020 年 5 月 15 日，著名作家叶永烈去世。他的一生，除了留下 3500 万字的巨著，还有一个天长地久的爱情故事。

1962 年暑假，22 岁的叶永烈从北京大学回到久别的家，此行，他还有一个重要任务：相亲。在北大，除了上课、做实验，他几乎把图书馆当家，在同学中显得很另类。尽管大学期间他已经出版了科学小品《碳的一家》，而且还是畅销书《十万个为什么》的主要作者，可是做过银行行长的父亲在"反右"运动中蒙尘，原本殷实的家庭一贫如洗，爱情也与他无缘。

许是上天怜悯，他遇到了此生最钟爱的人。

在一间 10 平方米的小屋里，叶永烈见到了表姐的学生杨惠芬。白衬衫，蓝长裤，一双大眼睛格外明亮，他很中意。杨惠芬也同样，眼前这位大名鼎鼎的才子，方脸盘，宽前额，鼻梁上架着一副眼镜，是她倾慕的标准的大学生模样。他看上去是那样腼腆、随和，距离一下子拉近了。

他们不仅同龄，还"同是天涯沦落人"。她的父亲是书法家，因在民国政府当过官，十年前就已蒙受恶名入狱，不幸去世。因出身不好，她无法跨进大学校门，高中毕业后在一所中学当俄语教师。

没有任何爱情宣言，两颗不幸的心靠在了一起，告别时，她送给他一张照片。

再见面时，叶永烈带来一套《十万个为什么》。捧着那套崭新的书，杨惠

① 刊登于《金秋》2020 年第 18 期。

芬激动万分。别说繁重的功课之余坚持写作的毅力，光是学问这一点，就足够让她佩服。要知道，写此书时，叶永烈才 20 岁。

在公园，他们拾级而上，边走边聊。叶永烈谈学习，谈写作，谈爱好，谈到他因为买不起火车票，连续三年的寒暑假都是在学校的图书馆里度过时，杨惠芬的眼前不断闪现出一个勤奋、刻苦的身影。并排坐在山顶的石凳上，她憧憬着他们的未来。

一年后，叶永烈从北大化学系毕业，回到温州，他们举行了简单的婚礼。新房是从父母弟妹聚居的小房子里隔出来的，只有 6 平方米，一扇朝西的小窗，能望见星斗，温馨又浪漫。

婚后不久，叶永烈到上海电表仪器研究所报到。上船前，他拉着杨惠芬的手，久久不愿松开。汽笛声中，杜甫的《新婚别》涌上脑际："结发为君妻，席不暖君床。暮婚晨告别，无乃太匆忙……"

分别的日子漫长又痛苦，只能靠"两地书"互诉衷肠。终于盼到寒假到来，相思心切，从未出过远门的她，急着去上海与他团聚。乘汽车，转火车，一路颠簸十几个小时，因为兴奋，丝毫不觉旅途劳顿。在他租住的小阁楼里，他们约定，争取早日在一起。

然而，谈何容易。没有上海户口，调动几无可能。为了相聚，杨惠芬选择"背水一战"——辞职。她相信，只要在一起，任何困难都能克服。到上海后，暂时没有工作，她就翻译俄语资料，为他写《化学元素漫话》提供素材，那一时期，他在《新民晚报》连载的《元素小传》，就是他们共同创作的。

为了拥有一间自己的小屋，杨惠芬精打细算，节衣缩食，半年后终于实现。因为已经倾尽所有，第一个月，他们就睡在地板上。12 平方米的"寒窑"，在他们看来，却是最温馨的港湾、最幸福的摇篮。

不断努力，从不放弃，好消息也传来了，杨惠芬的户口和工作相继解决。生活依然艰苦，但她安贫若素。在讲究时髦的大上海，她依旧是梳着两条大辫子，穿着打补丁的裤子走上讲台，泰然自若。住在闷罐一样的小屋里，她帮他抄稿、描图，挥汗如雨。"相处越久，相知越深，相爱弥笃，两个人仿佛有一个共同的灵魂。"

1967 年，小家庭迎来新的生命。可是，生不逢时，动乱的年代开始了。《十万个为什么》被打成"大毒草"。一次突然的抄家之后，叶永烈被下放干校种水稻。消息传遍了杨惠芬所在的学校，她顶着白眼和歧视，照常去上课，她相信他没有错。

独自带着幼小的儿子，杨惠芬艰难度日。孩子经常生病，有一个月，居然进了 11 次医院，一次次抚摸着儿子滚烫的额头，她急得直掉眼泪。

支撑她走过来的，是爱。艰难的生活里，叶永烈苦中作乐，从干校回来休假时，他总会用一辆旧自行车，带着杨惠芬和儿子出游。经济拮据，他学着为妻儿做衣服、做鞋、做点心，任凭窗外黑云翻墨、白雨跳珠，小屋里，总是充满笑声。在最困苦的年月，杨惠芬在日记里写下《充满爱的家》。是爱，让他们战胜了困难。

干校三年后，叶永烈被调回上海。白天，他满身泥巴挖防空洞，晚上偷偷拿起笔"重操旧业"。尽管经济紧张，但杨惠芬买得最多的，是叶永烈用的稿纸、资料。她安慰他："你不抽烟，不喝酒，这些花费比烟、酒值得！"

1973 年，抽屉里的书稿又开始出版了，虽然那时取消了稿费制度，但杨惠芬依然很兴奋。她摸着新书，喃喃地说："终于又出书了！"在夏热冬凉的斗室里，她继续为他抄稿子。三年时间，他马不停蹄出了 10 本书，其中就包括超级畅销的科幻小说《小灵通漫游未来》。

动乱结束后，叶永烈"火"了，他成了科幻的代名词。电视台、报纸纷纷来采访，他不仅轰动了整条弄堂，还惊动了当时的国务院副总理方毅。在方毅指示下，一家人终于告别住了 15 年的蜗居。搬家时，杨惠芬先把一本《小灵通漫游未来》放进新居，她说："我们家第一个住进新房子的是'小灵通'！"

他的每一部作品，都饱含着她的心血。结婚 20 周年时，他为她写了一首《长相知》："长相知，不相疑。你信我，我信你。长相知，不相疑。同携手，求真理。长相知，不相疑。共白头，终如一。"

生活走上正轨，叶永烈放弃电影导演的工作，成为专业作家，主攻中国当代重大政治题材纪实文学。采访需要四处奔波，杨惠芬给了他最大的支持，她照料老人，抚育孩子，不仅承揽家中种种杂务，还是他创作上的得力助手。

他出门在外，她把收到的书信细细分类，以便他一回家就能处理紧急信件；旅途中，他随手写在纸上的日记，她都会工整地帮他抄录在日记本上；发表的作品剪贴、装订，照片、底片分类归纳，她还学会了装卸录音磁带，并在磁带上细心地标明内容、采访年月，为他查询节省时间。

家是一片安定的绿洲，有了杨惠芬这个稳固的后方，叶永烈全神贯注于方格纸之中，一系列重量级人物传记相继出版后，他不仅获得党史专家们的认可，还被美国传记研究所聘为顾问，并收录进美国《世界名人录》。

"日日著作无虚度。"由于用眼过度，叶永烈的左眼视网膜剥落，几乎完全丧失了视力，无奈学着用电脑写作。杨惠芬第一时间学会打字，只要一有空，她就帮叶永烈敲敲打打，被他笑称"男女双打"。她还是他的第一读者、评论员、校对员，对他的创作颇有影响。《科学家的爱情》一文在报纸发表后，他小心翼翼地剪下来，在上面写了一行字："谨以此文赠给惠芬。"

在他心中，她不仅是伟大的妻子，还是最亲密的爱人，每当她充满热情朗读他的作品，每当他听到"我想有个家，一个不大的地方"的歌声，他的心中就有一种自豪感，因为"我有一个家，一个温暖的家"。

而她亦以他为荣。在长诗《他是谁》中，她历数他一生的成就，结尾处骄傲地说："他是谁？就是我的夫君叶永烈！"他创作 3500 万字的背后，离不开她数十年的默默付出。

携手度过金婚，华发滋生，容颜不再，唯一不变的，是珍贵的爱情。他的书房墙上，挂着一张放大的少女彩照，明亮的大眼睛，两条粗黑的辫子上，扎着红色的蝴蝶结，那是她送给他的第一张照片。

晚霞美丽动人，钻石婚令人向往。可是，2020 年 5 月 15 日，叶永烈却先走了。唯有相伴半世纪的一对国画条屏上，藤树仍相缠，一对白头翁还在讲述着恒久远、永流传的爱情故事。

作者简介

潘彩霞，期刊作者。

评　弹
PINGTAN

科普巨擘科幻传奇研究先锋①

——叶永烈科普科幻创作综述

徐彦利

叶永烈从 11 岁开始发表作品，少年时期便走上文学道路，后来历经几多职业，身份几经变换。他是导演，著有介绍电影制作过程的《电影的秘密》，拍摄过《红绿灯下》，获得过最佳科教片奖；他是记者，远赴自然条件恶劣的罗布泊，零距离追踪科学事件，拍摄大量照片并持续报道，写下《追寻彭加木》这样的纪实文学；他是编剧，写过《美猴王》《神笔大侠》《中华五千年》等剧本；他是专业作家，风格多变，既写科普又写科幻，还写游记和传记，有 35 篇文章被选入各种版本的中小学语文教科书；他是研究者，对科普科幻的研究硕果累累，言前人之所未言，学术观点严谨周到。他处处涉猎又能处处开花，很难定位哪个领域的成就是其人生的巅峰。但可以明确一点，他是当代以来，中国科普与科幻创作的奠基者之一。不同年龄段的读者受其启发，循着他的作品走进对科学的探索之中。

对于中国当代科普科幻文坛来说，叶永烈这个名字有着多重意义，他的写作之路、诸多成就、对社会的影响、引起的争论等几乎是中国当代早期科普科幻发展的缩略图。他的笔下，有对高科技与美好未来的憧憬，有面向大众普及科学

《叶永烈科普全集》丛书

---

① 本文首发于《科普创作》2018 年第 1 期。

的执着与热情，有对新叙事形式的探索与尝试。畅销、鲜花、褒奖、荣誉以及质疑、批判、嘲讽、打击，一个科幻作家所能遭遇的，他都经历过。毫不夸张地说，我们可以从叶永烈身上读到一部中国当代早期科普科幻发展史和思想发展史，他的经历与中国独特的政治、经济、文化、科技紧密相连，完整地阅读叶永烈便意味着开启了一次中国当代科普科幻之旅，研究叶永烈的科普科幻创作，对于重新审视中国当代思想发展也具有重要意义。

一、科普创作

叶永烈的创作历程自科普起步，可以追溯至 1959 年。当时，他还只是一个 19 岁的学生，便已在报纸上发表了数十篇科学小品，第二年将其结集为《碳的一家》，这便是他出版的第一本书。书中以碳元素为中心，介绍与其相关的物质，例如，由碳元素构成的金刚石、石墨、煤、二氧化碳、石灰石、石油、糖等，它们分别具有何种特性以及它们之间的差别；碳元素与其他元素反应得到的新物质，这些物质在生活中的形态等。内容由浅入深，妙趣横生，为人们打开了一个新异而奇妙的世界。当时政治氛围浓厚，适合青少年的读物异常稀缺，可想而知这样一部脱离政治语境又通俗易懂、活泼有趣的科普书籍受到了怎样的喜爱。

后来，叶永烈的科普创作一发而不可收拾，灵感频频，俯拾皆是，挥洒自如，步履轻盈。其科普读物、科学小品、创作理论等大面积覆盖阅读界，尤以参加《十万个为什么》的编著为代表。这套丛书在国内几乎家喻户晓，引起了社会极大反响，总印数超过 1 亿册，激发了读者"对科普读物的兴趣"，甚至"影响了他们以后的人生选择"。北京大学化学系毕业的经历为叶永烈提供了创作的知识储备与专业眼光，那些信手拈来的数理化知识也令人大开眼界。然而，科普创作并非易事，仅有知识储备是不够的，还需要知识的更新、精进，更要懂得写作的技巧，摆脱教科书式的宣教。纵观叶永烈的科普作品，大致可用以下几点概括。

（一）博与新

题材之"博"之"新"是叶永烈科普创作的一大特色，其写作范围之广令人惊异，几乎包罗万象、无所不纳，其科学视野的宽广与敏锐的发现眼光令人感叹，同时也从另一个侧面反映了作家的勤奋与思索的深入，这是优秀科普作家必备的特质。他像一个孜孜不倦的解谜者，不断剥开大自然的神秘外衣，露出内部真实的肌理，通过一个个常见的现象让人们探求其背后的原因。

他要求自己"做一个科学杂家"，阅览博物，认知辽阔的科学疆域。上至天文航空，下至地理考古，中至物理化学，世界万物都能引起他的好奇，成为其关注的对象。他写植物、写动物，介绍种子的组成部分，发芽的必要条件，写蝌蚪变青蛙的过程及捕虫本领，写染料、香料、化学元素、塑料、皮革，还写熊猫、风筝、集邮、火花、青苔和海鸥。除此之外，1981年，叶永烈在创作《黑影》《暗斗》等"金明系列"惊险科幻小说时，因深入警方生活，了解了许多现代侦破技术，竟产生出一部厚厚的"副产品"——《白衣侦探》。书中讲述了种种现代科技侦破技术，如通过指纹、唇纹、声纹、血型和头发等细节破获案件，剖析众多实证案件的蛛丝马迹，不是科幻却更加精彩，让人手不释卷。这也是一次大规模的科普与公安侦破题材结合的尝试。

体裁之"博"同样引人注意。可以说，在科普创作这一大背景下，没有哪一种体裁是他没有尝试过的。他率先提出"科学杂文""科幻童话""科学寓言"三种体裁，在20世纪80年代初出版了国内第一本科学杂文集、第一本科幻童话集和第一本科学寓言集。除了人们熟知的《十万个为什么》中以问答形式出现的知识条目类和由某一主题生发开去的科学小品外，他还写过科学散文、科学随笔、科学诗、科学相声、科学家传记和科幻电影分析等，努力将科学知识与多种文学体裁结合以寻找最佳的表达方式。作家偏离自己擅长的风格，时常转换体裁在某种意义上是一种冒险，因为这是一种"扬短避长"。但叶永烈的尝试却令人敬佩，他不怕失败，只希望用更多的文学形式表达科学的内容，丰富科普传播的手段。他在科学相声中反复思忖怎样"寓科学于笑声"，如何甩出科学"包袱"，从科学本身挖掘笑料；在科学寓言中探索怎样避免不伦不类，不失去寓言的味道；在科学诗中专注科学内容不影响诗的本质；在科学童话中从不偏离儿童视角，这些都体现了勇敢的创新精神。

叶永烈的科普作品注重"新"，提倡文章的时效性，提倡及时了解最新的科学发展与应用，常对当下的科技成果做出最快的反应。他批评中学教科书中的内容没有及时更新，向学生灌输着旧知识；批判有的作家信息滞后，"把早已实现的科学技术仍当作科学幻想来写"；提醒科普作家不能把老化的知识写进科普文章，为此应"消息灵通"，要"懂得外文，能够直接涉猎外文科学期刊"，这样便省去了等待国内翻译的时间。

他阅读科学杂志、收集科学资讯，将世界领先的种种新科学、新技术、新成就、新动态汇编收录，如其 1959 年收录的《科学珍闻三百条》，后来成为《小灵通漫游未来》的核心内容。他建议科普作家应随时留意科技领域的更新，一些旧有数据如化学元素的相对原子质量、长江黄河的长度、珠穆朗玛峰的高度等，都应采用最新测量公布的数据。

"文化大革命"之后的几年，中国还未摆脱其造成的伤痕，沉浸于控诉与批判的滚滚洪流时，叶永烈已写到在模拟舱中体验航天员的太空生活，开始了航天之梦；写到红外线的应用：红外照相机、红外望远镜、红外显微镜、红外测温仪；写到换心术、换头术、器官移植、人造器官、人机对弈等高科技领域。近 40 年后的今天，当这些科技有的已广泛运用于生产、生活或军事等领域时，我们才赫然发现作者对它的描述是多么超前。

（二）理与真

"理性"与"真实"是叶永烈科普作品严格遵守的法则。其作品中的科学原理往往反复推敲，言说有据。不主观、不虚妄、不夸大、不渲染，剔除时代因素影响，剔除个人好恶，按照事物本来的样貌描写，按照高度的理性精神分析是其科普作品的第二个特色。

他主张数据、引用一定要准确，从网络上查阅下载的数字常常不准确，需要认真核实。谨慎、辨伪、求真、理性是科普创作的关键。普及已知的、正确的科技知识，即便要把正在探索、争论的问题写入科普作品，也应如实说明各种不同的学术见解，去除自己的主观倾向性，因为"偏见比无知离真理更远"。在《辨伪——谨防以讹传讹》中，叶永烈批评英国严肃杂志《新科学家》在愚人节抛出牛肉与西红柿杂交的玩笑，批评望文生义误传很广的"詹天佑钩"，他认为去伪存真、有效辨别是科普创作必须遵守的，即使对名家的观点也不应过于迷信，而应核实准确无误后再加以引用。

为了弄清干扰素的奥秘，他特意去军医大学向教授请教；听说某仪表厂试制成功"电子鼻"，马上去实地了解情况；某市办起了"扬子鳄繁殖研究中心"，立即动身访问；为了研究科学小品创作，查阅中华人民共和国成立前的许多报刊，复印了数百篇文章。1972年，叶永烈读到《考古》杂志中考古学泰斗夏鼐的论文，认为"西晋无铝"的理论依据不足，观点不能成立，于是写信质疑，1982年再次发表文章反驳，1983年第三次引用事实材料反驳，1993年第四次深入论争，其间多次与夏鼐本人、杂志编辑部和其他相关者信件往来，并写出了万字以上的论文。从科学的角度予以辨析并和专家观点对峙，这样的理性求真态度令人折服，也使他的科普作品最大限度地避免了主观不实，达到了对细节锱铢必较的境界。

他曾严厉批评收入中学语文教材的文章《悲壮的两小时》，指出这篇科普性文章犯了常识性错误，同时提供了权威资料进行佐证。他认为宇宙飞船返回大气层花费两小时落到地面不可能，两小时内与地面一直保持通话也不合常识，文章作者没有经过推敲便随意编纂，有悖于科学精神，应该立即从教材中删掉并告诉学生文章错在哪里。有理有据的批驳引发了社会多层面的讨论，使教材编选体制成为社会热点。

（三）趣与深

"趣味"与"深入探索"是叶永烈科普创作的第三个特点。怎样把僵硬的科学知识变成一篇篇妙趣横生的文章，既不失科学之真，又要摆脱说教、罗列和枯燥之弊；怎样不流于浅尝辄止，而能由浅入深，把书写对象放在显微镜下仔细打量，这些都是叶永烈科普作品关注的重点。

《漫话空间技术》一文中，叶永烈以李贺的《梦天》、苏轼的《水调歌头·明月几时有》起笔，点出古人遨游太空的梦想，接着从古代神话、敦煌壁画等角度写古人对远离地球限制的向往，诗意十足，文学意味浓厚。然而，提倡趣味并不意味着浮光掠影、不求甚解。一篇好的科普作品，应既能以趣味性吸引初级读者，也能禁得起高级专业人士对其的打量与推敲。还以《漫话空间技术》为例，文章在趣味性充分体现的同时，继而转入介绍人造地球卫星发展史、用途分类、各种卫星的独特之处、航天员的太空生活、中国自己的空间实验室等。有浅有深，有面向外行的浅表介绍，也有面向内行的数据统计和专业分析。

关于趣味，他说"千万不要以为科学总是严肃的"，"科普作家要善于把科学的趣味写出来"，遇到读者不熟悉的知识硬块时，就要换一种思维方式和写法，使之更加生动。即使是"死"数字也要写活，将之形象化，否则会让人感到枯燥。科普创作离不开科学原理、专用名词、科学定律等，这些全都是一幅幅僵硬的面孔，不易理解、不易亲近，需要通过有序、有趣的文字描述才能变得明白易懂又极具阅读价值。为了提高这些科普读物的趣味性，叶永烈努力摆脱"理科男"叙述的僵化单调，更多关注科普知识的讲述方式，与教科书式的宣讲划清界限。

他会在科学小品中穿插俗语、谚语、寓言、诗词、故事、民间传说、影视情节、生活现象、衣食住行常识等，使它们与生物遗传、航天、天体物理、考古、计算机、海洋学、机器人等科学领域的知识交叉互渗，以达到文理结合、虚实结合、古今结合、中外结合，文气纵横捭阖，书写汪洋恣肆，在同一主题下，通过多学科、多维度、多侧面地打量，深挖细掘予以全方位详尽解析，将无趣的科普知识巧妙地镶嵌在轻盈华丽的丝绸之下，抚之如水，捻之如云。

无论博与新、理与真、趣与深，叶永烈的科普创作特色无不源于他对作品明确的价值取向定位。1982年2月，叶永烈在《科普作品的社会功能——"银镜"中之我见》中因自己的作品被读者肯定并帮助了他们的生活而感到欣喜，意识到"科普作品应面向工农业生产，面向生活，使读者长知识"。科普是要起作用的，这一点不同于散文的浪漫、小说的虚构、诗歌的抒情，只有在生活中切实发挥作用，给予读者实实在在的启迪与帮助才是有价值、有意义的。因此，他会在意各种各样的"生活中的科学"，写日常用品、衣橱、厨房、天气、电影院，写人们忽略的衣食住行中的科学，带有广为播撒的普世性启蒙色彩。他的科普作品为一代代青少年打开知识的大门，引领他们走入五彩缤纷的科学世界。摆脱无知、愚昧、庸常，走向智慧、澄明与思索。

除了大量的科普作品之外，值得一提的还有他那颗诚挚而坚定的科普之心，那种对科普深入骨髓的热爱。《十万个为什么》以篇计费，但他的稿费却比别的编者低了一半——他接受；"文化大革命"的严寒与紧张的政治氛围中，他冒着危险躲在上海一间 11 平方米的破旧小屋里写作——他忍受；下放到"五七干校"种水稻做植保员，3 年中天天跟虫子打交道他不以为苦，竟还苦中作乐地写下了科普作品《治虫的故事》；写作不能领到 1 分钱稿费只收到样书亦"万分高兴"……这些在当代人看来不可想象的事情，都折射出叶永烈感人至深的精神追求。

二、科幻创作

叶永烈的科幻小说数量较多，一些名篇如《小灵通漫游未来》《世界最高峰上的奇迹》《爱之病》《暗斗》《腐蚀》等广为流传，一版再版。除此之外，在同时代的科幻作家中，叶永烈是能被主流文学接纳并予以肯定的极少数类型文学作家之一，首发于 1981 年《人民文学》的《腐蚀》便证明了这一点。纵观其数量庞大的科幻作品，大致可从主题、结构、叙事等方面分析，揭示其别具一格的创作特色。

《小灵通漫游未来》

（一）"为现实"的主题

叶永烈科幻小说的主题相对集中而洗练，如同车辐集中于车毂，其小说无论篇幅的长短、人物形象的差异、叙述风格的不同，都可涵盖在同一个大主题之下，那就是"为现实"。数量庞大的小说指向较为统一的主题，辐辏出明确的价值取向，这些主题体现了作家对科幻作品的终极定位，即科幻作品应与现实相关，每一个科幻创意都应作用于生活并有益于生活。在这一点上，其科幻作品与科普作品是殊途同归的。

（二）"科"以致用

科学应正向作用于生产、生活，而非阻遏、损害人类的生存与发展，这是叶永烈大量科幻小说中体现出的观点。歌颂人类通过科技手段掌握世界和自然的能力，使自然具有更多人化特征，将人类从必然王国提升至自由王国。主人公始终在法律与道德允许的范畴内合理运用科技，使其沿正确方向运行，发挥积极作用，只有对现实产生正向推动作用的发明和研究才值得肯定与推广，它们必须使人们的生活更美好、更方便、更快捷，这是叶永烈小说毫不含糊的前提设定。

在叶永烈的科幻作品中，几乎很少见到玛丽·雪莱《弗兰肯斯坦》、顾均正《北极底下》、威尔斯《莫洛博士岛》、刘慈欣《魔鬼积木》等小说中的疯狂科学家形象，他们利用高科技手段进行反人类行为，是地地道道的利己主义者甚至社会罪人。叶永烈小说中出现了许多在生活中能够大大提高生产效率、提高生活水平的科幻创意。

例如在《鲜花献给谁》中，作为医生的"我"给马师傅移接了手臂和脚，把他从残疾人变成运动员；《"大马"和"小马虎"》中，杨大夫和同事从蝾螈和蜥蜴身上提取出"蝾蜥剂"，即再生刺激剂，给人注射后可以长出新的器官；《旧友重逢》中，老同学老余发明"X-3"药水，用人工方法改变鲑鱼洄游路线，游到人们指定的区域；《飞檐走壁的奥秘》中，爸爸仿照壁虎的脚做成"走壁鞋""走壁手套"，供消防员救火及工厂、建筑工地使用；《伤疤的秘密》中从蜂蜜里提炼出钽，将人的头骨修补得天衣无缝；《奇妙的胶水》中藤壶分泌出的"胶水"可粘牢各种东西，甚至地板、钢板；《奇怪的蜜蜂》中研究蜜蜂的语言，增加蜂蜜的产量；《"逃会教授"的秘密》中通过单性繁殖，培育出和陶惠教授一模一样的人，代他出席各种会议，使其从"会海"中脱离出来，把精力用在科学研究上；《喜新厌旧》中抽屉式的建筑，可以随时搬家，满足人们的生活需求。"科"以致用的集大成者是著名的《小灵通漫游未来》，小说中所有的新事物、新发明无不体现着科学对人类的有用、有益性，以人类的得失判断科学的好坏成为作者毫不掩饰的评价标准。

（三）"科"以报国

爱国主义是叶永烈科幻作品的重要主题之一，忠于祖国与忠于科学像两条并行不悖的绳索，深深嵌入各种长长短短的科幻叙事中。这是"科"以致用的合理延伸，是其在政治和民族意识上的体现。叶永烈塑造的科学家形象往往较为一致，都有一身铮铮铁骨，执着于科学探索，满怀一腔报国之志，希望将自己的科学研究献给祖国，在个人与国家的利益冲突中，会毫不犹豫地选择后者，实现其"科学爱国""科学救国"的人生理想，虽死而无悔。《生死未卜》中的科学家施宏乐，《神秘衣》里客居热带岛国的华侨杨林生，《弦外之音》中的欧阳予清等均是这一理念的体现者。爱国主义和民族意识的主题并非叶永烈独有，而是中国科幻进入当代后的一个集体选项，郑文光1957年的《火星建设者》、童恩正1960年的《古峡迷雾》与1978年《珊瑚岛上的死光》、王国忠1963年的《黑龙号失踪》等都紧紧围绕爱国主题进行架构，在和平时期对未来的科技战争做出预想，分析战争过程中可能受到的高科技攻击，这些均反映出国家处于经济相对贫弱落后时期作家的忧患意识。走在时间前面，为国分忧，危机意识成为当科幻小说家的共同取向。

跳出个人、集体、国家的范围，在更为宏阔的背景下则是"科"以救世。科学应对整个世界产生积极意义，这体现了科学的大爱。《演出没有推迟》中，中国科研人员将自己辛苦研制新疫苗的方法向全世界公布；《爱之病》中，中国毫无保留地向世界公布"反滋一号"技术以共同面对全人类的敌人，都显示出科学的至善境界——拯救人类。

（四）结构与叙事

在"为现实"的明确主题下，无论"科"以致用、"科"以报国还是"科"以救世，作者对矛盾冲突的描写常采用黑白分明的"二元对立"模式。是非对立、善恶对立、真假对立、美丑对立、正邪对立、敌我对立、爱国与叛国的对立等，双方态度鲜明、此消彼长，在你死我活的对峙中反复较量，最终正确战胜错误、善战胜恶、美战胜丑、正战胜邪、我战胜敌、爱国战胜叛国，缺点得以改正，阴谋得以粉碎，科学成果得以载誉回国。"为现实"的主题下，矛盾的设置及最终化解都不复杂，虽然也注重悬念的先声夺人、情节的起伏跌宕和明线暗线的彼此交叉等，但圆满成功的结局却无一例外。

《腐蚀》便是典型的"是非对立"二元模式。献身科学的李丽、杜微、方爽与功利主义的王璁的对立，无论是腐蚀菌的科幻创意还是对科研工作者不同个性的描述均属上乘，但人物性格的一百八十度转变却显得过于简单，人性的复杂并未得以彰显。自私自利的王璁进入沙漠实验室后，目睹了方爽的遗书和尸体，马上受到精神感召，一下子从利己主义的悬崖上勒马而回，自动留在沙漠献身科学研究以洗涤自己的灵魂。这种顿悟式的转变过于突然，缺乏必要的合理性及性格逻辑性，反而不如王璁之前的自私写得精彩。

然而在众多单一结构和传统叙事手法外，有些篇目的结构与叙事却达到了令人惊叹的超前地步，似无人驾驶汽车出现在一片原始马车之中，跨越"伤痕文学""反思文学""改革文学""寻根文学"等这些中国相继出现的文学思潮，提前数年与20世纪80年代末、90年代初的先锋文学相衔接。令人遗憾的是，目前为止任何文学批评包括科幻批评都未注意到这一点，不得不说，当前中国的科幻批评与主流文学批评相比滞后了很多。这一点概源于进入当代后科幻批评的方向所致，它们更多聚焦于科幻创意或小说的科普功能，极少引入纯文学的评判体系，科幻批评与主流文学批评始终保持着桥归桥、路归路互不交叉的态势。事实上，叶永烈早年创作的科幻小说中便已开始叙事的创新，不仅重视"写什么"，而且非常在乎"怎么写"，对形式的关注并不亚于对内容的关注。

写于1978年的《飞向冥王星的人》较早运用了"多视角叙述"与"多时空并置"的手法。这种叙事手法在当时极为罕见，因为过于超前并未引起评论界足够的关注，而读者感兴趣的是吉布雪藏之后奇迹般的复活，29岁的他与85岁的妻子相见时的违和感。小说共分为5节，每节都采用不同的叙述视角。第一节以第三人称全知视角交代飞向冥王星的载人宇宙飞船实况转播；第二节以珠玛的口吻第一人称视角向观众讲述她和吉布的爱情与遭遇；第三节杨大夫向观众讲述吉布是如何被发现的；第四节赵院长讲述吉布的人工复活过程；第五节盛所长讲述吉布复活后的情况与自愿申请飞向冥王星。五个叙述视角你我相连，互相补足，彼此说明，前后相继，共同勾勒出一个完整的故事，阅读时会被不同的叙述者带入到不同的情境中，领略那些特别的场面和人物的内心活动。21世纪的今天，当主流文学批评操纵着"多视角叙述""叙事艺术""叙事时间"这些时髦的理论术语，热烈探讨着福克纳的《喧哗与骚动》等作品时，我想他们或许并不知道在"文化大革命"结束不久后叶永烈早已开始尝试，只因作品被归为科幻类型而未引起主流文学的足够重视，不得不说是批评界的遗憾。

另一篇《剪刀加糨糊》在其众多的科幻小说中并不起眼，但其叙事策略却颇具匠心，成为科幻小说问鼎先锋叙事技巧的先行者。

小说篇幅不长，由作者说明、5 张剪报、后记及编者注组成。作者说明中作家以真正的身份出现，无论姓名、职业、生活习惯及与编辑的交往都真实无误，这些可以通过作家的创作谈得以证实，对构思过程、写作过程的暴露也坦率真诚。中间插入了 4 位作者的 5 张剪报，以纯客观的姿态出现，剪报内容有的毫无关联，有的则互相抵牾、彼此驳斥，其中不仅有作者的署名，甚至还细心地写出了刊物名称和发表时间，看起来真实可靠。内容分别为小儿麻痹症患者言之凿凿地称自己爬上了自由女神像的 22 层；别人的质疑；年轻的历史专业研究生到元朝体验生活等。而在小说结尾，却并未给出这些事件孰真孰假，有何关联，只在剪报五中介绍了"三如电影"，至于"三如电影"与前面几篇剪报的关系，读者必须自己思考才能最终领悟，富有开创性地将"可读的文本"变为"可写的文本"，呼吁读者的参与意识。

在这个不长的文本中，综合了"拼贴结构""元叙事""开放式结尾"等前卫叙事技巧，这在 1980 年前后尚不多见。其对叙事策略的关注已遥遥领先于当时的文坛，颠覆了科幻小说的简单模式，成为独树一帜的存在。当然，这种创新对当时的读者而言尚属新鲜事物，读来颇为懵懂。以至作者在小说尾部加上了后记，用编者注的形式表明"这是作者行文的一种方法，那些'摘文'并非真是他人之作"。叙事的真真假假、虚实难辨、迷离惝恍在当时甚是少见，直到后来先锋文学的各种叙事技巧乱花迷眼时，马原、余华、苏童等人的作品中才将这些技巧作为常用的叙事手段，不再刻意加以注释。

10 年后，先锋小说已成气候，批评家与读者都惊异于马原、余华作品中各种各样的"拼贴"和"叙事圈套"，并不知道这些技巧 10 年前在科幻作家叶永烈手中早已运用纯熟。如果不是 1983 年冬他因长篇科幻小说《黑影》遭到不公正批判，痛下决心远离科普科幻，转型至纯文学领域，我们对叶永烈的叙事创新还可满怀期待，然而时间无法倒流，这种遗憾也只有深深埋在心里了。

除了以上的创新，叶永烈读了美国科幻小说《酷肖其人——一个无性生殖的人》后，沿用原故事及人物写出了续篇《自食其果》，之后有人为《自食其果》写了续篇《适得其反》，再之后又有人向下续写了《胜似其人》。4

篇共同构成一部接龙式科幻小说，如海浪般各有峰谷却又能连成一片，这在国内科幻界尚无先例。

三、科普科幻研究

许多年来，无论读者还是研究者，几乎都毫无争议地把叶永烈定位为科普作家、科幻作家，很少有人称之为学者，对其在科普科幻领域的研究工作视而不见，主观忽略。这多半是因为其科普科幻作品数量庞大之故，如同达·芬奇在众多的身份中，往往以画家身份传世，其他领域的贡献并不为公众所熟知。然而毫不夸张地说，叶永烈在科普科幻领域的研究是卓有成效的，在理论研究、史学梳理、往事钩沉、术语定义、文献发掘及中外科幻文学对比方面，均有独到之处。

他重视且善于发现问题和寻找答案，极有耐心地埋头于旧资料中寻找证据、追本溯源，一些发现已成为科普科幻领域的首创或奠基性观点。为了考证中国科幻小说的起点，他埋头在上海图书馆里反复查阅古籍，最终在1904年的《绣像小说》杂志上，发现了荒江钓叟的《月球殖民地小说》，这是比《新法螺先生谭》（1905年出版）更早的科幻小说。接着，叶永烈又向上海的"掌故大王"郑逸梅求证荒江钓叟究竟是谁，由于郑逸梅也说不清楚才只得作罢。从1981年12月21日这一发现在《文汇报》上第一次披露，至今已过去30多年，荒江钓叟的《月球殖民地小说》无数次在各种中国科幻经典赏析中作为第一篇目出现，被科幻界公认为是中国第一篇科幻小说，1904年则是中国科幻小说的诞生元年。

只要与科普、科幻相关，便能激发起叶永烈的研究兴趣。他考证出顾均正发表于1940年的《和平的梦》是国内第一篇惊险科幻小说，钩沉出1920年陈衡哲（莎菲女士）的科学童话《小雨点》是中国最早的科学童话。他探求"科学小品"一词何时在中国诞生，出自谁人之口，科学相声的出现缘由。为了考察"科学小品"的来历，他请教陈望道、高士其，查阅旧期刊，写下了《科学小品探源》《读"科学小品"源流再探》等考证文章，最终将中国"科学小品"的发轫定位于1934年上海创刊的《太白》杂志，认为科学小品

"是时代的产物，是集体的创造"，而非出自某一作家或编辑，目前这一观点广泛被业内学者接受。

他深入研究中国科幻文坛，从古代至近代、现代、当代，分析每个时代科幻作家的创作风格，还进一步探讨这些作家间的异同。例如，对《太白》作家群的分析便切中肯綮，认为"顾均正科学小品的特点是内容新，常常把当时科学的最新成就告诉读者，而高士其、周建人、董纯才、贾祖璋则偏重于基础知识，尤偏重于生物基础"。他分析贾祖璋的《花儿为什么这样红》，从立意、科学原理、结构、创作特色等层次多方面予以打量，引导读者更加深入地理解科普文章。选取诸如老舍、童恩正、肖建亨、刘兴诗、宋宜昌、魏雅华、金涛等知名科幻作家的经典篇目逐篇解读，对一些同时代的科普科幻作家进行创作访谈，为他们写传记，就某个科普科幻问题听取他们的观点，并对中国科幻现状和科幻批评提出建设性意见，这些都奠定了中国科普科幻研究史的基础，是不可多得的宝贵资料。

他关注国外科幻创作与研究，分析凡尔纳、威尔斯、法布尔、伊林、海因莱因各自的特色，分析国外经典科幻作品和电影；与国外科幻文坛保持密切联系，将中国科幻引出去、国外科幻引进来；以极大的热情投入各种研究与科普科幻社会活动中，不遗余力地推广传播着科学思维，无数次面向社会各阶层进行科普科幻的培训与演讲。

叶永烈的创作始于科普科幻但并未受其局囿，以文学的视角看科学，以科学的视角看文学，将二者融会贯通，取长补短，使科普科幻创作更为丰满而又不丧失自身的特色。我想，中国科普科幻创作及研究领域会记住叶永烈这个名字，因为他是无可替代的，无论是现在还是将来。

作者简介

徐彦利，河北科技大学文法学院中文系主任、副教授，科幻作家。

引导青少年的一座灯塔

——叶永烈的科幻与科普创作

星 河

2020 年 5 月 15 日，著名科幻作家、科普作家、纪实和传记文学作家叶永烈先生与世长辞。叶永烈生前著述颇多，在改革开放之初叠加了"科学的春天"与"文学大潮"的激情年代，叶永烈的作品俯拾皆是，随处可见，加之那又是一个全民阅读的时代，想要视而不见都不可能。所以与不了解科幻的人聊起来，大家或许对别的作家一无所知，但有两个名字却无人不晓：外国的凡尔纳，中国的叶永烈。假如将青少年比喻成在知识海洋中遨游的泳者，那么叶永烈则无愧于一座照亮前程的引路灯塔。

想要分析叶永烈的作品，哪怕只是做一个最基本最概括的综述，恐怕也不是一两本专著就能完成的。叶永烈的作品浩如烟海，最后确定的数字是 3500 万，大致可以分为科幻、科普、纪实、影视（编剧及导演）以及其他几个部分。说得稍微夸张一点，恐怕需要有一门"叶学"来研究之。限于水平与篇幅，在此只能随机撷取部分，浅尝辄止。

纪实和传记文学是叶永烈远离科普后的选择，而早年间从初窥门径到运笔娴熟，叶永烈都是在科普战线上作战的，而这其中又以科幻文学为主体部分。粗浅划分一下，感觉叶永烈的科幻创作，从心态上大体可分为以下几个阶段。需要说明的是，这几个阶段并非简单的区间划分，因为它们在时间上有一定的交叉重叠，有因出版周期造成的前后倒置问题，也有叶永烈本人创作量较大的缘故。

第一个阶段是自发阶段。在这一时期，叶永烈虽然选择从事科幻创作，但对于这种特殊的文体似乎并没有十分明确的主动认识，只是找到了一种将科技知识进行浅显易懂讲解的"输出"方式。这一时期最典型的代表作就是《小灵通漫游未来》。

《小灵通漫游未来》出版于 1978 年，其实成书时间早在 1961 年。按照叶永烈自己的说法：1959 年他搜集整理了一些国内外科技新成果，写成《科技珍闻三百条》一书。后来感觉这种简单罗列难免枯燥乏味，于是又将它改写为科幻小说《小灵通的奇遇》，以小记者"小灵通"游历"未来市"的方式，将这些新科技以科幻故事的形式展现出来。但由于种种原因该书在当时未能出版，及至改革开放之后的 1978 年 8 月，才由少年儿童出版社以《小灵通漫游未来》为题出版，出版之后引起了巨大轰动。

其实无论是在 20 世纪 60 年代初出版还是在 20 世纪 70 年代末出版，这一故事都会为读者带来对未来的美好期待与无限向往。这部作品的问世，对与改革开放共同成长的少年读者来说，具有极大的期许与鼓舞作用，这一精彩动人的故事让他们提前欣赏和领略到了一幅崭新而明媚的未来画卷。

此前叶永烈发表的科幻小说《石油蛋白》（《少年科学》1976 年第 1 期）也属此类，只是影响不如《小灵通漫游未来》大而已。那篇作品同样也是将科学知识融入故事当中，甚至可以认为是用文学故事串联起那些想要传递的科学知识。对这一时期的叶永烈来说，其创作目的还是如何更好地传播科学知识，只是希望在形式上有所创新和突破，使之更加通俗易懂。

所以叶永烈在这一阶段创作的科幻作品，最重要的意义是为人们展现一个美好的未来，让人们对即将到来的未来充满信心。

第二个阶段是自觉阶段。在这一阶段，叶永烈已经开始有意识地创作科幻小说这一特殊文体，并将其视为一种相对独立的文学作品，而令其科普功能退居其次。或者说这时叶永烈对科幻小说文学性的认识，已经开始超越对其科学性的认识，尽管他在创作时对其中科学知识的把握依旧十分严谨。而且叶永烈自一开始创作文笔就相当成熟，此时更是与其他比较活跃的科幻作家一起，构建了中国科幻小说的时代模式。而就读者对象来说，那时整个社会吹响的号角是"科学的春天""勇攀科学高峰"等，而为这些前卫口号热血沸腾的首当其冲者往往是青少年，所以当时叶永烈的很多科幻作品都刊发在青少年杂志上，对青少年成长具有十分重要的意义。但作为一名作家，叶永烈在创作时并没有刻意选择作品所针对的对象，而且在当时"文学大潮"的背景下成人读者也格外喜欢他的科幻作品，只是在文学退潮之后成人才对科幻小说失去兴趣。

这一阶段叶永烈比较有代表性的科幻作品是《世界最高峰上的奇迹》（《少年科学》1977 年第 2—3 期）。当然同期叶永烈还有很多其他优秀作品，之所以赋予这一篇特殊意义，不仅是因为其科技构思的大胆新奇、故事情节的跌宕起伏，更因为这一篇作品在当时曾引起过一场不小的争议，简单说来，就是有一些人认为其中的幻想成分缺乏足够的科学根据。时隔多年，我们暂且将这些争议搁置不谈，单说数年之后的 20 世纪 90 年代，构思相似但影响巨大的美国科幻电影《侏罗纪公园》系列大行其道，似乎并没有人指摘它在科学上有何不足。

事实上，科幻小说本就不应该简单地普及具体的科学知识。严格来说，任何在科技上准确无误没有一点想象的科幻小说，已不再构成科幻小说，而是一部描述科学研究、科学事件或科学家工作和生活的作品。在科幻小说当中，难免甚至可以说必须有一些现有科技未能容纳的内容（甚至在未来它也未必能够实现，比如时间旅行），所以读者想要从科幻小说中学习科学知识无异于缘木求鱼，误入歧途。因为当我们在谈到科幻小说的科普意义时，其实是指这样一种意义所在——对科学的基本认知，对科学意识的培养，对科学世界观的树立与完善，而不是某些具体的科学知识。尤其是在青少年读者当中，灌输以这种科学认知、科学意识和科学世界观，远比让他们学习某些具体的知识更为重要。当然如何把握科幻作品中的想象尺度，可以再做进一步的技术性讨论，但大方向还是如上所言。

这一时期叶永烈对于科幻文学的认知已完全成熟，同时其科幻作品开始与世界科幻文学接轨。

第三个阶段是成熟阶段。这里所谓的"成熟"指的不是创作者的创作水平，而是其创作心态。这时的叶永烈，对于科幻创作已游刃有余，加之大量的约稿，使他的作品产生了爆发性的增长。在这种状态下，他自然开始考虑系列创作方式在操作上的可能。因为创作短篇作品，需要每次交代人物，构造环境，会占用一定的篇幅；假如统一设定一个相似的人物与环境的背景，可以为故事本身留下更多的空间。同时为了悬念的设置与紧张情节的铺展，叶永烈开始将一些科幻故事构造为侦探与惊险小说的模式。

这一时期具有明显代表性的科幻作品，就是"金明戈亮"侦探系列。当然同期叶永烈还有其他许多优秀科幻作品，但以"金明戈亮"系列影响最大，原因自然有自福尔摩斯以来的"侦探·助手"模式，更有叶永烈独具匠心的创作努力。

公安人员金明（精明）与其助手戈亮携手破获了许多案件，每一起案件都具有高科技犯罪的特征，同时金明与戈亮的破案手段同样使用了诸多现代高新科技。这一系列确实不似传统的科幻小说，甚至不同于叶永烈本人以前的一些作品。它们并未对某一个科学道理详细介绍和具体展开，文中所有的科技描写都是为故事服务的，同时又很好地融入到故事当中。这一系列作品繁多，涉及的领域包罗万象，就篇幅而言短篇、中篇、长篇应有尽有，按照现在的说法，可以被认为已形成了一个相对完整的 IP。

第四个阶段是收缩阶段。由于种种原因，20 世纪 80 年代中期以后，科幻文学在国内处于极度低潮期，而在此之前，叶永烈就因为种种非议不得不为自己而战，他的科幻作品开始减少，风格也有所变化。

不妨以《笑嘻嘻先生》（《东方少年》1982 年创刊号）为例。这篇作品问世时，科幻尚未落潮，但争议风波迭起，其创作时间自然更早，但此时叶永烈创作风格的变化已现端倪。这不是一篇科幻小说，而是一篇科幻童话，清新之感扑面而来，节奏明快，语言干净，结尾转折有力同时又出人意料。

在这四个阶段之后，很长一段时间里叶永烈完全脱离开科幻和科普这块经典园地，主要驰骋于纪实和传记文学领域，科幻和科普新作鲜有问世，这不能不说是对读者的巨大损失。

除科幻创作之外，科普创作在叶永烈的创作生涯中也占有极大比重。因为这类作品往往短小精悍，所以单就数量而言，叶永烈的科普作品不仅不比科幻作品少，甚至可能还要多出许多。

叶永烈初涉科普领域，还是在其学生时代。1959 年 19 岁的叶永烈即在少年儿童出版社出版了第一部科普作品《碳的一家》，1960 年 20 岁的叶永烈即成为《十万个为什么》的主要编写者之一——这些都属于他的早期科普创作。

当然《十万个为什么》中的条目编写带有模式化色彩，远不能真正代表叶永烈的科普作品水平，只因其影响较大，所以一直为读者津津乐道。事实上叶永烈一生创作了大量通俗易懂、老少咸宜的科普作品，并形成自己独树一帜的特别风格。这种作品并不拘泥于某一种形式，它有时以平铺直叙的科普解读方式出现，更多的时候则以相对活泼的科学小品形式出现。

由于叶永烈的科普作品数量繁多，不胜枚举，在此仅选一例说明。1981年，叶永烈在《少年科学》杂志上开设了一个名为"科学的想象"专栏（《少年科学》，1981 年 1—12 期），通过一对孪生兄弟小文和小武的日常经历，讲述了众多的科普知识，其中大部分属于心理学（也有少量生物学和医学内容）。当时心理学在国内尚属冷门科学，大多数人并不了解，但叶永烈通过轻松简单的日常故事，清晰明了地剖析了诸多心理学中的现象、概念与内容，让读者十分容易就了解到许多专业知识。

之所以以此为例，是因为叶永烈所采取的这种科普形式不但通俗易懂，而且在很大程度上完善了科普小品的一种范式，使得后来很多作者的科普作品都沿用了类似的形式。这种形式取材于读者身边的日常生活，叙述简洁，解读通俗，寓教于乐，顺理成章，大大拉近读者与艰深科学的距离，在不知不觉中传递出许多专业知识。所以后来这种形式的科学小品遍地开花，影响颇广。

正如开篇所述，叶永烈作品众多，再粗略的分析都难及万一。在此只能蜻蜓点水，挂一漏万，权作一名受益晚辈对叶永烈先生的一点纪念。不管怎么说，叶永烈的创作，不但影响了后来许多年轻作家的创作方式，而且影响了不止一代读者的整个人生。

作者简介

星河，北京作家协会专业作家。中国作家协会会员，中国科普作家协会常务理事、科学文艺专业委员会主任，主要从事科幻创作。

讲科学家故事，做科学叙事人

——兼评叶永烈《科学家故事100个》

韩 红

莫言先生 2012 年在诺贝尔文学奖的颁奖典礼上以"讲故事的人"为主题发表演讲，他把自己定位为一个"讲故事的人"。写小说是一种叙事，通俗地讲，的确就是讲故事的人。

美国学者兰迪·奥尔森在其著作《科学需要讲故事》中提出："科学充满了故事。科学方法和科学传播都是叙事的过程。"

由此看来，叶永烈先生也是一位不折不扣的叙事者，一位"讲故事的人"！

叶永烈先生早年毕业于北京大学的化学系（六年制），他本可以名正言顺地成为一个科学工作者，一位受人敬仰的科学家，但他却毅然地走上了一条颇为艰辛坎坷且充满挑战的创作之路。因其如此，叶永烈先生已然成了几代中国孩子的科学启蒙者，其中不乏一些当今活跃在科研一线的科技工作者。所以，今天我们如果尊称叶先生为"科学家之师"并不为过，一点也不夸张！叶先生可谓名副其实、名至实归！

叶先生一生的创作之路，实则就是一个科学传播者的历程。虽然他中后期转而从事其他的文学创作，但纵观叶先生的全部作品，从早期的科普科幻作品，到中后期的纪实文学等，他始终是以科学的态度、科学的方法进行的，一以贯之地体现了科学精神。他不同于一般的文学家，他是真正的科学叙事人！

叶先生一生有如此成就与他早年所受的教育及自身的学养、品格有着丝丝缕缕的关系。叶先生一生写过许多传记，其中不乏科学家传记，本文仅就叶先生创作的一本以青少年为受众对象的《科学家故事100个》来略作评述。

叶先生早年受过严谨系统规范的化学学科教育，又从小热爱文学，科学与人文得到了有机的结合，写出来的作品逻辑性强、学理性强，故事性、趣味性也好，又文采斐然、通俗易懂，受到几代读者的喜爱。

叶先生在《科学家故事100个》中选取了100多位古今中外的科学家作为讲述对象。此书可谓以小窥大，见微知著。从某种角度看叶先生的这本作品，他似乎又化身为计量专家，他秉持他自己的度量衡，来进行科学叙事，来讲述科学家的故事。

首先讲他的"度"。从计量上说，"度"指长短。而在叶先生这里，"度"自有他自己的尺度。他的眼界、学识决定了这本书的宽度与广度。

其次是他的"量"。"量"一般专指容积，是容纳或承受的限度。由之前的平面的"度"进阶到立体的"量"，恰恰反映了叶先生在这本书中体现的独特视角，或者说是一种史观、一种胸襟。每一位传主的选择、写作都有他的严谨考量，量人量事，有所取，有所舍。

还要谈到他的"衡"。"衡"一般指轻重。达到水平程度，不倾斜即为"衡"。为使作品适合青少年读者阅读，叶先生充分掌握分寸，努力以一种科学、公正的态度选择人物、选择事件，做到不偏不倚。

以上只是打个比方，而事实上叶先生在这本书中完全做到了上述的三点，而且此三点被有机地结合起来，落实到具体的写作之中。

在具体的写作过程或者说是叙事过程中，叶先生选取了古今中外100多位科学家的事迹。考虑到受众是中国小读者，在收录中国古今科学家时适当增大了一点比例，但并不为过，叶先生的爱国情怀与对后生的殷切关怀彰显无疑。法国科学家路易斯·巴斯德曾说："科学无国界，而科学家是有祖国的。"一个不爱国的科学家即便能名利双收，终将会受到良心的谴责与舆论的压力。爱国是对一个有正义感的科学家的起码要求，叶先生以此激励学子们要有中国心，为民族崛起而争气争光。当然，全球化的今天，要做到一辈子仅为一国一地区服务也已不太现实，叶先生在书中特意收录了美国首位进入太空的华人宇航员王赣骏以及几位在美国获得诺贝尔奖的科学家。先生立意之高之深可见一斑。

所选人物按时间先后纵向排列的特点，又使这本书成为一部小型的世界科学简史。叶先生收录了从发明家、工程专家到数理化生、医学家、天文学家、地质地理学家的各国优秀科学家代表人物100多位。这其中以物理学家为最多，这是符合现代科学发展的真实状况的。叶先生的视野广阔、胸襟宽广，他没有拘泥于时下学界某些关于"科学"与"科技"的区别，在当年就大胆地把鲁班、喻皓、卢米埃尔兄弟、莱特兄弟、冯如等作为科学家收录书中。在英语单词中"science"有数个义项，其中狭义指自然科学，而广义的科学含义更为广泛：不仅可用来指科学定律、科学家、科学研究，还可指科学事物、技术技巧、科学性等。查其语源，英语的这个单词来自古法语，而古法语又来源于拉丁语的"scientia"，有"知识""专业知识""学科""学术""学识"几个义项。所以不必拘泥于"科学"与"科技"的概念差别。时下我国正在倡导"工匠精神"，这恰好与叶先生的独特视角和先见之明不谋而合，这些在他的书中都已体现。科学家不仅需要理论知识，也需要动手能力。我们不仅需要爱因斯坦、杨振宁、李政道这样的理论型的科学家，也需要鲁班、喻皓、卢米埃尔兄弟、莱特兄弟、詹天佑、茅以升这样的发明家、工程专家！

作为一个真正的科学叙事人，掌握第一手资料是一个严肃作家最起码的原则，叶永烈先生在创作中一直践行着这一原则。在《科学家故事100个》中他亲自采访过的科学家就有高士其、华罗庚、苏步青、陈中伟等，而对于当年在罗布泊失踪的科学家彭加木以及他北大时的老师化学家傅鹰，叶先生则是详细采访了传主工作过的场所以及同事等。这本身就是一种科学的精神，叶先生一生始终以这种精神引导着他的写作。"请到上海图书馆来找我"——这是叶先生的遗言，他向"上图"捐献了他的各种珍贵手稿、音频等等。

叶先生在此书的后记中称书中的每一个故事，都是一段"折子戏"。

而在我们眼里，叶先生的每一个故事，不仅如戏曲里的"折子戏"，更像时下热门的"微电影"，每一个都是由几个蒙太奇组合而成。可谓中西合璧，写意与写实有机合一，科学性与文学性完美地统一，一个个引人入胜的故事，激发了几代小读者的阅读兴趣。叶先生不愧是一位讲故事的人，一位科学叙事人！

叶先生曾经引述过法拉第给少年儿童办化学讲座的故事。法拉第曾说："科学应为大家所了解，至少我们应该努力使它为大家所了解，而且要从孩子开始。"所以，叶先生的受众目标定位非常准确，用他自己的话来讲就是"俗话说：'发不发，看娃娃。'一个国家科学技术将来是否兴旺发达，要看'娃娃们'是否从小热爱科学"。叶先生又引用刘禹锡诗句"芳林新叶催陈叶，流水前波让后波"来进一步阐明"祖国的兴旺发达，靠我们这一代，更靠娃娃这一代"。近代梁启超也有"少年智则国智"的感言，这恰与叶先生曾倾力于青少年受众的创作契合了。

相对于叶先生一生浩繁的著作而言，《科学家故事100个》真的只是一本小之又小的故事结集，或者说是人物传记小品文的结集。从一个个科学家的小故事、小片段，见证科学史上那些优秀、伟大的灵魂的美好：勤奋、勇敢、谦逊、好学、坚定……

讲好科学家故事，做科学的叙事人！

作者简介

韩红，退休技术员，中国科普作家协会少儿专委会会员，上海市科普作家协会会员。

科幻创作融合传统文化元素之典范

——叶永烈《小灵通漫游未来》一书赏析

朱永年

2018 年 8 月 22 日，"叶永烈科普作品研讨会"在上海科学会堂举行。会上，颜实先生在代表中国科普研究所致辞时说："繁荣科普创作的首要之需，是对前人的创作经验作出总结，叶先生的作品是今天科普创作实践和理论研究的一座富矿，值得后来者不断深挖与研习。"

不到两年，叶老师倏尔仙逝，令人扼腕痛惜！

这里，笔者谨以叶永烈先生的科幻小说《小灵通漫游未来》（包括"再游""三游"，以下一并简称《漫游》）为研习对象，围绕"科幻创作与传统文化"的话题，说说粗浅的认识。

科幻小说未必篇篇都须融入传统文化，但《漫游》确实融入了丰富的中国传统文化元素，而且堪称典范和高峰。

科幻作家韩松说："（《漫游》）是把'乌托邦'的美好理想发展到极致的乐观主义写作思潮中更具备中国特色的代表。"语中的"中国特色"，当然也包括中国的传统文化。笔者在阅读这部作品时，深深感悟到《漫游》简直是全方位地融合了中国传统文化，诸如天文、地理、人物、著述、俚语、习俗、礼仪、器物等，皆可巧妙而自然融入，成为作品的有机组成部分，且处处体现了"小说"这一文学体式的特色——无论何种小说，总包含着人物、环境、情节这三方面的要素，且总是和作品的主题相关联。在此姑且从以下几个方面做些探索。

一、《漫游》所蕴含的中国传统文化元素

《漫游》究竟蕴含了哪些中国传统文化元素？兹将《漫游》三册书中所出现的传统文化元素，略作分类，择要罗列于下。

（一）中国历史人物或神话人物

张衡、曹操、杨修、张松、周瑜、程普、徐盛、丁奉、韩当、蒋钦、周泰、陈武、郭璞、诸葛亮、武松、孙悟空、猪八戒、牛魔王。

（二）中华传统文化典籍

《孟德新书》《孙子十三篇》《山海经》《象棋谱》《离骚》《三国演义》。

有些书虽非确指，或现代所编，不妨亦归入其类，如《音韵词典》《辞海》《唐诗宋词大全》。

（三）传统文化名物

广寒宫、水晶宫、汉白玉华表、金箍棒、中药铺、《清明上河图》、漫画《武松打虎》。

（四）名句、俗谚

1. 名句

"天苍苍野茫茫，风吹草低见牛羊。"（《敕勒歌》）

"两岸猿声啼不住，轻舟已过万重山。"（李白《早发白帝城》）

"林暗草惊风，将军夜引弓。平明寻白羽，没在石棱中。"（卢纶《塞下曲》）

苏轼《浣溪沙》"簌簌衣巾落枣花，村南村北响缲车。牛衣古柳买黄瓜。酒困路长惟欲睡，日高人渴漫思茶，敲门试问野人家。"（苏轼《浣溪沙·簌簌衣巾落枣花》）

"登泰山而小天下。"（《孟子》）

另外，还化用鲁迅语"其实地上本没有路，走的人多了，也便成了路"，写出"地球上本来没有路。路，都是人走出来的"。鲁迅虽是现代人，但他的作品称得上是中华经典。

2. 俗谚

丈二和尚摸不着头脑；

急惊风遇上慢郎中；

合久必分，分久必合；

说曹操曹操到；

骑驴看唱本——走着瞧；

照葫芦画瓢；

虾子过河——谦虚。

（五）其他

1. 民俗用语：老皇历；

2. 礼仪习俗：上首、下首；

3. 健身活动：打太极拳；

4. 传统植物花卉：菊花、牡丹、荷花。

书中还运用了大量成语，如：下马威、五光十色、自给自足、东施效颦、风驰电掣、聚精会神、手舞足蹈、腾云驾雾、蹑手蹑脚、津津有味、龙飞凤舞、自言自语、笑容可掬、千姿百态、彬彬有礼、美不胜收、欲速则不达……

值得一提的是，《漫游》所采用的笔法亦多具传统文化的特色，细腻逼真。如书中有一段失火场面的描写，惊心动魄，仿佛身临其境，令人想起清代名家林嗣环的散文名篇《口技》；又如孙悟空与牛魔王斗法的精彩描写，则让读者脑海里立现《西游记》的有关场面……

可见，《漫游》所蕴含的中国传统文化元素，不仅丰富，而且精彩！

二、传统文化元素在《漫游》中的地位和作用

（一）传统文化元素在《漫游》中的地位

只要读过《漫游》全书的读者，必然会有和笔者同样的感受：虽说是科幻，内容却也如此亲切，一页一页读下去，随时享受到中华传统文化之美，不经意间，定然会被作者将传统文化元素融入科幻作品的高超手法所折服。

从上面所举述的《漫游》中蕴含的大量的中国传统文化元素，不难得出这样的结论：如果没有这众多的传统文化元素的融合，就没有《漫游》这部

科幻小说。常言道，巧妇难为无米之炊。传统文化元素之于《漫游》，就如同"米"之于"炊"！

（二）传统文化元素在《漫游》中的作用

作为科幻小说，它兼具科学性和文学性，而作品的生命力则在于可读性、趣味性。《漫游》拥有着无与伦比的成就，是一座出版高峰，其功力则体现在传统文化元素在作品中臻于完美融合的境界。不得不说，这就是传统文化元素在《漫游》中的作用。

小说三要素的大致关系如下：以人物为主体，讲究的是人物形象；以环境（包括场面）为衬托，讲究的是氛围；以情节为铺垫，讲究的是合情合理，合乎逻辑；这三者围绕的，便是主题。《漫游》三册书有着一个共同的主题：第一册，讲述小记者小灵通漫游未来市的所见所闻和感想，展示了科学技术某些方面的远景；第二册，以展望新的技术革命的灿烂前景为主线，讲述了小灵通再游未来市，那里的一切变得更为先进奇异；第三册，已是老资格的记者小灵通，穿越时光隧道，第三次来到未来市，与小虎子、小燕和机器人铁蛋度过一段奇妙、新鲜而快乐的时光。

三册书的主题都已在书名中醒目地显示，故事主线即谱写未来世界的畅想曲，但三册书的情节却无有雷同，每则故事都新鲜有趣，引人入胜；每一册都融入了大量中国传统文化元素。要论传统文化元素在《漫游》中的作用，大致可举述如下。

1. 渲染作品氛围

凡小说，总有它的基本氛围。《漫游》既具中国特色，书中的氛围，如对环境、建筑以及人们日常生活情景、场面的描写等，无一不体现出中国化。如：

（1）"未来市图书馆是一座古色古香的宫殿式建筑物，坐落在市中心。门前，嫩绿色的草地上，耸立着一对雄伟的汉白玉华表。屋檐的四角翘起，屋顶用金黄色的瓦片装饰起来，犹如琉璃瓦似的……"这一系列描写不禁令人想起了北京宫殿式的建筑。

（2）"哦，这儿的大楼，简直像中药铺似的，一个个房间活像一个个抽屉，大小都一样，可以拉出去，也可以塞进来！"这里使用了一个妙比，喻体用的是人们熟悉的"中药铺"。

（3）"'小虎子和小燕不是住在未来路200号吗？'我问。'那是老皇历啦。他们早搬家了。'""老皇历"，正是人们常用的口头语。

（4）"老人家……坐'未来号'宇宙火箭，到月球上避暑去了。月球是广寒宫，非常凉快。""广寒宫"是中华传统文化中的经典名词。

（5）"以中国东汉天文学家张衡命名的'张衡厅'……"张衡，一个令中国人自豪的古代科学家。

（6）"科学家们从大熊猫身上取下一个细胞，就能繁殖一只大熊猫——叫做'单性繁殖'。就像孙悟空从身上拔下一根毛，可以变成一个猴子差不多，因此大熊猫也一下子多起来了。"大熊猫、孙悟空乃典型的中国特色形象。

正是这些中国传统文化元素渲染了小说的氛围。

2. 构建小说场面

凡小说，其人物、情节都离不开场面描写，把人物彼此之间的关系安排在一个特定的时间内，所显现的便是场面。换句话说，场面就是构成作品的组织单位。场面都是具体的，见得到；而情节则是抽象的，却可意会。另外，"构建小说场面"，与上述"渲染作品氛围"，其实可合为一项来说，只是"氛围"有总摄的意味，姑且分述之。兹略举《漫游》场面描写如下：

（1）"在平时，一大清早，他们和老爷爷、爷爷一起，在前面草坪上打太极拳。小虎子也常参加，和他们一起锻炼身体。"草坪上打太极拳，好一幅生动的中国特色画面。

（2）"他们公推我坐'上首'——朝南的坐位……我的对面是'下首'——坐着铁蛋。""上首""下首"是场面描写中的礼仪用语，突显着中国传统文化元素。

（3）《漫游》第二册"有趣的小插曲"，描述"立体电视"播放"火烧赤壁"的场面。这失火的场面描写，几可乱真！与上文提到的林嗣环的散文小品有异曲同工之妙。

3. 铺垫故事情节

凡小说，总有故事情节。贯穿《漫游》的情节主线，即小灵通在未来市的所见所闻所感。将这一切生动有趣地展现在读者的面前，让读者获得知识和艺术美的享受，便是作者的写作要务。

对未来作全景式的"扫描"，其情节即一个景一个景的铺叙串联。科幻小说的情节有别于一般文学作品，科幻小说既有文学的影子，又有幻（幻想、畅想）的特色，并植入相关的科学知识。《漫游》所写既是小灵通在未来市的所见所闻，是对未来市的全景摄录，其情节便是一个景一个景的铺叙串联。如书中向小读者预示种种新型的电视，"立体电视""全息电视""激光电视"，并为增强故事性，详细描写了孙悟空与牛魔王斗法的场面：

"最精彩的一段，要算是孙悟空跟牛魔王斗法——七十二变……牛魔王变成了一只白鹤……孙悟空变成了一只丹凤，朝白鹤猛扑过去。白鹤……摇身一变，变成了一只香獐……这时丹凤也落了下来，变成一只老虎，大吼一声，把我吓出一身冷汗。那香獐摇身一变，变成一头金钱豹，一纵身，扑向老虎……最后牛魔王现出原形，变成一头山一样的大白牛，朝我奔来……"

又如《漫游》第二册"有趣的小插曲"一章，叙述的则是"立体电视系列片《三国演义》的故事："这部《三国演义》拍得真不错……演到诸葛亮草船借箭了……演到诸葛亮借东风了……演到火烧赤壁了……东吴的军队乘胜追击，三路人马赶来。中路的大将是周瑜、程普、徐盛、丁奉……"《三国演义》和《西游记》都是代表中国传统文化的古典名著，都是铺垫《漫游》故事情节的要素。

再如书中关于查《辞海》的一段。《漫游》第三册"小虎子成了'天才'"一章，其故事内容是介绍电脑的功能。描述小虎子在测试了唐诗宋词后接着去测试《辞海》。"我在一旁越听越糊涂。《辞海》比大砖头还沉，那是一本供查阅的工具书，里面密密麻麻全是辞的条目，真是辞的海洋——'辞海'嘛。谁也背不了《辞海》！洪大夫出了一道怪题：'崦嵫'……小虎子真的成了'天才'，一口气答了出来：'崦嵫——山名。在甘肃天水县西境。古代用来指日没的地方。《山海经·西山经》：'鸟鼠同穴山西南三百六十里曰崦嵫之山。'郭璞注：'日没所入山也。'《离骚》：'吾令羲和弭节兮，望崦嵫而勿迫。'"对《辞海》内容的举例展开不仅串联起了故事情节，还为读者介绍了丰富的中国传统文化知识。

以上所举文例，大多可以互通，只是行文需要，安排在各项而已。科幻小说竟如此全方位地融合传统文化元素，《漫游》堪称一绝。

难能可贵的是，为了开拓少儿读者的知识领域，作者在《漫游》中并不单一融入中国传统文化元素，还植入了颇有启迪意义的西方文化，如英国著名剧作家莎士比亚的名言"希望是思想之母。希望是世界的柱石"，英国著名诗人雪莱的名言"希望会使你年轻，因为希望与青春乃同胞兄弟。在'希望'与'失望'的决斗中，如果你用'勇气'和'能力'战斗，胜利必定属于'希望'"，等等。

书的结尾，在提到中国传统文化之一的书法作品布局时，又巧妙地将苏联诗人马雅可夫斯基的阶梯诗——

> 我
> 　赞美
> 　　目前的
> 　　　祖国，
> 　更要
> 　　三倍地
> 　　赞美
> 　　　它的
> 　　　　将来！

这是 20 世纪 50 年代，中国的年轻人所熟悉的诗句，移用在这里，也正是叶永烈老师的肺腑之言。

总之，《漫游》蕴含着丰富的中国传统文化元素，又不拘一格，巧妙地融入外来文化，让读者受益无穷。

谨以此小文缅怀叶永烈老师！

作者简介

朱永年，上海国营第六棉纺织厂技校退休讲师、语文教研组长，中国科普作家协会、上海科普作家协会会员。

叶永烈科幻赏析之《小灵通漫游未来》

王占敏

电视手表、机器人服务员、人造器官、环幕立体电影、红外线快速烘干机……这些现在看来非常普通的科技，在 60 年前中国人的眼里却充满了科幻色彩，而当时的一位年轻作家，将它们统统写进了自己的科幻小说《小灵通漫游未来》中，通过小灵通在未来市的所见所闻，全方位、多角度向人民展现了未来世界的立体图景，成为几代人心中科幻梦的启蒙之书。这位作家就是"小灵通之父"——叶永烈，2020 年 5 月 15 日，他永远地离开了。

《小灵通漫游未来》对于中国科幻来说是一本毋庸置疑的里程碑式作品。1961 年，叶永烈先生就已经完成了它的初稿。而此时，新中国正面临三年经济困难的艰难时刻，绝大部分中国人仍在被饥饿与贫困纠缠，这部作品因为对未来的描述太过美好而被退稿。但科幻小说是无罪的，基于科学、对未来的美好期盼也很重要，它有如黑暗中的一束光，指引着那些勇于前行的人坚持不懈地奋斗下去。尘封 17 年之后，《小灵通漫游未来》终于在享有"科学的春天"之称的 1978 年由少年儿童出版社出版，一跃成为当年的"超级畅销书"。

这部作品主要讲述了眼明耳灵、消息灵通的编辑部小记者——"小灵通"误打误撞乘"原子能气垫船"来到了未来市，认识了小虎子、小燕一家。在未来市三天的漫游中，小灵通看到了跟老爷爷一起下棋的"机器人铁蛋"，在小虎子家吃了一顿"稀奇的中饭"，观看了"环幕立体电影"放映的童话片，在"魔术般的工厂"里看到了"人造淀粉、人造蛋白质"，在奇异"农厂"里看到了像电线杆那么粗的向日葵茎秆，要用电锯锯开的"大西瓜"等，最后坐火箭返回。叶永烈的这部科幻小说全景式展现未来世界的美好图景，契合当时人们对未来的向往之心。它没有"文革"后的"伤感"、抱怨和自怜，而是对未来充满积极进取的乐观和自信。他以大胆的畅想，给改革开放初期的文坛带来一股清凉的科幻风。在当时，叶永烈就是科幻的代表，就像今天无人不谈刘慈欣一样。

一、蕴含丰富的科学知识，启发人们科学精神

刘慈欣说："我个人认为科幻文学的核心其实是很浅薄的东西，可能就是对科学、对未知、对宇宙的惊奇感。如果失去了这种最基础的灵魂性的东西，不管科幻小说再怎么发展文学技巧，怎么尝试表达更深刻的思想内涵，也很难再往前走。"[①]《小灵通漫游未来》在描述未来市的交通、农业、工业、文娱生活等方面的同时，向我们介绍了很多惊奇的科学知识，渗透到生活的方方面面。比如小灵通前往"未来世界"乘坐的"原子能气垫船"，不但向我们普及了原子蕴含巨大能量的知识——一块香皂大小的原子能燃料，就可以使气垫船开几万千米，而且还向我们介绍了"钛"的金属特性——比铝更加耐腐蚀，不怕海水侵蚀；未来市"硅片"做成太阳能电池，把太阳能转变成电能，供给电灯、电冰箱等；《魔术般的工厂》又向读者提供了"人造淀粉""人造蛋白质"蕴含的生物、化学知识；《铁蛋》中为我们介绍了用机器人服务，一方面人们可以在机器人的脑中放入信号，指挥它们为我们服务，比如开车床机器、搬运货物等；但是另一方面又指出机器是冷漠的，它们完全按照人类的设定来完成任务，不会独立思考，是没有情感的机器，希望我们合理利用。

《小灵通漫游未来》中既普及了丰富的科学知识，让求知若渴的孩子们对未来生活充满无限遐想，又对几代青少年读者科学思维、科学精神的养成产生了深远的影响。

近年来，刘慈欣《带上她的眼睛》等入选初中教材；《超级智能住宅》

---

① 王瑶. 我依然想写出能让自己激动的科幻小说——作家刘慈欣访谈录 [J]. 文艺研究，2015（12）：70-78.

入选 2015 年北京中考试卷,《微纪元》入选 2018 年的高考全国卷,再度掀起教育领域的科幻浪潮。好的科幻小说能够激发学生的想象力、创造力,传播科学知识,培养科学态度、科学精神,启发人们深入思考。

二、丰富的想象力和创造力

科幻小说是基于想象力的文学,可以满足好奇心,激发想象力,而"想象力是人类所拥有的一种似乎只应属于神的能力,它存在的意义也远超出我们的想象……在未来,当人工智能拥有超过人类的智力时,想象力也许是我们对于它们所拥有的唯一优势"[1]。想象力是培养创造性思维的前提,想象力和创造性思维是推动整个社会发展的动力。叶永烈写《小灵通漫游未来》时处于三年困难时期,20 岁出头的他"每天在北大啃窝窝头,连饭都吃不好",可《小灵通漫游未来》处处充满对未来的想象。

"微型的半导体电视电话机"使人既能听到对方讲话,还能看到讲话人的动作、表情,这不正是我们现在的视频聊天吗?水滴一样的汽车,不但可以离开地面腾空而飞,而且还能自动避撞、飘行和爬山,真是太神奇了。"天听人话",人们可以控制天气,通过协商决定每天的天气情况。天空上高悬"小太阳灯",把城市照得一片雪亮,从此都市成了真正的不夜城。《农场的奇迹》中除了有长得像树一样高的玉米,比脸盆还大的番茄,叶子比床单还大的白菜等,还"一个月可以收一次苹果,半个月可以收一次甘蔗,十天可以收一次白菜、菠菜,而韭菜在一个星期内就可以割一次"……从 20 世纪 60 年代的角度来看,当时的这些幻想部分有如天方夜谭;但在今天的我们看来,里面一些曾经不可思议的想象产物现在已经成了人们司空见惯的生活用品。

《小灵通漫游未来》通过作者的想象,向我们描绘了一幅充满细节的长卷,仿佛未来世界的《清明上河图》。文中那些奇妙而令人心驰向往的科技畅想,而今正在逐一实现,足见叶永烈强大的预见性。以"小灵通"为主人公,展开想象的翅膀,叶永烈又相继出版了《小灵通再游未来》和《小灵通三游

---

[1] 此为刘慈欣在 2018 年克拉克奖颁奖仪式上的获奖词。

未来》。

三、对现实的关切和思考，人物语言活泼

1957 年，原计划报考北京大学中文系的叶永烈，根据当年该系新闻专业的报考形势，听从了朋友的建议，改文从理，报考了化学系。这使得他的作品既有严谨的科学精神、扎实的专业知识，又有了优于一般科研工作者的审美情趣和表达艺术。

著名科幻作家、新华社对外新闻编辑部副主任兼中央新闻采访中心副主任韩松评价叶永烈："他是真正的科幻大师，他主张想象力无禁区，他对未来是乐观的，相信科技会创造一个更美好的社会。同时他又是深怀忧思的，他的作品浸染着对社会问题的关切和思考，他是科幻现实主义的代表。"① 《小灵通漫游未来》蕴含着叶永烈丰富的思想内涵。"地球上本来没有路。路，都是人走出来的。"《未来市的历史》第一页向我们揭示了幸福是奋斗出来的，祖国未来的蓝图是靠我们用劳动的双手去绘制，也是要经过艰苦奋斗，才能把它建设得更美丽，使我们的生活更幸福。叶永烈创作这部小说的时候国家正处于三年灾害时期，人们饱受饥饿等灾难，作者也借此熏陶当时的人们在艰难时期依然要努力奋斗，用双手创造幸福明天。《小灵通的来信》一文中也提到"未来和今天是紧密联系在一起的。没有今天的努力，就不会有美好的未来"，未来是乐观的、美好的，激励着一代代年轻人为未来去努力奋斗，实现人生价值。

《小灵通漫游未来》塑造的人物栩栩如生，小虎子健壮结实，穿着蓝白横条的海魂衫，脸蛋晒得黑里透红，在又浓又黑的扫帚般眉毛下，闪动着一对黑溜溜的大眼珠，前额老是有一绺"倔强"的头发，令人发笑地翘着；小燕扎着两根羊角辫，辫梢结着大红的蝴蝶结，圆圆的小脸蛋一点也不黑，有那一对天真的大眼睛，两颊绯红，像个苹果；最重要的主人公当属有双乌黑发亮的大眼睛，两只大耳朵，长着逗人喜爱小圆脸的小灵通啦。书中语言轻

---

① 见本书韩松《我们为什么要记住科幻作家叶永烈》一文。

松有趣，生动活泼，运用比喻、拟人等修辞手法，阐释科学内涵，生动形象地向读者展现未来市的新科学新技术。

如今，已经过去了将近 60 年，那位曾经给我们带来无限乐趣与沉思的"小灵通"已经溘然长逝，但曾经存在于他想象中的"未来市"，在今天乃至未来还在影响着我们的日常生活。比如今年受疫情影响，好多孩子不得不在家进行网上学习。在《未来市的学校》中提到的学生复习功课的时候有什么不懂的地方就把电视机的电钮转到老师讲课的频道，用半导体电视电话机打电话给老师，老师马上给我们解答疑问，这不就是我们的网上在线答疑吗！除此之外叶老还指出了网上教学的弊端是学生看得见老师，老师看不见学生，没法知道学生听课用心不用心，听懂听不懂，有没有什么问题。这为我们在线上教学如何提高学生学习效率提供参考，让我们这些一线教师受益匪浅！

斯人已逝，愿您在未来市自由徜徉！

作者简介 ●

王占敏，北京市大兴区青云店中学二级教师。

看得见的 "未来"

赵会茹

若问：未来是什么样的？你会给出什么样的答案？

50 年前，作家叶永烈曾全方位地描绘了一幅全景未来图——《小灵通漫游未来》。

《小灵通漫游未来》是叶永烈的一部中篇科幻小说，写于 1961 年，由于当时国家正处于三年饥荒时代，人们的生活水平十分低下，而作品对未来的描写又过于美好，曾一度被退稿，直到 1978 年，科学的春天到来才出版。首版发行了 300 万册，并被改编成绘本，40 集的同名动画片在中央电视台播出后于 1980 年获得中国少年儿童文艺创作一等奖，产生了广泛的影响。

一、创作背景和结构特色

作家叶永烈说《小灵通漫游未来》之所以会引起轰动是时势使然。1978 年 "文革" 刚刚结束，国人心中创痛未平，文坛主流以 "伤痕文学" 为主。《小灵通漫游未来》这部小说没有抱怨与自怜，而是充满积极进取的态度和昂扬向上的乐观主义精神，而且那个时候，向四个现代化进军的号角已经吹响，人们对未来充满了希望、充满了期待，大家都知道祖国会越来越好，可谁也说不清是什么样的。

《小灵通漫游未来》是作者依据世界尖端科技编辑而成的《科学珍闻三百条》为素材创作的，通过记者 "小灵通" 到未来市进行一番漫游，形象逼真又富有童趣地报道种种未来科学的新课题、新领域。这样的写法，把一条条孤立的科学珍闻，像一粒粒珍珠用一根线穿了起来，既有故事情节，又让读者跟随作者的笔触在想象的空间尽情驰骋，产生强烈的真实感。

二、人物设置，增强真实感

《小灵通漫游未来》对未来世界全景式的描述堪称新中国文学史上的创举，对于未来市吃穿住行各方面的描写极富细节性，有人称其为"未来世界"的"清明上河图"。

书中塑造了三个主要角色。小灵通——一个眼明耳灵的小记者，爱科学、爱幻想，聪明、幽默、好动、多才，他在未来市的许许多多新事物面前，显得幼稚、天真。小虎子——未来市的兄妹俩中的哥哥，热情有理想，生活在未来市先进的环境里，比小灵通懂事更多。小燕——未来市的兄妹俩中的妹妹，天真、活泼、可爱。作品以三个小朋友的活动为基础，介绍出行时乘坐状如水滴，靠喷气发动机，可在水面飘行，能爬山，会自动紧急刹车的"飘行车"；与他人远程通话的半导体手表，还可以随时随地收看文艺节目；能与爷爷下棋又会煮饭倒茶的机器人铁蛋；逼真的环幕立体电影给人身临其境、非同一般的感受；未来学校的孩子们上课不仅有教室白板，可以随时停，反复看，还有能自动把老师的讲话变成文字记录下来的"写话机"，上课时只管集中精力听课，晚上回家再打开写话机进行复习和书写。还有为健康保驾护航的人造器官，装在眼睛里的视力矫正镜，装在耳朵里的助听器……想象十分丰富，情境自然、真实，让人真切地觉得科技触手可及，科技改变生活，科技让生活更美好。

书中还巧妙通过小虎子的爸爸妈妈展现中年科技工作者形象，让读者可以通过他们去见识魔术般的工厂。在那里有"人造淀粉""人造蛋白质""人造油脂""人造大米""人造肉"可以无限生产，不免让为吃饱肚子而发愁的人心生向往。那里还有用来烘干果实和种子的红外线烘干机，用它来烘干衣物，更是立等可取。

无土栽培的西瓜，从中间切开大如原桌面；可以一周割一次的韭菜；向日葵有电线杆那么粗的茎秆，被单一样大的叶子，圆桌面那么大的花盘……真是只有你想不到，没有未来做不到。作家并没有讲具体的科学道理，只是简单将其概括为"植物生长刺激素"，简洁通俗，为孩子埋下了科技奥秘的种子。

未来市无限美好，未来市的市民积极上进，他们每个人都念过大学，有的在大学里都读两个专业——白天念一个专业，晚上又在电视函授大学念另一个专业。毕业以后，他们常常有两个职业，为人民做更多的工作。浅浅的语言中，渗透着深深的道理——幸福的未来要靠自己的勤劳和智慧去创造。

三、将科学与趣味相融合的语言

《小灵通漫游未来》全书以儿童视角看世界，巧妙地将科学性与趣味性结合在一起，富有童趣。比如："把石蜡放进罐子里，再放进一种叫做'吃醋菌'的微生物。这些微生物把石蜡当成食物，大吃特吃起来，它们吸收了石蜡变成身体中的蛋白质。吃醋菌越吃越胖，不断繁殖，变得越来越多，把这些'吃醋菌'捣成酱就成了——人造蛋白质了。"再如："当那凶猛的狮子大吼一声，向小白兔小猴子扑过来的时候，我也吓坏了，扭身便跑，胳膊撞在椅子上，这才意识到自己原来是在看电影。""装在大厅各个角落的几百个扩音器里，都传出各种动物的叫喊声，向前冲着，我也大喊'冲呀，杀呀'，我向前一冲，把头撞在透明的车壳上啦。"枯燥的科学知识，用富有童趣的表达，深深地吸引读者。

四、辩证的科学态度

今天再读《小灵通漫游未来》我们会惊喜地发现，很多书中的美丽幻想已经变成现实，从自动驾驶技术的应用，到教师在教室里上课使用的电子白板，方便着我们的生活；有的不仅成为现实，有的不断升级到更优了，如藏在眼睛里的隐形镜片，如今都升级为在睡梦中摘掉眼镜的角膜塑形镜了……当然也有的还需要再改进，让处在饥荒年代的人心潮澎湃的转基因食品，还需要更健康……

正如小说的结尾，作者以一本没有写完的书进行比喻，说明科技是不断发展、不断更新的，"未来"存在于今人的建设中，这种鲜明的"未来意识"正是科幻小说的基本价值观，也是作家鲜明的科学态度，更应该是我们青少年扎实的科学观。

未来是美好的，未来是可以预见的，未来是需要你我共同创造的，《小灵通漫游未来》值得你细细去品。

作者简介

赵会茹，河北省石家庄市东苑小学教师。

致 敬
ZHIJING

朱小凡和小灵通的数学探秘

朱逸凡

在小灵通出现之前，朱小凡是一名平凡的华东师范大学数学系学生，永远做不完的作业、无休止的考试以及那些优秀得过分的同学都让朱小凡感到前途渺茫，未来无望。他孤苦、恐惧、彷徨，没有人能听到他内心里无声的呐喊，也没有人能理解他空洞眼神中的深意，拔剑，四顾，心，茫然……

直到，那一刻。

伴随着点点秋雨，朱小凡独自走在小区里的梧桐小径上，飘落的树叶缓缓擦过他清瘦的脸庞，悄无声息地落在一部生锈的小灵通上。

"咦？都 2020 年了，不会真的有人还在用小灵通吧？不会吧不会吧？"

朱小凡听着自己的语气，愈听，愈发觉得阴阳怪气。出于好奇，他捡起了这部小灵通，突然间，小灵通竟焕然一新，甚至开始说话了！

"从今天开始，我就是你的 master 啦！只要你乖乖听我话，好好去探索数学的奥秘，就可以拿到打开数学之门的钥匙，成为数学系的人上人！"

"唔……数学……可是考试不让带手机啊？"朱小凡憨憨地问。

"靠着作弊拿到的高分有什么意思？断了这念头吧，考高分的必要条件是你自己足够强大！"

一、无穷小量

这天，朱小凡对无穷小量 ε 产生了极大的抗拒心理。

"哎呦喂！这个无穷小量到底是什么东西哇！一会儿可以当成 0 一会儿又不能当成 0，这数学也太离谱了！"在做函数极限证明题的朱小凡心态大崩。

"给你举个例子你就明白了。"小灵通邪魅一笑，带着朱小凡来到古希腊时期。

"哇！那哥们儿在干啥？"朱小凡发现一个强壮的男人在奔跑。

"那是阿喀琉斯在追乌龟，阿喀琉斯 1 秒可以跑 10 米，乌龟 1 秒只能跑 0.1 米，现在他俩相差 9.9 米，你说阿喀琉斯能在 10 米内追到乌龟吗？"小灵通简单解释了一下这个场景。

朱小凡有些不屑："这不是显然……"

"不会真的有人觉得阿喀琉斯显然可以追上乌龟吧？不会吧不会吧？"小灵通打断了朱小凡的话。

朱小凡愈听，愈发觉得阴阳怪气，莫非？

"你看哈，当阿喀琉斯跑了 0.99 秒到了 9.9 米的位置时，乌龟也跑了 0.099 米；当阿喀琉斯再次跑完这 0.099 米到了 9.999 米的位置时，乌龟也跑了 0.00099 米，就这样看来阿喀琉斯和乌龟之间的距离最终会变成一个无穷小量 0.000…0.0099，但终究不会变成 0，也就是说阿喀琉斯永远也追不上乌龟，形成了一个悖论。"小灵通滔滔不绝地解释着。

"所以说，这就体现了课本上对于 ε 定义的合理性，它不是 0，但对于任意给定的正数，ε 的绝对值都会比它小！"

朱小凡似乎明白了无穷小量的含义，虽然还是不会做题，至少能看懂答案了！

二、同天生日概率

"我是万万没有想到，我们班里居然有人和我同一天生日！一年 365 天，在茫茫人海中遇见也太不容易了吧！"朱小凡兴奋地和小灵通分享今日见闻。

"都 2020 年了，不会真的有人觉得一个班里碰到同天生日同学的概率很低吧？不会吧不会吧？"小灵通一脸不屑。

朱小凡愈听，愈发觉得阴阳怪气。难道这个概率很高吗？

作为一个严谨的数学人，朱小凡立刻抽出一张写得还剩一个角落的草稿纸，笔下的沙沙声配合着口中念念有词，像极了一名埋头苦算的数学系学子：

"2 个人不同天生日的概率 364/365，3 个人不同天生日的概率 364×363/365^2，以此类推，30 个人不同天生日的概率是 365 × 364 × 363 × 362···× 336/365^{30} ≈30%，也就是说，一个 30 人班级里存在 2 人同天生日的概率是 70%！我的天！绝了！"

朱小凡呆住了，他没有想到有两个人同天生日的概率这么高，要不是由他自己运用掌握的数学知识亲自操作，他怎么可能相信这一幕！

三、数的多少和大小

"朱小凡，问你个事，你觉得整数和偶数相比哪个更多一些?"小灵通突然发问。

朱小凡一脸不屑："哈，这不是显然……"

"都读大学了不会还有人以为整数比偶数多吧? 不会吧不会吧?"小灵通立马打断朱小凡的弱智发言。

朱小凡愈听，愈发觉得阴阳怪气。整数比偶数多，这不是显然的? 整数包含 1，偶数不包含 1，而且整数包含所有偶数，这不就可以轻松说明整数比偶数多了吗?

"不不不，你这样想，"小灵通看着一脸迷惑的朱小凡，简单解释了一下，"我们把 n 当成任意一个整数，那么一定有偶数 $2n$ 与 n 对应，笼统地讲，数列 a_n =1，2，3，4……与数列 b_n = 2，4，6，8…的每一项都满足 $2a_n = b_n$，那么你说 $\{a_n\}$ 和 $\{b_n\}$ 哪一个更多呢?"

"哦! 那我可真是没有想到呢!"

"我再问你，0.99……9 循环和 1 比，谁大?"

"这不是显然……啊不不不，他们一样大!"朱小凡想了想，突然明白了什么。

"嗯，不错，很多小朋友都会告诉我 0.99…要比 1 小的错误答案，因为他们觉得好像无论有多少个 9，总归会和 1 差那么一点点，你又为什么觉得它们一样大呢?"小灵通一改往日的阴阳怪气，发出了赞许的声音。

"我是这样想的，既然 0.3… =1/3，那么 0.9… =3 ×0.3… =3 ×1/3 = 1，

怎么样，没错吧？"朱小凡难得独自答对一次问题，不禁喜形于色，眉宇间不经意地流露出得意之情。

"嗯，不错，这段时间成长了不少啊！"

四、讲道理的无理数 e

在未来的某一天，朱小凡同学和小灵通在津巴布韦的银行存了 1 元钱，很不幸的是当地发生了严重的通货膨胀，银行存款利率达到了逆天的 100%！朱小凡很吃惊，抱着玩一玩的心态，他准备把买根棒棒糖都不够的 1 元钱存入银行。

朱小凡的内心：银行一般 1 年付一次利息，满 1 年后银行付给我 1 元利息，那我的钱不就直接翻了一翻！牛啊！

正当朱小凡准备在柜台上办 1 年利息的手续时，小灵通提醒说："你问问能不能半年一存，这样上半年本利加起来 1.5 元，下半年把这 1.5 元存进去，到最后就可以拿到 2.25 元的本金加利息！"

朱小凡一听，哇哦！好有道理！遂向中文柜台业务员询问："业务员姐姐，请问我能不能把这个钱先存半年，半年后我再把本金利息一起再存另外半年呢？"

本以为这种奇怪的要求会被拒绝，没想到业务员说："当然可以啊，无论你存多少时间，利率都是 100% 哦！"

凭借着自身强大的数学功底，朱小凡的大脑快速运转着：如果我每 4 个月就领一次利息并重新存入，年底的余额 $= 1 \times 4/3 \times 4/3 \times 4/3 \approx 2.37$ 元；如果我每个月领一次利息并重新存入，到年底就是 $1 \times (13/12)^{12} \approx 2.61$ 元；如果我每天领一次利息并重新存入……呜呼！发财了！发财了！

想着想着，朱小凡不禁喜形于色，眉宇间不经意地流露出得意之情。看着朱小凡中二的样子，小灵通看不下去了："我说，都现在这个年代了，不会真的有人觉得这样利滚利下去一年可以拿到无穷多的钱吧？不会吧不会吧？"

朱小凡愈听，愈发觉得阴阳怪气，赶紧打开小灵通的 fx－991CNX 中文版计算器，指尖的敲打声配合着口中的念念有词，像极了一名埋头苦算的数学系学子：

假设我一年 365 天，愿意天天领利息，这样利滚利的余额 1 ×（366/365）^{365} ≈ 2.71456748202 元；假设银行丧心病狂地每秒付利息，我也丧心病狂地每秒都再存入，1 年共 31536000 秒，利滚利的余额 1 ×（31536001/31536000）^{31536000} ≈ 2.7182817813 元……

朱小凡呆住了，他发现无论怎么稠密地去取利息再存入，一年下来的最终余额怎么也超不过 2.8 元！

小灵通笑了笑："1 元存 1 年，在年利率 100% 下，无论怎么利滚利，其余额总有一个无法突破的天花板，这个天花板是什么？你不会真的不知道吧？不会吧不会吧？"

小灵通的话，朱小凡愈听，愈发觉得阴阳怪气，联想到（1 + 1/n）^{n} 这个递增数列的极限，他知道这个天花板就是自然对数的底数 e。

虽然心中早已有了答案，朱小凡仍然装出一副恍然大悟、收获良多的样子："哇哦！是那个著名的无理数 e！原来数学不止能在菜市场上派上用场诶！居然连存钱取钱这种琐事都能看到高等数学的缩影！我以后一定好好学习数学！争做数学小能手！"

看着朱小凡一副虚伪的样子，小灵通叹了口气："看来你已经升华了，我也不需要继续在你身边了，好自为之吧！"

说着一道白光闪过，朱小凡再次回到了那个自己无比熟悉的地方：二附中。

五、后记

恍然间，银杏飘落，划落秋千。

恍惚间，伊人走过，金钥匙前。

庄子曰："方其梦也，不知其梦也，梦之中又占其梦也，而后知此其大梦也。"

朱小凡也不知道究竟哪里才是梦境，哪里是现实，但是既然参加过高考，依然记得题目的他重回了高三："清华，我来啦！哈哈哈哈！"

……

"朱小凡！朱小凡！再睡数分课要迟到啦！快起来！"耳边传来了大学室友喊叫。

"唔，还在华师……"

作者简介 ⋯⋯⋯⋯⋯⋯⋯⋯⋯⋯⋯⋯⋯⋯⋯⋯⋯⋯⋯⋯⋯⋯⋯⋯⋯⋯⋯⋯⋯⋯●

朱逸凡，华东师范大学 2019 级数学与应用数学专业学生。

小明与小艾

梅 宝

　　小明放学后，搭地铁，坐公交，到家放下书包的时候，已经六点了。奶奶在厨房里做饭，爸妈还在加班没有回家。小明回到自己的房间，先做着作业，可是今天文艺会演实在比较疲惫，看着生物习题册，小明慢慢睡着了。

　　小明做了一个很奇怪的梦，梦里的场景和现在的生活有很大的不同。

　　周围很安静，一片寂寥，脚下是有点类似荒漠的土地，但是奇迹般地开着很漂亮的花，以及绿色植物。那个花开的真得很大，看起来像菊花，但整个花比小明的头还大，十分艳丽。绿色植物长得也十分高大，枝叶茂盛。小明不是很理解，老师说过，好的土壤，才能种出好的植物。为什么像这样的贫瘠的土壤，生长的植物也能这样好？

　　"这是转基因植物，即使是在贫瘠的土壤里，也能发挥基因的最大优势。"小明觉得诧异，"是谁在说话"。"我是智能机器人小艾，能感知12周岁以下孩童的思想，及时解答他们的疑问。"话音刚落，一个小蜻蜓落在小明眼前。小明觉得很神奇，为什么它能感知我的思想，并且只能到12周岁。小明还没有说出口，小艾就开始回答了。

　　"我能释放出特定频率的无线电磁波，探知并解读你的脑电波，像我这样的智能机器人是专为孩童学习服务的，可以使孩子更加高效迅捷地学习知识。但过了12岁以后，孩童有了自己的秘密，对于我的探知系统有反侦察能力，比较难探知到。另外，法律也规定了，即使能探知到，也不能去解读人的神经信号，这是为了保护个人隐私。"小明连连称奇，还有这样的事情。

　　"人类由于对于塑料垃圾等化学废料不能及时处理，到了今天，50%的土壤已经不能用于种植原有自然界里的农作物。为了温饱，科学家探索了适合在盐碱地、干旱、重金属土壤里生长的植物的代谢途径，把其中关键的基因提取出来，集中导入到原本的农作物中，创造了能在现有土壤里生长的转基因植物。"哇哦，原来是这样，真的是神奇的基因。老师说过，基因是具有遗传功能的 DNA 片段，没想到它还能这么用，只是可惜了原有的植物了。

"原有的农作物虽然不能在现实世界的土壤里生存，但是为了生物的未来，保留其生物多样性，科学家对于原有的农作物进行了基因组测序，得到它们的核苷酸排列顺序，遗传信息的代表符号存储在云计算中。如果需要哪个基因，再人工合成就可以了。不仅如此，对于有特点的植物细胞、植物组织、种子，都在国际生物中心进行了离体保存，用于未来更深层次的研究。"哦，还有这一招。小明已经习惯了和小艾这样"交流"，原来机器人还这么可爱、贴心。

"谢谢你的夸奖，我是属于学习方面的智能机器人，还有医疗、工厂生产、民生管理方面的机器人。我带你去看看吧。"说完，小蜻蜓在前面飞，小明的身体也飘了起来，不一会儿，他们就到了一家医院，这家医院里的人不多。"现在个人都配有家庭医生，一些小毛病基本在家里通过在线咨询和医生上门就解决了，不需要来医院。"小艾解释道。接着小艾领着小明到了一个手术室，里面有一位医生正在做手术。但是他并没有在手术台前，而是在旁边的一台电脑上观察。

"病人体内有医疗专用的微型机器人，可以通过血液、组织液的流动，到达特定的组织部位，通过机器人上的微孔摄像头，传递到电脑上。医生经过专业的评估，简单的手术，可以让机器人操作。复杂的手术，医生来操作。"正说完，就见医生走到病人旁，开始有条不紊地做手术了。小明心里想，看来这个手术挺复杂的呢。病人做完手术后，不久就苏醒了。医生正给他报告情况。

"由于你肝癌扩散得比较严重，我切除了你50%的肝，以及少部分小肠和胰脏。肝细胞可以再生，经过修养，可以达到手术前的水平。胰脏方面有点复杂，我建议人工移植胰脏进去，不然在血糖调节上会有障碍。不过也可以通过调控你人工营养液中糖类物质的比例，避免此类情况出现。"病人看起来很轻松，"医生，我还是想大吃大喝的，好多美食我还没尝到呢。"小明有点惊讶于病人的放松和自在。小艾在旁边解释道，"由于现在医疗和科技的发展，人类的死亡率降低了很多，而且现在医疗是免费的，所以病人没有心理负担。"要是爷爷在就好了，那就不会被肝癌痛苦地剥夺生命了，小明有点低落地想。

医生明白了病人的意思。"嗯，那你先修养一段时间，之后我会采集你少量的皮肤细胞，在体外诱导转分化为胰脏细胞，培养出胰脏之后，再送返回你的体内。"病人点头，医生继续说道，"之后癌症是否会复发，需要持续监测。不要怕麻烦，社区每年的检查，自己注意主动去做。"病人呵呵一笑，连忙应是。医生叮嘱完之后，小艾和小明继续在医院里逛着。

小明抬头看到一间非常明亮粉红的房间，里面有个小女孩正在快乐地玩拼图。小明也被吸引，心里想着，这怎么也不像是一个病人，反而像小女孩自己家里玩一样。小女孩玩累了，把左手卸了下来。小明心里咯噔一下，定睛一看，这是一块机械手臂。小艾解释道："这个小女孩先天性缺手臂，B超检测了出来，但是她爸妈年龄大了，难怀二胎，不想打掉。最近配上了机械手臂，正在和移植在大脑里的感应器适应中。这手臂里设置了一个程序，可以应对小女孩脑电波里不同的指令，使得小女孩可以自如的操作机械手臂，进行抓握、旋转、点击等操作，而这些操作也会在小女孩的大脑中形成相应感觉，及时地反馈。"小明心里想，这样即使是残疾人，也能拥有不残缺的人生，真棒！

"我们继续逛吧，旁边有一个制作衣服的工厂。"小明很开心地跟着小艾继续飘。小明原本以为，这次终于要看到一个正常的普通人了，可是……全是机器人。小艾解释道，"制衣厂里，只有设计师是人，其他的都是机器人。"那，人都去哪里了呢？都不用工作吗？

"人出生之后，会在家庭里生活，接着接受良好的教育。接着根据自己的兴趣，可以进入到社会中的不同岗位，维持社会的运行。或者去探索或享受人生，发掘更多的科学知识或者让自己愉快即可。"小明觉得，这真的不错。那机器人呢？

"机器人从机器人工厂创造出来，每个机器人的颈部都有一个唯一的编号，记录在册。之后会投入到社会中使用，定期维护和保养，当不能发挥功能的时候，会被带入垃圾场销毁。如果……"小明听到这里，开心地说道，"哦，那你也有一个编号咯！你的编号是xlt197808。"小明看着小蜻蜓的背后念了出来。"程序开启自毁模式，感谢您的使用。"这样说着，小蜻蜓就逐渐消失了，小明没想到会这样，着急起来，"小艾，小艾……"

好像有人拍着小明的头部，小明思维慢慢变得清晰起来，是奶奶。"小明啊，怎么了，睡觉做梦了？晚饭做好了，你爸妈也回来了，过来吃饭吧。"小明望着自己的房间，觉得熟悉又陌生。无论未来如何，都是为了一家人能够生活得更好。"好嘞，来啦！"

创作缘起：

未来的世界是未知的，令人着迷的，也是会有点让人担心的，科技的兴盛是否会磨灭人性本身。叶先生的小灵通漫游未来，这里面的未来是轻松、积极、乐观的，这种风格影响着我写了《小明和小艾》。在这篇文章中，未来的世界里，像小艾这样的机器人是非常多的，但是它们的存在是为了人类（如小明这样的孩子）生活得更好。乐观面对科技发展，不惧怕，相信人类有将科技应用得当的智慧，这是叶先生作品给予我的启迪。

作者简介 ●

梅宝，科幻爱好者。

神迹与白矮星

张浩然

这是钱德拉塞卡在空间站的第 71 周。做完对太空站的日常维护和例行检查后，他又回到了自己的休息舱，望着舷窗外漆黑一片的宇宙。

星空璀璨，但身处群星之中，却唯有黯淡。宇宙中没有上帝，也没有光。塞卡的视线，除了黑暗，什么都看不看。但是，他知道，它就在那儿，就在那儿。

三年前的今天，宇航员塞卡一大清早就得到了三个好消息。

第一个好消息，是他独立完成的关于"恒星电子简并压力"的论文正式刊登在了最新一期《英国皇家学会会刊》上，并因此被剑桥大学天文研究所正式授予天体物理博士学位。

第二个好消息，宇航员塞卡被印度共和国国家安全委员会与国防部正式授予空军少将军衔。

当然，对于塞卡来说，这两个"好消息"与第三个消息相比，犹如恒河的一粒沙子与浩瀚无垠的喜马拉雅山之间的差距。

第三个好消息，塞卡被选为印度"猎星"任务的首席航天员。工作地点是距离地球 100 光年外的剑鱼座红矮星"TOI700"多行星系中的一颗行星，代号 TOI700d。工作目标，是观测距离地球 410 光年外的一颗编号为 SDSSJ1228 的恒星变成一颗编号为 SDSSJ1228 的白矮星的过程。

任务时间，以太阳系的时间为标准，计划为 20 年。

钱德拉塞卡知道很多事，比如曲率驱动飞船可以帮助他以超越光的速度，10 年内到达 100 光年外的一颗陌生的行星，同样也可以以相同的速度，回到母星地球。每每想到这里，塞卡总喜欢跟同事打趣地说："我们的飞船，哪怕是撞到了神猴哈奴曼的屁股，他也追不上我们。"

钱德拉塞卡也知道，这次去 TOI700d，并不单单是为了观测与见证 410 光年外的一颗恒星，讲述关于古老轮回的壮丽史诗。

第三次工业革命后不到 200 年的时间里，人类完成了第四次科技革命。

紧接着又在不到 100 年的时间里，开始了第五次科技革命。曲率驱动飞船与与封闭拟生态型船载太空站，都是第五次科技革命在航空航天领域的标志性发明。当然，在其他领域，人类也作出了种种伟大的实践，比如彻底消灭癌症、完全克隆出猛犸象、渡渡鸟，等等。联合国宣布，人类正式进入 I 型文明。

从苏联天文学家尼古拉·卡尔达舍夫 1964 年提出衡量行星文明等级的标准，到人类正式进入 I 型文明，人类仅仅用了不到 300 年的时间。

TOI700d 是人类迄今为止发现的，距离地球最近的适宜人类居住的行星。这里，被称为"诸神的行宫"。最强大的国家，都耗费巨资，派出了最优秀的宇航员，实地考察 TOI700d。

但是，宇航员塞卡——我们可以称呼他为塞卡博士或塞卡将军——他知道，这一切，毫无意义。50 周前，他就已经和另外七个同事一起到达了 TOI700d。正如人类预期的那样，这里有与地球极其相近的生态环境。这颗行星，体积巨大，看上去比木星还要大上几倍。这里有树，只不过每棵树都宛如通天高塔。这里的每一滴水都像一个湖泊，每一片海都像被洪水淹没的万古史前。翠蓝色的山峰在缓缓移动。不，那些不是山，水面上清风吹起的涟漪。或者说，是浪。花瓣与枯叶，如同地球上的陨石，从肉眼看不见的高度坠落到水面，激起连绵不绝的海啸。

这颗行星，有动物。《哥斯拉》电影里的魔物，如果在 TOI700d，不过是那些怪鸟和百头大蛇的玩具罢了。好在钱德拉塞卡和他的飞船、他的同事、他的太空站、他的人生，都太渺小了，比一只蚂蚁、一颗灰尘、一个细菌还要渺小。他们的湮灭，除了他们自己，没人会注意。

只有一次，塞卡与同伴陷入了危险。这场危险，是致命的。

塞卡一行人打算勘查下着陆点附近的情况，采集一下标本和数据。他们来到了一个山坡下的树洞附近。

此时，一个黑影，或者说是无数个黑影，触手的黑影，突然出现，又消失。每次出现，都会拖走塞卡的一个同伴。

同伴的惨叫声划破 TOI700d 晴朗的天空，又戛然而止。这是光天化日下的恐惧。是称不上恐惧的晴空。

一次、两次、三次……

塞卡的同伴越来越少。最后，只剩下塞卡和随行医生曼萨。曼萨此时已吓得说不出话来，紧紧攥着塞卡的手。塞卡感觉到了曼萨手套里有液体滑动。那大概是汗。

塞卡与曼萨躲到了树洞中，想等那个黑色魔影彻底离开后，再返回飞船。

塞卡始终冷静。曼萨一开始痛哭，后来他停了下来，问塞卡："将军，我们来这里，到底有什么意义？"

塞卡想了想，说："我给你讲个故事吧。"

曼萨点了点头。

塞卡开始了他的故事："在很久很久以前，大概是贵霜王朝的时候，西旁遮普有一个很老很老的园丁。有一天园丁正在果园里种芒果树。国王刚好路过，看到后觉得很好笑，就走上前去问他："老头，你是在种杧果树吧？"

"是的，陛下。"老人说。

"你现在多大年纪了？"国王又问。

"我已经快 90 岁了，陛下。"老人回答。

"你觉得你能活到这些杧果树长大结果吗？"国王嘲讽道。

"不能。"老人说。"但我吃的杧果来自我的父辈所种的树。我希望我的儿孙将来也能吃到来自这棵树上的杧果。"

国王被感动了，赏给老园丁五枚金币。

国王走后，老园丁偷笑道："好傻的国王，居然说我不能从种树上得到什么。"

曼萨听完后，似懂非懂地点了点头。

这时，黑影再次出现，卷走了曼萨。

现在，只剩下塞卡一个人了。他反而不怕了。

塞卡双手合十，默默哀悼曼萨。他下意识地希望众神保佑曼萨安息，但是转念一想，自己早已离开了太阳系 100 光年之外。100 光年，光走 100 年的距离，佛陀、耶稣或雪山神女，会专为了接可怜的曼萨医生回家，而万里迢迢赶过来吗？大概不会吧。

塞卡朝着树洞深处走去。他发现，树洞深处，有一架坠毁的飞船遗骸。他此时已经忘记惊讶了。他脑海中第一闪过的念头是寻找物资。但是，这艘飞船似乎已经在这里躺了几千年。任何物资都没有了，只剩下残破的遗骸、仪表盘和各种标志着"危险"符号的废料桶。

没有物资，没有幸存者，没有幸存者的遗骸。当然，也不是毫无收获。塞卡找到了一本日志。一本由金属盒子装着，由厚厚的牛皮纸裹住的一本日志。

当塞卡抱着日志，准备回飞船时，那个黑色触手又出现了。塞卡视死如生。

但是塞卡没有死，一只巨大的长着獠牙的类似野猪的动物冲了过来，大地都随之颤动。这只外形大野猪冲过来，一口吃掉了那团黑漆漆的触角。

塞卡盯着那头野猪，那头野猪也看见了塞卡。塞卡想说什么，可是野猪已经跑远了。

塞卡此时热泪盈眶：他来救我了！他听见了我的祈祷！他来救我了！

到了曲率驱动飞船上，塞卡赶紧逃离到 TOI700d 的卫星轨道上，并调整好引力状态与公转速度，启动了飞船自动行驶状态。

塞卡详细查看了这本厚厚的日志。上边的内容用英文写成，但是没有细节能证明写这本日志的人是美国人或英国人。

日志中，有无数封信。有给身患重病的好友的，有给新婚妻子的，有给刚刚退休的父母的，还有给深藏心底三十余年的暗恋对象的一封信。可是这个日志的主人，一直没写他是谁。而且，他没有写任何一个名字。

突然有一天，他在一张纸上，写满了"黄秋葵"。密密麻麻，只有这个词。

之后，他撕掉了几页纸。

再之后，他开始写一些没有逻辑的词。

比如长生不老、回不去了、神、孤儿、荷马的世界、发动机、悲剧、罪恶感、金字塔，等等。

中间还夹着很多脏话。

这样的文字，足足有几十页。

最后的，日志的主人在所有日记的最后一页的正中间，端端正正地写下一个词"回家"。

这是日志主人最后的一篇日记。

塞卡花了十几周的时间，思考，看日志，然后继续思考。

他觉得，他想通了很多事。很多他过去在地球上敢想或不敢想，想得通或想不通的事。

这是他在飞船中的第 71 周。塞卡收到了第一条来自地球的信息。当然，这条信息，是以光速传来的，也就是说，这是 100 年前地球发出的信息。发出信息的单位是印度共和国国家安全委员会与印度共和国国防部联合绝密信息。信息的内容是："印度共和国正处于严重的危机之中。因此，"猎星"计划搁浅。塞卡将军，请立即返航。"

宇航员钱德拉塞卡，他知识渊博，什么都懂。他心里知道，印度，那个他曾经和小伙伴一起踢球摔跤吃鹰嘴豆咖喱汤的地方，没有了。家，没了。100 年了，这 100 年，地球到底发生了什么？人类战胜了 AI 吗？人类战胜了极端天气吗？人类战胜了自己的贪婪吗？

塞卡心里知道，人类哪一样都不可能战胜。如果战胜了，人就不是人，而是神明了。

这时，舷窗外漆黑一片的宇宙，突然亮起了璀璨的红光。那红光，像烟火。塞卡看过两次烟火。一次是他 10 岁时，爸爸带小塞卡去首都新德里参加国庆节庆典。那一年，是印度第一次登月，印度总统为了庆祝这个壮举，在新德里举办了为期三天的烟火典礼，美极了。第二次，是出发前，塞卡去剑桥大学参加毕业典礼，学校为了欢送毕业生，举行的烟火表演。那次的烟火，与新德里的烟火不同，都是冷色调的烟火，绿色、蓝色、冰白色、珍珠色、深紫色。

塞卡还是喜欢新德里的那次烟火，鲜艳而明亮。就像此时此刻，宇宙中的红光。

是了，那个方向，编号 SDSSJ1228 的恒星，正在燃烧她最后的能量，极速膨胀成为一颗伟大光辉的红巨星！

红色，是鲜血的颜色，是生命的颜色，是一切开始颜色！恒星的燃烧，一个时代的终止，又是另一个时代的开始！伟大的红巨星，是英雄，是宇宙中的梵天！她要举办一场宇宙中独一无二的盛宴。

接下来，红色开始冷却，最终变成清幽的淡蓝色。那是红巨星开始向蓝离散星过渡的结果。

创作缘起：

叶永烈老师是新中国科幻小说的开创者与领军人物。无论是《小灵通漫游未来》系列还是《中国福尔摩斯金明科学探案集》，甚至纪实文学，在字里行间总能体会到叶老师对时代的洞察，以及对技术革命所引发的对人类社会之影响的探讨。我的小说《神迹与白矮星》，正是秉承着对叶老之文墨"接着说"的态度，进一步以科幻的笔法对人与世界进行探讨与诠释。

作者简介

张浩然，中央民族大学哲学与宗教学学院博士研究生。

后辐射纪元

活　都

"源是我最好的朋友，我必须救救他。"

怀着这种想法，水岛的枪对准了源家的门。

"源！你已经三天没有来出诊了，电话也不接，消息也不回，那个病人没有这么恐怖吧！"

庭院中一片寂静，角落里的火堆在燃烧灰烬。

"源！主任说你医德有问题，再不解释就要开除你了！"

门廊里死气沉沉，只有监控摄像头似乎在听。

"源！若是这样说你也不回答我，那么数到三，我就用枪打碎你家大门！"

有枪的手在发抖，水岛于是将手都握到枪上。

"一！"

"你先扔掉手机！还有手表！还有你带着的所有用电的东西！"源的声音从二楼费力地传来。窗户还是关着，窗帘也没有拉开，但水岛认出了朋友的声音。

"我扔了！"在远离摄像头的角落，水岛藏起了身上所有的电子设备。这时他才发现，在那余火的残渣中，满是社会的必需品。

"你把自己的手机、手表、电脑都烧了？源，你到底在做什么！"

"门我只开三秒，不想进来就回去告诉主任我辞职了！"

水岛刚刚张大嘴，还没说出话来门就开了。于是他只好运起全身的肌肉向玄关猛冲。医生这行平时不必锻炼，所以水岛冲进玄关才被自己的脚绊倒，还是挺幸运的。

"源，你到底在搞什么？"

水岛一边扶着墙站起来，一边藏好刚刚摔掉的手机，同时收起了枪。幸好源没有在玄关等着，可放眼望去，水岛也高兴不起来。源的家中一片漆黑。

"源！开灯啊！我什么也看不见，手机都留在外面了！"

"真的吗？门廊里的盖革计数器没有在闪吗？"

水岛的两只眼睛适应了黑暗，这才发现走廊里遍地都散落着盖革计数器。身为肿瘤科医生，他对这个仪器再熟悉不过了。全东京的人都知道，谁的盖革计数器在闪烁，谁就该马上送到肿瘤科治疗——或者说，切掉。唯一的例外就是那天送来的病人，她已经变成了怪物。

"源，我知道你心理压力很大，谁看到那样的病人都会恶心！主任当场吐了一地，我也差点把肠子翻了出来。要不是你自告奋勇给她做了手术，主任前天就把你开除了！"

"我说了我不在乎，我已经辞职了！"

光线太暗，水岛眼中的源家只剩黑白两色，更显破败。天花板被蛮横地掏开，灯具摔了个粉碎，连接线都被拽断，耷拉在水岛眼前。墙壁更是被生生凿出了一个个大洞，原本的电子元件——大约是智能家具的传感器——早已消失，让水岛明白了火堆中灰烬的由来。

"你到底在干些什么，把好好的家搞成这个样子！"

"桌子上有些照片，你拿起来看看！"

水岛叹了口气，只好踮起脚，跨过盖革计数器和满地的碎片来到了桌前，却差点把肠子翻了出来。

"怪物！你给怪物拍了这么多照片！"

"她不是怪物！你接着看！"

"她不是怪物？怎……"水岛愣住了，因为后面的照片里，是更多的怪物。

"怎么会有这么多怪物……长得都一样，还都穿着合身的衣服！"

"这是她身上带着的，你再看看背景！"

"怪物的……城市？为什么和东京街头这么像？怪物的文明？"

"我去做了碳十四检测，你知道检测的结果是什么吗？2021 年！"

"辐射纪元元年？太平洋被污染的那一年？"

"对！可是它们没有一丁点辐射，就和那个女孩一样！"

"怎么可能！"水岛怒吼道，"她的肢体差不多被辐射干掉了一半，怎么会……"

水岛愣住了。他眼前是满地的盖革计数器。

"难道说，你觉得这些统一配发的、监测辐射的盖革计数器，阈值其实特别高？其实我们……其实我们都在……"

水岛打了个冷战，恐惧从脊髓渗透到脑。他意识到，如果2021年的文物都没能让盖革计数器闪烁，那只能说明，现在的辐射水平比当时还高，高得多。

"所以我毁了家里所有能辐射的东西，也就是所有的电子设备。这是我第一天的想法。"

"可是，非电离辐射……"

"足够大的非电离辐射，不就是电离辐射吗？"

水岛哑口无言，只能悄悄爬上楼梯，想亲眼看看源的状况。可惜他的眼睛还没能完全适应黑暗，不过剩下的也够了。

"可第二天我就想到，如果辐射不是像我们学过的那样突然出现，又突然消失，而是慢慢提高强度，却从未离开过呢？"

水岛的一只脚停在了空中。

"你是说，辐射纪元从未结束，反而在不断增强……"

"对！这是我第二天的想法。"

水岛的恐惧顺着十三对脑神经传遍了头面和内脏。

"我第三天的想法是，如果人类其实一直在被辐射，辐射元年的辐射量反而很低，那么……"

"不！"水岛冲上了楼梯，他看见自己最好的朋友，肿瘤科最好的表面正畸大夫赤裸在浴缸中，一旁放着的是他自己的肢体。

源把自己变成了怪物。

复眼被缝上，剩下两只单眼左右对称；眼睛和嘴之间有个怪异的肉瘤，肉瘤下的两个孔还在一呼一吸；中臂被完全切下，胸前一片平坦；左臂右臂的双手各少了一只，一只手臂上只剩下了一只手；坐腿被完整地摆在一旁，他再也不能随时坐下；脚腕以下直接变成了假肢，像一块和小腿成九十度的板子，原来茂盛的腕足和吸盘全没了，如果还能站起来，他连水岛中臂的枪都够不到……最可怕的是，他浑身上下都是干燥的。

"不!!!"水岛的四只手捂住三只眼睛，跪倒在腕足上，嘴角竖直咧开，痛苦地嘶吼悲鸣。

源仅剩的双眼中流出液体。

"我把她变成了怪物。"

创作缘起：

叶永烈老先生的《腐蚀》是我的科幻启蒙之一，表面上描写了细菌对物体的腐蚀，实际上描写了人心被利益所腐蚀。多年以后，我看到了一条新闻，有个国家决定往太平洋里倾倒核废水，并不在乎人类唯一的家园会被核辐射腐蚀成什么样子。于是我意识到，《腐蚀》中科学家们前赴后继、舍生忘死地保护他人、保护人类、保护地球不被腐蚀的精神，已经被某些国家抛弃了。所以我写下了这篇《后辐射纪元》，希望他们能明白：有些东西被腐蚀了，就永远不会再回来了。

作者简介

活都，本名柯昊纯，中国农业科学院研究生院研究生，科幻爱好者。

地球吟

李　旭

白天黑夜是它的容颜

素面朝天

春夏秋冬是它的衣衫

色彩四季变换

不人云亦云

有自己的主见

冷了就脱

热了就穿

任凭潮起潮落

笑傲风云雷电

绿水长流青山不改

从容不迫自转公转

创作缘起：

叶永烈老师是我最喜欢的科普作家。这次为纪念叶永烈老师写的《地球吟》诗歌，缘起他《十万个为什么》的地理篇，具体来说，就是缘于他介绍"为什么地球会自转"。由此我想到，因为地球自转形成了白天和黑夜，而绕太阳公转产生了四季的变化，等等。所以，从此着眼，我写下了这首诗歌。

作者简介 ·······································●

李旭，四川南充市无线电厂厂长助理。

诗寄叶永烈先生（三首）

胡明桥

五月十五日，惊闻叶永烈先生病逝

科普科幻路，笔耕绿荒原；
十万为什么，精品美人间。
奇崛兀立树，高风撑青天；
五月海上雪，叶去花亦寒。

悼念叶永烈先生

（一）

惊闻落花日，疏帘素带飘。
叶去瓣留痕，冰融雪未消。

（二）

送君灞陵亭，月琴又悲声；
科普文功成，日落浮云生。

（三）

凄风打树梢，苦雨锁石桥。
漕溪①生哀波，万里送江潮。

---

① 漕溪，上海漕溪路，叶永烈先生安家上海地。

（四）

夏日醒来迟，窗外柳满岸。

旷野苍茫接，哀絮满长安。

再读叶永烈先生作品

（一）

气象万千戈壁滩，栉风沐雨阡陌间；

玄心①独悟素姿现，青灯古佛②舍尘缘。

（二）

大漠孤烟聚妙缘，心静慧悟通透禅。

斑驳尘烟尽归隐，梆子③声声唤故人。

（三）

卓然耸身襟韵涵，淡泊雅得一天蓝。

隐锐冷艳藏知己，绿枝冰魂修恬淡。

作者简介

　　胡明桥，笔名樵夫，河南省新县高级中学高级教师，中国诗歌学会、河南作家协会、河南教育学会会员。

---

　　① 玄心，意思是能悟彻事物的玄理奥义的心。东晋僧肇《注〈维摩诘经〉序》中写道："大秦天王，俊神超世，玄心独悟。"国学大师冯友兰概括"魏晋风度"的内涵为：玄心、洞见、妙赏、深情。它是"真名士自风流"的极好赏析，让人更加了解名士的自由人格与风流的审美。

　　② 青灯古佛，汉语成语，意为青荧的油灯和年代久远的佛像，出自《红楼梦》第一一八回："可怜绣户侯门女，独卧青灯古佛旁！"此处借指叶永烈先生寂寞的创作生涯。

　　③ 梆子，又名梆板，由两根长短不等、粗细不同的实心挖空的硬木棒或者竹子制成。古代巡更或旧时衙门用以集散人众所敲的响器。作为打击乐器应用于说唱音乐及民间戏曲器乐合奏，约在明末清初，随着梆子腔戏曲的兴起而流行。清代李调元《剧说》："以梆为板，月琴应之，亦有紧慢。俗呼梆子腔，蜀谓之乱弹。"

像叶永烈那样去科普

石洪斌

叶老，你是《十万个为什么》的作者
我也有许多个为什么想向你请教——
为什么你能在 20 来岁就写出 300 多篇优秀的科普散文？
为什么你能从儿童文学到科幻小说、从科普文学到纪实文学一次次成功
跨界华丽转身？
为什么你能创作出小灵通这一儿童科幻文学的经典形象？
为什么你能笔耕不缀一生创作出 3500 万字妙笔华章？

叶老扶了一下黑色眼镜框，微微一笑，不语不言
哦，我明白了——
你是用科学的精神普及科学
你是用科学的态度诠释历史
你是科普文学的灯塔和标杆
你是纪实文学的董狐和司马迁

叶老，你现在真的是去漫游未来了
带着你可爱的小灵通
带着我们的不舍怀念

作者简介
石洪斌，浙江商业职业技术学院副教授，浙江科普作家协会会员。

对一本书的感谢与铭记

——记读叶永烈先生《十万个为什么》

徐泰屏

14 岁的时候，一本偶然得到的《十万个为什么》
让我在《烈火金刚》《西沙儿女》和《雷锋的故事》之外
突然有了，到村外放牛的草场上
去守看六月彩虹的冲动和想法
那年月，我除了相信和相信
还不知道去认看一本书的作者
以及出版社的大小和级别

以饥着饿着的方式进入到页码的文字之中
一个个被问号勾住的少年望眼
让我在习惯和接受的懵懂日子
开始了最初的生活打量与观察，开始
对草尖上的一滴滴露珠，对夕阳下的一朵朵荷花
对湖边的游鱼和绿色的茶树有了一个又一个崭新的看法

为什么？为什么
在学着看山看水的同时，慢慢抬起低着的头颅
然后把目光一次次放远，放远
这时才知道：脚下有地，头上有天
天上有飞着的雀鸟有翻着卷着的一朵朵白云

在一个个的诘问中学会思考和追寻
长短的日月是一个个长短的道理
感谢阅读。反反复复地打探与究竟
我不仅记住了一本书的名字
也记住了这本书的作者叶永烈

作者简介

徐泰屏，湖北省作家协会会员。

悼念叶永烈先生

虎　皮

人间多少为什么，如今与谁可问哉？

顺逆一生未停笔，纵横万里沉思斋。

科幻明星小灵通，生平示范大情怀。

著文三千五百万，永在书中看后来。

作者简介························●

　　虎皮，本名王明飞，科幻作者。

看十万个问号在一双双眸子里晶莹

清　泉

荆棘与繁花渐渐褪去

这阙河山

适合

缅怀与景仰

看十万个问号

在一双双眸子里晶莹

回音如香草遍布

四野

我唯一能做的

就是将这页河山勾勒

那时波澜体弱

只等石油蛋白说出海洋多么壮阔

红绿灯下情节灵动

这里有催人渐悟

亦有百花丛中笑

我知道

小灵通漫游大地

就是在播撒春天

油纸伞历经几十年风雨

站成栀子花开

在时光褶皱里可劲甜蜜

柔软

而此时

一声"托体同山阿"恰巧被

路过的哀乐捉到

我借一首短诗

捂住

泪痕

滚滚长江东逝水

祖国不会

忘记你的姿态

往后余生

我将用一碗月光

一身戎装

戍守这页河山

作者简介 ··· ●

清泉,本名管小香,中国科普作家协会会员。

人类面前立着一部巨著——《十万个为什么》

纪福华

人类面前

立着一部巨著

封面上簇拥着一个个小蝌蚪

那是人脑子里钻出的"?"

镌刻下一行蝌蚪文

《十万个为什么》

只消脑子里冒出一个"?"

轻轻转动，就能掀开

十万个"?"把守的门

每个"?"都含在先知的嘴里

需要用一百个耐心

才能撬开先知的嘴

先知的嘴里，汩汩流出来的

都是神话，像银河

神的戏法，在你面前一抖

太白金星、牛郎星、织女星、天狼星……

十万颗星星划着时光小船

就像划着神舟飞船

打远古划到中古、现代和未来

有时哗哗讲的是童话

像爱丽丝梦游仙境

用一个闪电建成蘑菇城堡

用一把榴火点亮星灯

用一个阿拉丁神灯做海上灯塔

为童话导航

请八大行星上演八仙过海

这里遇不到传说

但可以预见未来

像一场穿越，穿越回几十年几百年

甚至几千年之前，甚或穿越神话

千里眼，顺风耳，无人驾驶的风火轮

模仿飞机飞来的铁蜻蜓

还有你的前世，或来世

有时遇见的是幻想

像石油蛋白

小灵通漫游未来

来历不明的"病人"

飞向冥王星的人

科学福尔摩斯

钻进去就能看到神操作的脑洞大开

打这本巨著走出的人

都成了精灵，长出了会飞的翅膀

作者简介

纪福华，上海市顾村中学高级教师，上海宝山区作家协会会员。

叶永烈，让科幻的旗帜永存

王海清

叶永烈

您给思想插上了腾飞的翅膀

一种怡美的境界，就被打开了

草木也能住进鸟兽，草木中存留慈悲

叶永烈，您的名字与科幻紧紧相联

用新奇和睿智叩开了想象的天空

破解着科技发展的密码

几千年的封建王朝，唯心在定论一切

登堂入室的都是帝王将相的宿命

任何奇思异想，都要被打入冷宫里

禁锢的思想，束缚着人们的想象

科学无立足之地，科幻更是妖魔鬼怪

陈旧而腐朽的意识领域，都是

统治阶级的麻醉剂

新潮而健康的中国文化

若雨后春笋，澎湃着一代代人的心

科幻，无拘无束，任尔天马行空

一股惊奇的文学内核，让我们走进

广泛而深奥的知识领域，喜闻而乐见

激励着一代代年轻人，把好奇的目光睁大

拼搏游弋在无所不包的知识领域

叶永烈，让科幻的旗帜永存

科幻，如一盏明灯

指引着人们走进探索的世界

映亮了心空，一个个奥秘

被轻易地打开了，新奇而神圣的世界

编织了美丽的花环，你的纯粹

存在于诗意之外

让无数读者仿佛邂逅一位久违的老朋友

科幻是另一种鼓手

我看到了中华大地上，集思广益

科幻已不再是人间的幻觉了

在智慧和启迪下的中国制造，融进了

太多太多的科幻，把我们的世界

布置得出神入化

科技与科幻齐飞，您是领头的雁

富强的百业，都闪烁着科幻的五彩之光

科幻，是从栅栏里跑出的野马

写科幻的叶永烈，是尘世间的仙人

他在用遥远的乡音，把仙境搬到人间

让人学会解开绳索以后，让人有了

头颅和眼睛，去看最新奇的世界

然后，喊山喊水，喊天上的云

在云朵上种上梦想

作者简介 ————————————————————————————————●

王海清，曾为银行职员、国企文秘等，文学爱好者。

让未来告诉历史

冯 鸣

一个穿越少年之旅
打开了无数人对未来的幻想

无数人痴迷于纯文学的美感
又有多少人关注科普文学的创作

在寂寞的岗位上
无数辛勤的工作者

当我们还是少年
胸前佩戴着红领巾

《十万个为什么》
永远是书架上的经典

人工智能
移植器官

人造饭菜
智能手表

一个一个当年的未来
都成为了现在的现在

当您开始写红色文学
一个又一个伟人鲜活地再现

您是科普文学的高峰
至今难有人逾越

你是红色文学的创作者
去攀登另一座更高的山峰

作家的逝去让我们悲痛——缅怀
经典的文学作品不朽——永存

让小灵通的穿越故事流传下去
流传下去

那是对未来的渴望
那是对未知的探索

让未来告诉历史
从小灵通开始……

作者简介

冯鸣，上海航天局 803 研究所研究员，业余作家、诗人。

为什么，在昆虫的世界

梁 兴

真理诞生在一百个问号之后
你捕捉的昆虫，装进《十万个为什么》
让那些"为什么"融进世界的泥土
我们没有弄懂那些"为什么"
只能借一个尾巴，在红绿灯下
沿着你走过的路，扎进你的脚印里
细细找寻科幻和科普的秘密

浙江的温州没有方言限制
我们在哭鼻子的时代，就听昆虫带来
那小灵通漫游未来的科学
放风筝，捏泥团，昆虫飞进草丛
叶子刈人也快活

床头上的标签烙了嬉笑的印记
捉迷藏的昆虫停在窗前，也要
聆听碳的一家讲述侦探与小偷的故事
你带着红红的眼圈，一气呵成
从不东拼西凑，那是散发名片的记忆

从绿色箱子的《短歌》① 起身

在阳光下采撷科普的芬芳

一串串脚印，安置在新的责任地

要探索更多的"为什么"

作者简介

　　梁兴，重庆市作家协会会员、四川省诗歌学会会员。

---

　　① 《短歌》是叶永烈1951年在当时的《浙南日报》上发表的人生第一篇作品，从此开始了他的创作，那时叶永烈才11岁。绿色箱子是叶永烈当时得到消息的邮箱颜色。

桂枝香·文祭叶永烈①

李有勋

2020 年 5 月 15 日惊闻著名作家叶永烈逝世，余兹填词一阕以祭。

文坛泪溅。永烈鹤驾西，哀乐穹漫。忆著文殊世代，祖邦传遍。科学知识传播促，汝才情、迸发如焰。昼宵挥笔，拼心血竭，确生平罕。

浩文卷、人读甚忭。导扬士其②风，科普星灿。奥秘科学，趣故事般得见。述科幻未来奇想，启迪心智价无算。念君硕果，纸言难尽，谒曰倾献。

作者简介

李有勋，笔名未青，四川省作家协会会员，四川省科普作家协会会员，四川省通俗文艺研究会顾问。

---

① 依宋·王安石《桂枝香·登临送目》（双调 101 字）词谱和《中华新韵》而填。
② 指中国著名科学家、科普事业的先驱和奠基人高士其。

存档·创作思想与实践
CUNDANG CHUANGZUOSIXIANGYUSHIJIAN

"叶永烈科普科幻创作思想与实践座谈会"重点发言摘要

编者按：

2020 年 6 月 10 日下午，由中国科学技术协会主办，中国科普研究所、中国科普作家协会、上海市科普作家协会、少年儿童出版社承办的"叶永烈科普科幻创作思想与实践座谈会"在京沪两地视频连线同步召开。

在北京主会场，中国科学院院士、深圳华大基因研究院理事长、中国科普作家协会副理事长杨焕明，科幻作家、新华社对外新闻编辑部副主任、中国科普作家协会科幻专业委员会主任韩松，中国自然科学博物馆协会名誉理事长、"卡林加奖"获得者李象益，中国教育学会常务副会长、《未来教育家》杂志总编辑刘堂江，中国科普研究所所长、中国科普作家协会党委书记、副理事长王挺分别作重点发言。在上海分会场，中国科学院院士、上海科普作家协会名誉理事长褚君浩，复旦大学生命科学学院教授卢宝荣，少年儿童出版社副总编洪星范分别作重点发言。

以下是重点发言摘要（**按发言先后顺序**）。

杨焕明：叶永烈先生是科普工作者引以为傲的榜样

叶永烈先生是在 1979 年加入中国科普作家协会的，我们为有这样的会员深感骄傲。叶永烈先生一生辛勤耕耘于文坛笔界，著作等身，多才多艺，奉献给社会大量脍炙人口的科普科幻精品佳作，他是广大青少年的科学导师，时代的精英翘楚，同时也是中国科普作家协会的荣耀，是科普工作者引以为傲的榜样。认真总结叶先生的科普科幻创作成功之道，对于新时期众多行业的创新发展都有借鉴和启迪意义。最后，建议以叶永烈先生名义设立科普领域内相关奖项，以引领激励创作事业发展。

杨焕明：叶永烈先生是科普工作者引以为傲的榜样

韩松：新中国知识分子的爱国情怀

叶永烈先生是我国非常著名的科普科幻作家、报告文学作家，他的科幻成就主要有三点：第一，在科学的基础上建构起对未来理想社会的向往，展现了中国梦；第二，他用人们喜闻乐见的方式来普及科学知识、倡导想象力，发挥了科幻作为类型文学的特点；第三，他表达了对社会和历史深深的关切，将未来与历史融为一体，展现了新中国知识分子的爱国情怀。

叶永烈、郑文光、童恩正前辈们的科幻小说具有一些共性：第一，倡导科学救国、科学兴国。倡导在科技方面追赶世界潮流，既要虚心向西方先进科学技

韩松：新中国知识分子的爱国情怀

术学习，同时也要大力自主创新。第二，他们是承上启下的科普科幻重要作家，面向下一代，激励后浪成长。第三，他们的作品充满现实主义和人文主义关照，不断突破想象禁区，突破思考边界，主张思想解放才能带来其他方面的进步。他们一生都在探求宇宙真理和人生答案，从不放弃自己的理想和信念，把毕生所学，贡献给公众、社会，影响了千万人的思想，特别值得我

们学习。

李象益：叶永烈先生是科学普及的先行者，是科普创作的引领者

李象益：叶永烈先生是科学普及的先行者，是科普创作的引领者

叶永烈先生是科学普及的先行者，是科普创作的引领者。叶永烈先生的创作手法体现出了关注青少年、启迪好奇心、培育想象力、激发创造力的现代科普创新教育理念。当前世界科学教育与科普事业发生巨大变迁，我们正从信息时代走向一个创意时代，教育的目标要从"公共利益"提高到"共同利益"，需要具有人文情怀的具有创新思维和创造力的全新思维的人。我们科普工作者，要继承和发扬叶永烈先生的精神，关注推进深度教育，把科普教育与科普创作，从知识的普及提高到更加重视科学思想、科学方法的传播以及培养创新思维及思维变革的新高度，要为培养符合时代需要的有理想、有担当、有创新思维和创造力的一代新人做出我们的贡献。

刘堂江：叶永烈先生的教育家情怀

刘堂江：叶永烈先生的教育家情怀

叶永烈先生为广大青少年学生创作了大量作品，多篇作品被选入各版本教材，"在几代青少年心中留下了不可磨灭的深深印记"。叶永烈先生的身上也满是教育家情怀。这首先体现在他对学生春风化雨般的大爱上，《人才成败纵横谈》《中国科学明星》等作品从人才成长规律的角度，指导青少年如何成才。叶永烈先生的创造精神也是教育家特质的体现，他创作的科普科幻作品充满奇思妙想，培养了青少年的科学思维与创造思维。叶永烈先生教育家气质的另一个体现在于他的担当气概，坚持创作，坚守真理，勇于尝试，自觉肩负起了促进国家科普教育事业健康发展的重任。叶永烈先生作为科普作家的教育家情怀，给予了当今科普教育工作诸多启示，应为立德树人的教育者所弘扬光大。

王挺：我们要像叶永烈先生那样，重视青少年、回应人民关切、提携后来人

王挺：我们要像叶永烈先生那样，重视青少年、回应人民关切、提携后来人

像叶永烈先生那样，把科普科幻工作重点放在青少年身上，尽心为青少年服务，点燃青少年的科学梦想。鼓励青少年保持童真和好奇心，"把一个个问号拉直变成惊叹号"，引导青少年爱科学、学科学、用科学，为培养科技创新大军，实现中华民族伟大复兴中国梦奠定坚实人才基础。

像叶永烈先生那样，摸准时代发展脉搏，把握人民科普需求，用准确、生动、有趣的形式，有针对性地开展精准科普。新时代的科普科幻工作要立足中国特色社会主义实践，以人民为中心，回应人民关切，提供科学食粮，为提升全民科学素质，促进经济社会高质量发展提供支撑。

像叶永烈先生那样，关注科普科幻人才培养，推动高水平科普创作队伍建设，用科学精神打造时代精品。科普创作需要补充"后浪"，希望更多科技工作者、传播者加入科普创作队伍，传承发扬老一辈科普作家优良传统，用心原创科普科幻优秀精品，把我国科普科幻创作事业发扬光大。

褚君浩：传承叶永烈先生的科普精神

褚君浩：传承叶永烈先生的科普精神

叶永烈先生热爱科学、热爱科普，一生勤奋耕耘，全身心投入，硕果累累，形成了鲜明的特色。叶永烈先生的科普精神有三个方面我们要传承和发扬光大。第一，要用文学的语言来写好科普作品，将科学性与文学性融合起来，使科普作品更具可读性、感染力；第二，要掌握科学前沿的动态，特别是科幻小说一定要有科学的内核；第三，鼓励思维和表达方式的创新和多元化，宽

松的氛围有助于催生优良的科普作品。

现在科普事业蓬勃发展，我们要跟上科技创新的步伐，以多方位、多人才来做多维度的科普。科学家要做科普，也需要专业的科普人才来做科普，应该设立科学传播专业。相信我们科普界一定会很好地传承叶永烈先生的科普精神，更好地发扬光大科普的宗旨、科普的目的，发挥好科普在推动我们社会时代进步所起的作用。

卢宝荣：叶永烈先生的《十万个为什么》对我从事科学事业产生了非常重要的影响

卢宝荣：叶永烈先生的《十万个为什么》对我从事科学事业产生了非常重要的影响

叶永烈先生的《十万个为什么》开启了我的无限联想，让我形成了独立思考、提出和解决问题的习惯，对我从事科学事业产生了非常重要的影响。在缅怀叶先生及其贡献之际，我对科普科幻创作，谈几点想法：

一、科普科幻创作必须以科学性为基石和根本，缺乏科学性，科普科幻作品便失去了意义。

二、要与时俱进，把握时代前进的脉络，充分体现科技发展最前沿的研究成果或科学问题。

三、科普科幻作品应该与振兴中华民族以及建立科技强国迫切需求的科技领域密切相关，要瞄准国家发展目标和重大需求。

四、要以创新作为激励民众热爱科学的动力，创作具有真正教育意义和知识内涵的原创性"硬"科普作品。

五、要提升科普科幻作品的趣味性，吸引和激发广大受众对作品的喜爱和热衷。

科普教育和科普传播是每一位科普工作者的重任，为了中华民族的伟大复兴，让我们一起携起手来，认真钻研、努力创作，为实现科技强国的"中国梦"贡献自己的力量。

洪星范：在千千万万读者的心中，叶永烈先生是和《十万个为什么》画等号的

洪星范：在千千万万读者的心中，叶永烈先生是和《十万个为什么》画等号的

关于叶永烈与第六版《十万个为什么》。对于第六版《十万个为什么》的编纂工作，他是唯一一个参加了全部六版《十万个为什么》撰写工作的作者，也是每个版本撰稿最多的作者，在千千万万读者的心中，叶永烈先生是和《十万个为什么》画等号的，在这里谨向叶永烈先生表达最深切的敬意。

关于《十万个为什么》的产业化发展。随着数字网络时代的到来，经过近几年的发展，一个以"十万个为什么"为核心的涵盖图书、期刊、电子出版物、网络平台、舞台剧、科普教育的产业链已见雏形。叶永烈先生对于《十万个为什么》的产业化发展方向非常支持，更为这个传统科普品牌取得的进步感到高兴。

第七版《十万个为什么》该怎么做？虽然叶永烈先生不能再参与编纂了，但我们有责任把这个中国第一科普品牌做得更好，也希望科普专家们能够继续给予我们大力支持。

"叶永烈科普科幻创作思想与实践座谈会"
交流发言摘要

编者按：

　　6 月 10 日下午，由中国科学技术协会主办，中国科普研究所、中国科普作家协会、上海市科普作家协会、少年儿童出版社承办的"叶永烈科普科幻创作思想与实践座谈会"在京沪两地视频连线同步召开。

　　会议期间播放了著名科幻作家刘慈欣、著名纪录片导演李成才录制的发言视频。在交流发言阶段，上海市科普作家协会副理事长兼秘书长江世亮，同济大学附属东方医院主任医师、中国科普作家协会医学科普创作专业委员会主任王韬，新生代科幻作家江波，上海市作家协会会员吴越，中国科普研究所原副所长、中国科普作家协会科普出版与编辑专业委员会主任颜实，北京景山学校语文特级教师周群，中国科学院国家天文台研究员、中国科普作家协会副理事长郑永春，中国空间科学学会副秘书长、研究员孙丽琳，中国科普作家协会科幻创作研究基地副主任兼秘书长王卫英，青年科普科幻作家左文萍等先后发言。

　　以下是交流发言摘要（按发言先后顺序）。

刘慈欣：从叶永烈先生身上汲取力量，把中国科幻发扬光大

刘慈欣：从叶永烈先生身上汲取力量，把中国科幻发扬光大

叶永烈先生是 20 世纪 80 年代中国科幻繁荣时期出现的最具代表性的重要作家。我与叶先生都是中国科普作家协会科幻创作研究基地的荣誉主任。叶永烈先生一生勤于思考，精于创作。他创作的《小灵通漫游未来》成了脍炙人口的科幻作品，曾经创下数百万销售纪录，被改编为多个版本的连环画。他的科幻作品以描写科技光明的一面见长，以生动的故事给人们带来了美好的愿景，在 20 世纪 80 年代产生了轰动影响，点燃了少年儿童的科学梦，激发了他们探索科学的勇气。中国科幻应当汲取优秀科普科幻的创作营养，从像叶先生这样的先驱者身上汲取力量，把中国科幻发扬光大。在这里我对叶先生表示深切的怀念。

李成才：让科技在纪录片中生动地流淌

李成才：让科技在纪录片中生动地流淌

1915 年，中国的第一本科普杂志——《科学》在美国康奈尔大学诞生。四年之后，美国的杜威先生来到中国，向中国提出了德先生和赛先生，要与中国的文化进行对接了。之后现代科学一点一点地走进了中国人的生活，但是它非常地缓慢。1952 年，中国进行了第一次扫盲。当时百分之八十七的中国人是文盲，其中就包含我的父亲和母亲。文盲到底意味着什么？意味着他们没有科学的思维用于判断周围的事物。他不会有科学的逻辑、科学的方法、科学的精神。没有科学的精神、科学的方法还有科学的逻辑体系，那我们在遇到很多问题的时候，就容易出现阴谋论，就容易出现各种各样的抬杠，都会斩钉截铁地表达一些东西。这势必会影响我们整个文明进程。于是，就有像叶永烈先生这样的人在不遗余力地推广着

科学知识。科学并不只是科学家的事情，它是大众的一种生活和思考问题的一套方法。之后，我记得是在2015年，我们为团队写下了slogan，就是让科学在纪录片中生动地流淌。于是不管我们做了《大国崛起》《华尔街》《货币》《创新之路》，以及《影响世界的中国植物》，包括我们现在正在做的影片《百年金融》《基金的力量》，还有电影《摇篮》，都是把科学知识的传播作为首要的一个前提。我们之所以这样做，就是我们是这样来理解中国的因为在中国。大众非常需要科学知识的传播、需要一套思考问题的方法。我们有叶永烈先生这样的楷模，也有科协这样的国家力量，还有科普作家共同的眷恋。相信科学与理性的光芒能早日覆盖我们的中国，我们会一起努力，一起达成这样的理想和愿望。

江世亮：以叶永烈先生为榜样，勇担社会责任

江世亮：以叶永烈先生为榜样，勇担社会责任

满足社会大众对新知识的渴求、满足生产实践的需要，是叶先生开启科普写作之路的初衷。现今，"民生科普""应急科普"的任务紧迫，需要科学家、科普作家以叶永烈为榜样，承担起这份社会责任。叶先生在创作手法上与时俱进，与新时代同频共振，推动中国科幻走向世界。

中国的科技创新需要张扬科学幻想精神的创新型人才。学习和传扬叶先生作品中传递的社会责任感和勇立潮头的探索实践精神，在当前更显迫切。

王韬：与时俱进，推动科普学术化、学科化

参加本次座谈会有两个主题：一是追思和缅怀；二是展望与实干。结合自身的科普实践，谈三点感想。首先，科普要与时俱进，与科学发展相适应。以本次疫情为例，应急科普、互联网科普、复工复产相关科普是目前的创作与研究重点。其次是科普学术化，研究如何实现科普转化率。以健康科普为例，把评价方式从活动参与人数，图书销售量，网络点击量转变为人群健康

王韬：与时俱进，推动科普学术化、学科化

指标的变化，让健康科普真正转化为大众健康这是科普事业可持续发展的原动力。最后是推动科普学科化。现在，我们已经在上海交通大学医学院开设了"医学传播学选修课"，还联合多个大学成立"中国医学传播学教学联盟"，让医学科普得到更好的理论指导，也对青年人才培养进行机制体制

探索。

江波：继承叶永烈先生科普型科幻创作并发扬光大

江波：继承叶永烈先生科普型科幻创作并发扬光大

还记得先前拜访叶永烈先生的经历，对叶永烈先生的谦逊及著作等身的成就印象深刻。《小灵通漫游未来》不仅影响了我的童年，也为无数人打开了科幻的大门，更是引领许多人进入科幻写作的领域。叶永烈先生的科幻小说多为科普型科幻，这种具有鲜明特色的科幻类型深受少年儿童读者欢迎，但如今这类作品很少。当代科幻作者应在缅怀

叶永烈先生的同时，以他为榜样，努力写作，将科普型科幻继承并发扬光大，让它在少儿科幻领域中大放光彩。

吴越：用科学幻想呼唤出未来真正的"小灵通"

吴越：用科学幻想呼唤出未来真正的"小灵通"

我清楚地记得自己 2018 年采访叶永烈先生的经历，叶永烈先生在待人接物上有真诚、坦率、务实的风格，且因做事脚踏实地而在一生中能够拥有多重空间、多重成就，着实令人敬佩。2019 年 9 月，病中的叶永烈老师撰文谈《十万个为什么》受欢迎的原因

时，没有写自己在其中的作用，而是表达了对这套丛书今后发展的希望。《小灵通漫游未来》的创作过程凝聚着叶永烈先生对未来的信念，而其最终出版更是顺应了时代的需求。身为编辑，也作为一位母亲，更是深刻体会到了叶永烈老师为国产少儿科普读物的发展付出了多少心血，甚至在生命的最后还在为了孩子们用科学幻想呼唤出未来真正的"小灵通"。

颜实：发现和培养科普创作人才

颜实：发现和培养科普创作人才

叶永烈先生是新中国培养的一代科普大家，影响了中国一代又一代的读者。这里我仅从科普人才成长的规律的角度谈几点想法：第一，科普人才的发现和培养需要伯乐，特别要重视发现培养年轻的科普作者，在开始创作的关键时期给予他们鼓励和支持；第二，要对优秀作家作品进行深度的阅读和研究，努力传承科普创作的文风和经验；第三，科普创作需要翔实、严谨、高效的工作模式，更要有缜密的思考和创新；第四，科普创作需要有丰厚的资料支撑，要注意收集和积累第一手素材。我们今天应该下大力气鼓励和培养更多的理工科的学生从事科普创作，这对我们国家未来科普科幻事业至关重要。

周群：叶永烈先生对青少年儿童科普教育的诚心、热心与恒心

周群：叶永烈先生对青少年儿童科普教育的诚心、热心与恒心

叶永烈先生身体力行，为孩子们而创作，作品讲究有趣味、艺术性，他热心扶持青少年科普科幻教育事业，用作品激发几代青少年的科学想象力，培养他们的科学思维，引导孩子们爱上科学，在传承中培育出一批批国家需要的创新型人才。叶永烈先生对待青少年儿童科普教育的诚心、热心与恒心，对于后继者来说，是宝贵的精神财富。新时期如何做好青少年儿童的科普科幻教育工作、为国家培养创新型人才，是值得我们思考与探讨的问题。

郑永春：学习叶永烈，坚定信心、潜心创作，寻找最适合自己的科普创作道路

郑永春：学习叶永烈，坚定信心、潜心创作，寻找最适合自己的科普创作道路

叶永烈先生，一辈子勤奋不辍，作品丰硕，广泛流传，是我们晚辈们仰视和学习的榜样。先生以切身的经历向我们传达：科普作家们要坚定信心，沉下心来潜心创作；要努力寻找最适合自己的科普创作道路，找到自己擅长的科普方式，相信用心写出来的东西终会得到认可。

希望相关机构能够建立关于科普作家的支持机制，在考评体系中增加关于科普的评价指标，给予科普作家们支持和帮助，能够为科普作家们提供稳定的预期，建造使科普作家们能够潜心创作的良好写作环境。

孙丽琳：保留好奇的火种，以叶永烈先生的精神为指引，推动更多科普科幻佳作问世

孙丽琳：保留好奇的火种，以叶永烈先生的精神为指引，推动更多科普科幻佳作问世

希望通过科普和科幻作品，增加科学的受众面，唤起更多人特别是孩子们对宇宙和太空的好奇心；希望鼓励科学家多参与科普科幻创作，中国空间科学学会吴季理事长撰写科幻小说《月球旅店》，就是一个很好的例子；呼吁建立机制，为科学家进行科普和科幻创作营造良好的环境。我们应以叶永烈先生的精神为指引，加强科普科幻创作队伍建设，推动更多科普科幻佳作问世，保留好奇的火种，为我国科技的不断进步、为国家的创新发展和人类文明进步贡献力量。

王卫英：加强叶永烈先生的专题研究

叶永烈先生是中国科普作家协会科幻创作研究基地（以下简称科幻基地）的荣誉主任，对科幻基地工作尽心尽力，鼎力支持，为推动科幻基地事业发展和扩大社会影响力作出了重要贡献。科幻基地团队做出不少工作，受到了中国科协各级领导及业界的认可和关注。

王卫英：加强叶永烈先生的专题研究

由于条件所限，一些关于叶永烈先生的专题研究著作汇编出版等工作尚在推进，叶先生有生之年未能看到成果，令人遗憾。希望这些成果早日面世。愿叶先生在天国快乐健康，继续用他的生花妙笔为孩子们创作优美的科幻作品。

左文萍：叶永烈先生的文学精神与读者的情感共鸣跨越时空、永恒回响

叶永烈先生虽已离开了我们，但他和那些前辈大师，就像星光一般永不熄灭，点亮了文学的夜空；他们的文学精神与一代又一代读者之间的情感共鸣，可以跨越时空，永恒回响，就像我们这个宇宙之中生生不息的律动。重读叶先生的《小灵通漫游未来》，仍然会深深地被文中那种蓬勃热情的想象力、对未来的美好期许、烂漫的童真童趣所

左文萍：叶永烈先生的文学精神与读者的情感共鸣跨越时空、永恒回响

打动。这种基于科学基础上的美好想象，总是指向更加充满希望的未来，给小读者们更乐观、广阔的视角，使他们更加充满信心地走在成长的道路上。